Diesen starken Hirsch „Rücksetzer" von geraden 8 Enden, mit sonderbarer Stellung der Geweihe, hat H. R. G. v. Lamberg auf seiner Herschaft Csákberény, Csákb. Revier im Förtés Völgy, selbst geschossen. Am 24t Sept. 1832.

PHILIPP MERAN - WENN DIE WOLKEN WEITERZIEHEN

Stocker

PHILIPP MERAN

WENN DIE WOLKEN WEITERZIEHEN

EIN LEBEN FÜR DIE JAGD

LEOPOLD STOCKER VERLAG
GRAZ – STUTTGART

Umschlagabbildung: Gemälde von Jagdmaler Hubert Weidinger
Umschlaggestaltung: Atelier Geyer, Gleisdorf
Vor- und Nachsatz: Gemälde von Franz Lamberg

Die Deutsche Bibliothek – CIP-Einheitsaufnahme

Meran, Philipp
Wenn die Wolken weiterziehen : ein Leben für die Jagd /
Philipp Meran. – Graz ; Stuttgart : Stocker, 1992
ISBN 3-7020-0642-7

ISBN 3-7020-0642-7

Printed in Austria
Gesamtherstellung: M. Theiss, St. Michaeler Straße 2, A-9400 Wolfsberg/Kärnten

Widmung

Ich widme dieses Buch meiner heute zweiundneunzigjährigen Mutter, die uns Geschwister nicht nur erzogen, sondern nach Vaters frühem Tod so unendlich viel Halt gegeben hat. Sie hat zwei Weltkriege, zwei Zusammenbrüche, Fluchten, Armut und ein wechselvolles Leben voller Arbeit immer mit heiterem Gemüt ertragen, im selbstverständlichen Glauben an Gott und seine schützende Hand.

Graz, im Sommer 1992 *Philipp Meran*

Inhaltsverzeichnis

Der blaue Rehbock

Sind Sie schon einmal in einen ungarischen Jagdwagen gestiegen, der beim Betreten federnd erzittert? Haben Sie jemals den Geruch einer Sattelkammer gerochen, wo die herrlichsten Geschirre auf eigens dafür geschaffenen Gestellen auf ihren nächsten Einsatz warten? Haben Sie eine Wagenremise besucht, die es früher in jedem Guts- oder Meierhof, vollgefüllt mit den verschiedensten Wägen, vom leichten Jagdwagen bis zur Kalesche, vom Zweirad bis zum Landauer, gab? Alles, alles wurde vernichtet. Zuerst durch die Armeen, die über das Land brausten, dann durch den Geist des Modernismus, der ausschließlich das Benzinauto bevorzugte, schließlich durch das Unvermögen, später das Aussterben der Erzeuger. Und heute bietet sich uns künstlich zum Leben Erwecktes, Falsches, Lügennostalgisches, mit Gummiradwägen, Kunststoffgeschirr und folkloristisch-falsch aufgeputztem Stadt-Kutscher, sozusagen im Urlaubspaket angebotenes Freizeitgefährt, das eher traurig und unecht wirkt wie der heutige Fiaker oder wie die erbarmungslos von den Jeans verdrängte Lederhose. Was einst echt und durch Jahrhunderte gewachsen war, wurde der Modernität und des Fortschrittes wegen zerstört, unwiederbringlich umgebracht wie die Öfen, die man abmontierte und die heute Hunderttausende kosten. Nun fordert eine – teils ebenso modisch-moderne – Grünbewegung die Rückkehr zur Natur, die Abkehr vom Benzingestank, Rückbesinnung ohne Fortschrittverzicht, Rückkehr ohne Konservatismus, die Quadratur des Kreises, die Erweckung von Totgemachtem, das nicht – mehr – Mögliche: es ist zu spät.

Wenn ich heute zurückdenke an eine tausendmal verteufelte, bewußt verfälschte, in minutiöser Kleinmedienarbeit schlecht gemachte – in meinen Augen aber gesündere und bessere – Zeit, die „Vorplastikzeit“, als der einzige Gestank auf der Landstraße jener von Pferdemist war, wenn ich nun zurückdenke und in meinen Tagebüchern blättere, fällt mir das Wort eines alten, sterbenden Kutschers ein: „Sie werden uns noch mit den Fingern aus der Erde kratzen wollen, aber es wird zu spät sein.“ Ja, sie kratzen schon, aber autofreie Zonen und Tage, Fahrradwege, Elektroautos, Katalysatoren und bleifreies Benzin sind nur Tropfen auf den heißen Stein. Es könnte, der Not gehorchend, noch weit radikaler kommen, denn wir leben in einem schnellebigen Zeitalter allgemeiner Umkehr und Änderungen. Denken wir doch an die neuen monarchistischen Parteien Ungarns, an die Plätze und Denkmäler, die Kardinal Mindszenty geweiht werden, an den Jubel, der dem Sohn des letzten Königs entgegenbrandet.

Und nun, nach dieser Einleitung, der Rückblick auf einen Tag, der – dank meines Tagebuches – heute wie damals – lebendig aus dem Nebel der Vergangenheit, aus dem Meer der Erinnerung kristallklar herausragt.

Es war im Jahre 1938, am 16. Juni. Die Sonne strahlte, Schwalben gaukelten um den alten Kirchturm, ausdauernd und monoton gurrten die Turteltauben, die fast abgeblühten Akazienbäume dufteten süß. Bienen summten, Spatzen schirpten, und von den jüngst gemähten Wiesen des Parkes duftete das trockene Heu wie ein gut gefüllter Reformladen.

Für 17 Uhr 30 war Hendrik mit den schweren Meierhofpferden und dem grünen Kutschierwagen bestellt. Vater wollte hinauf auf den Kisbükk und unterwegs die Buchenkultur im Vargatisztás besichtigen, wo die Sauen in den letzten Nächten schwere Schäden verursacht hatten. Für die Fahrt über die ausgewaschenen und steinig-steilen Wege zum Cser hinauf wurden die Jucker und die Paradewägen geschont. Auf der frisch gemähten Wiese spielten wir mit dem Végh-Kindern, Bedi Tóni und Albrecht Gyuszi, Fußball. Wir waren gute Fußballer. Feri, mein Bruder, war sogar in der Dorfmannschaft Linksaußen. Nun schossen wir abwechselnd aufs Tor. Dieses war zwischen zwei Lindenbäumen, das „Netz" eine Fliederkulisse. Doch dann rief uns Ferenc, und pünktlich saß ich am Wagen, der bereits in der Einfahrt stand. Freudig begrüßte ich den rotbärtigen, stotternden Hendrik: einen Kutscher, Freund und passionierten Amateur-Jäger. Einige Jahre später, als manche Revierjäger einrücken mußten, wurde Hendrik ebenso wie der Holzarbeiter Udvari Imre Hilfsjäger. Mit Hendrik schoß ich als Siebzehnjähriger einen guten Hirsch in Csákberény, als die russischen Panzer die Karpaten bereits überschritten hatten.

Der grüne Jagdwagen war robust und breit, von unserem Wagnermeister Albrecht angefertigt, gerade das richtige für die damals sehr schlechten Waldwege im karstigen Vértesgebirge. Pünktlich mit dem Uhrschlag des Schlosses erschien Vater. Er hatte heute anstelle seines alten Jagdhutes einen eher selten benützten Strohhut auf: ein Geschenk von Onkel Fritz Mayr-Melnhof, der im Frühjahr hier gewesen war. Die alte

Kirner-Kipplaufbüchse wurde von Ferenc in der zuklappbaren Halterung verstaut. „Mehetünk“, ein Schnalzen mit der Zunge, und mit Hufgeklapper, Kiesknirschen und Staubaufwirbeln ging es in gemächlichem Trab durch die Ortschaft zum Vargatisztás. Ja, wie war es, wenn der Graf im Jahre 1938 mit seinem Jagdwagen durch die Ortschaft, sein Dorf, fuhr, die ganze Uj utca entlang? Alle grüßten, freundlich und würdevoll, oder lächelnd und winkend. Keiner wandte sich ab oder sah zur Seite. Vater war beliebt. Aber auch keiner grüßte untertänig oder salbungsvoll. Im Gegenteil, man rief uns neckische Wünsche zu. Vor allem Hendrik und ich, der neben ihm am Bock saß, blieben niemals verschont. Bei Hendrik war es der buschige Schnurrbart, der fast sein ganzes Gesicht verdeckte, bei mir die, eingedenk des vorherigen Fußballspieles, nicht gerade reinlichen dünnen Beine, die Zielscheibe der spöttischen Zurufe wurden.

Vater grüßte immer lächelnd zurück. Zweimal mußten wir halten, denn es waren Freunde, denen wir begegneten und die unbedingt mit Vater reden wollten. Dann erreichten wir den Friedhof, bogen nach links entlang der Dorfgrenze ab, um bald darauf den schlechten Weg über die untere Vargatisztás zu erreichen. Vargatisztás heißt „Lichtung des Schusters“. Hier standen einige Häuser von Außenseitern. Auch der kleine Wilderer hauste hier.

Der Wagen federte nach rechts und links, als wir uns die relativ steile Böschung hinaufarbeiteten. Da ein Brombeerbusch, dort blühende Heiderosen. Überall, wie zufällig liegengelassen, größere und kleinere Steine, überwachsen von der pannonischen Felsenrose, der kleinen rosafarbenen Nelke, Moos und allerhand typischem pannonischem Felsengewächs, das Vater, ein leidenschaftlicher Botaniker, ausnahmslos kannte.

Als wir oben am Waldrand ankamen, ließ Vater anhalten. Dies tat er jedesmal, wenn wir diesen Weg nahmen, denn der Blick in das von drei Seiten durch Berge umgebene Dorf Csákberény war von hier aus wunderschön. Gelb und mächtig zwischen den Reihen adretter, weißgekalkter Bauernhäuser, vom Meierhof durch den schönen Hauptplatz getrennt, umgeben vom Grün des Parks, lag das Schloß in der Mitte des Dorfes. Nördlich die katholische, östlich die protestantische Kirche, dann der Rosengarten, der öffentliche, unseren Garten durchschneidende Weg, die Reitschule, der Gemüse- und Obstgarten. Und alles mündete in einem pastellfarbenen Grün, jenem der Hutweide mit den Schafherden und dem Stolz der Gemeinde, dem Fußballplatz. Wie gut war es, daß ich mir immer wieder diesen Anblick einprägte. Es war unser Zuhause, jene einzige und unverwechselbare Heimat, die jeder Mensch sein eigen nennt und die der Heimatlose sein Leben lang nie vergessen wird.

Vor einem Jahr hatte Vater den Besitz von den Großeltern übernommen. In einem Jahr wird der Zweite Weltkrieg ausbrechen, im selben Monat werde ich ins Pensionat gesteckt werden, und in kurzen sechs Jahren wird alles vorbei sein: zerstört, gestohlen, zertrampelt und wir zu Bettlern gemacht. Ja, auch wir waren Menschen, die nicht vergessen können, auch wir hatten all unsere Habe vom Wald bis zum Pantoffel hergeben müssen, aber niemals hat man uns bedauert, nie hat man uns etwas zurückgegeben, ersetzt oder refundiert, denn wir waren ja das, was Ost und West, Vergangenheit und Zukunft ganz in Ordnung fanden: Grundbesitzer, die enteignet wurden, recht geschah ihnen!

Der Wagen ächzte, und die Steine des ausgewaschenen Weges knirschten. Herrlich dufteten die ins Schwitzen geratenen Pferde, noch habe ich Hendriks nach Tabak, Knoblauch und Stall riechendes Spezialaroma in der Nase. Der Wald duftete nach grünem Laub, nach Blumen, Blüten und Käfern. Ja, Käfern, die in großer Zahl umherschwirrten. Maikäfer, Hirschkäfer und Junikäfer, Grillen und Heuschrecken gab es in unendlicher Zahl. Der Kuckuck rief wie ein lustiger Fremdling in dieser Stille. Nach dieser Arie kam dann sein typisches „Ächzen" – „Chockaki". Es war ein Sommerabend im ungarischen Wald, zur Andacht weisend, zur Dankbarkeit gemahnend, großartig, aus Ruhe keimend, in Ruhe mündend, seit jeher ungestörte Selbstverständlichkeit und trotzdem zu Tränen rührende Erhabenheit. Dem Menschen, der dieses Gotteswunder gewöhnt war, konnte man auch bei kirchlichen Festen nicht mit Nüchternheit und Einfachheit kommen. Die Feste der damaligen Zeit, Osterprozession, Fronleichnam, Feldweihe, Weihrauch- und Orgeljauchzen, wer konnte sie damals missen, oder die lateinischen – in aller Welt gleichen –, Einheit und Zusammenhalt gebietenden, auf direktem Weg zu Gott führenden Gebete und Gesänge. Dem Menschen meiner Jugend hätte man sie nicht wegnehmen dürfen. Niemand hätte solches nur zu denken gewagt. Das waren festgefügte, jedem Zeitgeist und jeder Mode trotzende Fundamente, bei Gott keine barocken Relikte oder überflüssigen Äußerlichkeiten. Gott, Natur und Menschengebet: sie waren tragende, gleichbleibende Säulen des ländlichen Lebens. Und die

Erhaltung der ewigen Natur, die Begeisterung an ihr sind ja Gebet. Man sprach weniger davon als heute, aber echter, kompetenter und ehrlicher.

Unser Wagen hatte das Plateau erreicht. Rechts und links zwei Meter hohe, undurchdringliche Buchendickungen, ein typischer Schnepfenplatz: der Vargatisztás-Schlag. Hier, an dieser Stelle, habe ich zwei Jahre später eine Schnepf- und Fuchsdoublette geschossen. Dort, wo er aufhört, ist die neue Kultur, die Vater am Rande des Kisbükkschlages vor der Pirsch besichtigen will. Die kleinen Bäumchen stehen in Reih und Glied. Man hat sie gegen Verbiß, der neuesten noch unerprobten Maßnahme entsprechend, mit einer lichtblauen, stark stinkenden Paste im Bereich des Haupttriebes angestrichen. Bei manchen Bäumchen scheint man des Guten etwas zu viel getan zu haben. Wir sind ausgestiegen, haben die Schäden besichtigt, und nun gehe ich hinter Vater am westlichen Pirschsteig des damals schon zur niedrigen Dickung gediehenen Kisbükk in Richtung Eichenhochstand, wo wir uns ansetzen wollen.

Mittlerweile ist es fast 18 Uhr 30 geworden. Durch die im Westen wie eine Kulisse aufragenden Eichen der „Csermaiss“ geistert die blauviolette Dämmerung durch die Turmwolken eines fernen Gewitters, und es scheint, als wäre die Sonne schlafen gegangen. Der hier oben immer lebhafte Abendwind wirbelt ein Bussardpaar in die Höhe. Neben dem gut geräumten Pirschsteig finde ich herrliche Walderdbeeren. Das Riedgras scheint höher zu sein als ein Rehrücken. Ich betrachte Vater von hinten. Er hat die alte Joppe an, mit Lederflecken, dort, wo der Hahn seiner Büchse nach jahrelangem Tragen Löcher gerissen hatte. Auch der Hut ist speckig und abgerissen. Er trägt baumwollene Stutzen, die meine Mutter gestrickt hat. (Sie feierte 1992 ihren 92sten Geburtstag und strickt noch immer Strümpfe.) Vaters Pirschschuhe sind mit Nägeln . . . Plötzlich erstarre ich. Rechts auf einer Lichtung, nicht weiter als 70 Schritt, sehe ich das Haupt eines Bockes. Eines recht guten, so will mir scheinen. Ich berühre den Rücken meines Vaters, der sofort hält. Ohne mich zu bewegen, flüstere ich ihm zu: „Rechts von der kahlen Weißbuche, dort, wo ein spitzer Baumstamm so schräg liegt, steht unmittelbar daneben ein guter Bock mit weißem Gesicht.“

Vater hat die Büchse langsam heruntergenommen, hebt sie behutsam, während ich durch meinen alten, von Onkel Muki geschenkt erhaltenen Gucker den Bock anspreche. Doch, was ist das? Das regelmäßige Sechsergeweih scheint mir eine ungewöhnliche Farbe zu haben. Vater spricht durchs Fernrohr an, zielt freihändig. Sticht ein. Weit über die riesige Schlagfläche peitscht der Schuß der 6,5 x 52er. Der Bock ist verschwunden. Langsam nimmt Vater die Patronenhülse aus dem Lauf, ladet nach, dann greift er in die Joppentasche. Seiner Zigarettendose entnimmt er eine leichte Filterzigarette. Sie ist aus einem Tabakgemisch von „Fein-Türkisch" und „Herzegovina" gestopft. Wir setzen uns auf einen niedrigen, aber breiten Baumstamm. Wir schweigen. Die Bussarde rufen wieder, weit in der Ferne schmaucht leise die Bauxitbahn. Sonst Stille, nach Abendtau und modrigem Holz duftende, unvergleichlich unendliche, violettumrandete, kühl werdende Abendstille. Die Zigarette wird sorgfältig ausgelöscht, der weiße Stummel mit einem der vielen Steine bedeckt. Dann gehen wir, Vater voran, zum Anschuß. Und da sehe ich es schon rot leuchten. Mit Trägerschuß im Knall verendet, liegt er da, der alte, brave Waldbock. Doch die Spitzen seiner an sich weiß polierten Enden sind blau. Er hat trotz der ungewohnten Witterung doch an den blau bestrichenen Jungbäumchen gefegt. Wie durch Zauberhand bewegt, erscheint zur richtigen Zeit Kutscher Hendrik. Wir tragen gemeinsam den Bock bis zum Wagen, wo er zu Hendriks Füßen verstaut wird. Ich setze mich neben Vater. Mittlerweile beginnt der Tag in Dämmerung überzugehen. Am Heimweg sehen wir noch einige Rehe, doch Vater will nicht mehr schießen. Wir sind restlos zufrieden und daher schweigsam, nachdenklich und voller Hoffnung. Alles scheint uns schön und gut zu sein an diesem wundervollen, nicht enden wollenden Sommerabend.

Im Dorf spielt sich der tägliche Abendrummel ab. Burschen stehen herum, Mädchen paradieren in Fünferreihen eingehenkt an ihnen vorbei. Man grüßt, man ruft, man ist fröhlich. Ein Tag wie jeder andere auch, ein Tag voller Leben und Hoffnung. War nicht gerade der Eucharistische Weltkongreß in Budapest zu Ende gegangen? Aber Österreich ist besetzt, und die Flüchtlingswelle nimmt ihren Anfang. Millionen Menschen ahnen noch nicht, daß der Zweite Weltkrieg mit all seinen Grauen und Folgen unmittelbar bevorsteht.

Die Jagdhütte von Kápolna

Mitten im Revier Kápolna, einem der vier Reviere unseres Waldes, zwischen Hauswald und Schafflergraben, baute mein Vater Mitte der zwanziger Jahre eine nach obersteirischem Muster entworfene Jagdhütte. Seit der Lamberg-Zeit existierte ja im Sulzriegel eine Jagdhütte, doch wurde sie von uns wenig benützt. Ihr Mauerwerk war schon etwas feucht und baufällig.

Das Jagdhaus von Kápolna sah von außen den Brandhofer Hütten meines Großvaters zum Verwechseln ähnlich, nur war es statt aus Fichten aus Eichenstämmen gebaut. Es bestand aus einem großen Raum, einem kleinen Zimmer, einer Küche und einer Speisekammer. Die Wände waren innen mit Zirbenholz-Brettern vertäfelt, der Fußboden bestand aus Fichtenholz. Im großen Wohn- und Schlafzimmer standen zwei Betten, das eine in der südöstlichen, das andere in der nordwestlichen Ecke. Der nordwestlichen Ecke gegenüber lud der Eßtisch mit einer gemütlichen Eckbank und dem in Ehren gehaltenen Herrgottswinkel zum Verweilen ein, der südöstlichen Ecke gegenüber stand ein typischer grünweißer Kachelofen. An den Wänden hingen Bilder von Riedinger, vom stärksten Hirsch Großvaters und ein Stich Erzherzog Johanns. Dazwischen hingen einige Rehgehörne.

In einer kleinen Stellage waren Bücher, die wir schon fast auswendig kannten, aber immer wieder lasen wie jenes von Ernst Faber, das bereits einen eigenartigen muffigen Geruch angenommen hatte.

Bis zum Frühjahr 1944 gingen wir regelmäßig, so alle zwei Monate, auf diese Hütte. Das heißt, hier verbrachte Vater seine kurzen und erholsamen Urlaube. Die Hütte lag damals wirklich fernab von jeder Zivilisation, und hier herauf drang, so lange wir sie benützten, niemals der Motorenlärm eines Autos. Vater nahm dabei meistens unseren Senior-Diener Ferenc mit, der gut kochen konnte und der hier heroben ebenfalls Urlaub machte. Wenn man „auf die Hütte" ging, ließ man sich mit dem Pferdewagen in der Horogvölgy bis zum Eingang der „Langen Sutte" fahren, und dann begann ein Aufstieg von mindestens anderthalb Stunden. Zuerst durch die (sehr) lange Sutte, dann über den Damm, schließlich durch einen Teil des Buchwaldes und endlich über den Hauswald zur Vajdakaszálás, dem Revierteil, wo die Hütte stand, die damals von uns aus nur zu Fuß zu erreichen war. Die Hütte stand auf einem kleinen Plateau, umgeben von alten Eichen und Dornenbüschen, vor ihr eine Wiese, etwa 1000 Quadratmeter groß. Von Kápolna aus konnte man (mit großer Schwierigkeit) die Hütte mit einem Pferdewagen erreichen. Dieser kam in regelmäßigen Abständen, um ein großes Faß mit Wasser anzufüllen, das auf einem Gestell gegenüber der Hütte unter der allergrößten Eiche waagrecht festgemacht war.

Die Hütte hatte auch eine kleine Veranda, zu der eine Eichenstiege führte. Das vorspringende Schindeldach ruhte auf Eichenholzsäulen, die wiederum im oberen Teil mit Schrägstützen verankert waren, also wie dreizackige Gabeln aussahen. In der Mitte jeder Säule hing ein verblichenes Hirschgeweih. Die Fenster – vorne rechts und links von der Eingangstür je eines, an der Ost- und Westseite ebenfalls je eines – waren durch sehr starke, innen verstrebte Eichenbretterbalken zu versperren. Die Veranda wurde anläßlich der Kápolnaer Saujagden bei gutem Wetter auch zum Einnehmen des Jagdfrühstücks verwendet. Sonst saß Vater gerne hier auf einem Liegestuhl und las, meist seine geliebten historischen Bücher.

1944 war die Familie nur einmal im Juli hier oben. Wir durften damals nicht mehr hinauf. Vater schwieg über die Gründe, aber wir nahmen an, daß er, ebenso wie in der Sulzriegler Jagdhütte, dort flüchtende Menschen, meist Juden, beherbergte. Nicht einmal seiner Familie sagte er – aus Sicherheitsgründen – etwas.

Im Jahr 1933 hatten wir mit dem Pappenheims und den Manteuffels einen Familienausflug zur Jagdhütte unternommen. Auch die Chefköchin Zsófi-néni hatten wir mitgenommen. Und die große Attraktion war – im frigidärlosen Zeitalter – ein herrliches Himbeereis, das zur Jause serviert werden sollte. Östlich der Hütte, am leicht abfallenden Weg nach Kápolna, war ein Eiskeller. Hier versorgte man die meist ohne Begleitung von Jägern erlegten Rehböcke und Hirsche. Nun, das Eis war aus dem Csákberényer Eiskasten mittels riesigen Thermosbehältern in diesen Eiskeller gekommen.

Aus der Fotosammlung des Autors: Der Jahreszyklus/Frühling, Sommer, Herbst, Winter

Endlich war es so weit! Als Sitzgelegenheiten standen auf der Veranda Eichenbaumstämme mit ca. 30 cm Durchmesser. Mit diesen ließ es sich herrlich spielen. Man konnte diese Stämmchen zum Beispiel hin- und herrollen, besteigen oder bespringen.

Ich hatte eben solch eine kleine Walze vor die Verandastufen gerollt und dann – wie Kinder so sind – darauf vergessen. Frau Zsófi kam mit einer Platte, auf der unsere schönsten Champagnergläser – ungefähr zwanzig – voll des herrlichen Himbeereises standen. Die Köchin sah nach vorne und auf die Gläser, ging wie gewohnt die drei Stufen hinunter und hatte – weil das Eis ja eine Überraschung sein sollte – ihr freundlichstes Lächeln aufgesetzt. Alles applaudierte, aber nur sehr kurz: Denn Zsófinéni stieg auf diesen vergessenen Baumstamm, diese verdammte Walze, stürzte, die Gläser fielen zu Boden, ein Aufschrei, ein Klirren – dann Stille. Dieser Stille folgten dann leises Schluchzen (von Zsófi), lautes Heulen von (mir) dem Missetäter. Erst dann löste sich die Spannung. Zuerst fing Sybill Manteuffel, dann Dolly Pappenheim zu lachen an, und schließlich lachte die ganze Runde, was die Stimmung von Zsófi, die sich am Schienbein arg verletzt hatte, und mir, der eine Ohrfeige bekommen hatte, nicht wesentlich hob.

Ein einziges Glas hatte diesen Sturz überstanden. Es wurde als Andenken in die Küche der Jagdhütte gestellt. Dort aber, wo das herrliche Himbeereis sich mit dem Waldboden mischte, sammelten sich sehr bald allerlei Käfer, Bienen, Wespen, Hornissen und auch Grillen, um sich an diesem unverhofften Spezialfutter zu laben. Frau Zsófi aber wurde von da an mit dem – für die Zuschauenden so lustigen – Sturz gehänselt. Man brauchte nur „Zsófi néni: paaac!“ zu rufen, und sie bekam schon rote Ohren.

Der Dachboden der Jagdhütte war voller Heu. Hier durften wir Kinder, wenn Platzmangel herrschte, übernachten. Ich tat dies aber sehr ungern, denn ich fürchtete – nicht ganz zu Unrecht – Hornissen, Schlangen und die oft festgestellten Bilche und Marder, die hier gelegentlich hausten.

Einmal ging ich nichts ahnend zu unserem freistehenden Herzerl-Klo, öffnete die

Dunkle Vorboten eines Wettersturzes

Tür und prallte laut schreiend zurück. Auf der Sitzbank, malerisch um die Öffnung, den Orcus, geschlängelt, ruhte eine riesige Äskulapnatter. Seit diesem Schreck habe ich eine ausgesprochene Aversion gegen solche Klos, wie sie in vielen Dörfern des Ostens nach wie vor vorkommen! Und die Schlangen habe ich überhaupt – sehr im Gegensatz zu meinem Vater – nie gemocht. Er nahm sie in die Hand, schlängelte sie um seine Arme und seinen Hals, und in seinen Händen schienen sie recht zahm zu sein. Beim Kápolnaer Jagdhaus waren sehr viele Schlangen, und irgendwie kamen sie auch immer wieder ins Haus hinein. Und das liebte ich nicht sehr.

Im Juli 1944 hatten die Eltern hier heroben die Gelegenheit, den abgeschossenen Fliegeroffizier der US-Army, Bob Hyatt, zu retten. Es war, um genau zu sein, am 28. Juli 1944. Damals war der Wald vorübergehend voll von volksdeutschen SS-Truppen, die den Verwundeten vielleicht schlecht behandelt hätten. Das war auch der Grund, warum im Juli und August diese Hütte vorübergehend flüchtigen Menschen nicht zur Verfügung stand. Es war auch die letzte Gelegenheit, daß Vater auf der Jagdhütte war.

Der letzte Verfolgte, im Dezember 1944, war unser alter französischer Freund Victor Muset. Ihn errreichten die Russen in unserer Jagdhütte und befreiten ihn vor der Verfolgung der nach ihm fahndenden Häscher. (Er war nach dem Einmarsch der Deutschen untergetaucht.) Gleichzeitig aber befreiten die Russen Victor auch von all seiner irdischen Habe, die Überkleider inbegriffen, und es ist einem Zufall zu verdanken, daß er nicht verschleppt wurde, denn sein Ausweis als französischer Kriegsgefangener wurde gleich vom ersten Russen zerrissen („Papirka nix gut“).

Die Kápolnaer Jagdhütte überstand den Krieg, ja sogar die Einrichtung blieb vorerst unversehrt, da es an Möglichkeiten zu einem Abtransport mangelte. Ich selbst habe sie im Jahr 1947 zum letzten Mal gesehen, als ich mit Feri und unserem gemeinsamen Freund Dezsö Pongrácz in „unerlaubter“ Weise hier heroben auf Schnepfen buschierte. Der Wald wurde ja 1945 pauschal enteignet. Wir hatten keine Rechte, weder auf Holz noch auf Wild. Dennoch betrachteten wir Jungen diesen Wald nach wie vor als „den unseren“. Damals hatte die Leitung über unseren Forst der vor Jahren entlassene Forstmeister M., der 1945 im Gefolge der Russen nach Csákberény kam und uns dementsprechend ungut behandelte, uns kein Holz gab und uns den

Aufenthalt im Wald – allerdings erfolglos – verbot. Unsere Förster und Jäger hielten alle zu uns, bis auf einen ehemaligen Kápolnaer Förster, der sich aus dem servilsten Bediensteten – wahrscheinlich aus Angst – zu einem Mann des neuen Regimes „mauserte“ und uns Schwierigkeiten bereitete, wo er konnte.

Heger Zimmermann, der in Kápolna wohnte und der die Jagdhütte zu betreuen hatte, wurde beim Einmarsch der Sowjets mit der gesamten männlichen Bevölkerung von Kápolna ermordet. Ihn hatten im Wald versteckte Partisanen angezeigt, als er im Neuschnee die Spur einer gestohlenen Kuh verfolgte und unversehens auf einen Bunker stieß, in dem Partisanen hausten. Ein Partisanenoffizier, der das Feuer eröffnet hatte, wurde festgenommen, und die spätere Füsilierung aller Männer von Kápolna war die Rache für die – eher zufällige – Entlarvung der Partisanen.

Ja, im Jahr 1947 jagten wir ungestört im alten Wald auf Schnepfen. Die Waffen hiezu hatten uns unsere ehemaligen Jäger geliehen. Ich selbst konnte ja in den Wald gehen, da ich der Aufsichtsjäger der neuen Pächter war. Wir machten also Rast vor der Jagdhütte, die wir zugesperrt vorfanden, und fotografierten auf der Veranda unsere erlegten Schnepfen.

In den siebziger Jahren erfuhr ich von einem lieben Freund aus Niederösterreich, daß die Kápolnaer Jagdhütte „restauriert“ worden sei und man sogar bis hinauf mit dem Auto fahren könne. Schade! Außerdem erreichte mich 1987 eine Fotografie von ihrem heutigen Zustand. Die „neuen Herren“ hatten die Säulen, die das Vordach tragen, lichtblau gefärbt, was sicher einem Meister Hundertwasser, aber keinem Jäger Freude machen kann. Bruder Feri hat die Hütte 1989 in Begleitung eines Forstmannes besichtigt, der – welch ein Zufall – Enkel unseres alten, 1944 verstorbenen Jägers ist.

Heute, nach so vielen Jahren, nehme ich im Geiste noch den Seifengeruch aus der Tischlade, den muffigen Geruch der Bücher, den harzigen Geruch der Bretter und den herben Duft des im Kachelofen prasselnden Eichenholzes wahr. Vieles haben die neuen Herren weggenommen und zerstört. Das Kápolnaer Jagdhaus ist eine der wenigen Schöpfungen meines Vaters, die – wenigstens äußerlich – erhalten geblieben ist. Und auch im Revier Kápolna röhren im September die Hirsche wie eh und je.

Herbstzikaden

Man sagt, daß der Wetterteufel im Herbst auf Urlaub sei. Das stimmt zwar nicht immer, aber für den Jäger ist die Zeit vom Spätsommer bis zum Frühwinter zweifellos die langersehnte, herbeigebetete „Hochzeit" des Jahres. Oh, könnte es das ganze Jahr über Herbst bleiben! Oh, könnte man das Schöne, das Gute, das Erhabene nur festhalten! Vom Schönen und Guten gehen Impulse aus, die den Menschen gesund und freundlich machen. Aus ihnen schöpft er Kraft für sein Schaffen und für den Alltagskampf, für die Familie und für die Seele. Und das alles ist ohne Zweifel von Gott gewollt, der ja der Mittelpunkt aller Freude und alles Schönen ist.

Seit etwa zwei Wochen singen die Herbstzikaden. Plötzlich und ohne Vorwarnung, mitten im wärmsten August, tönt gegen Abend in der kühler werdenden Dämmerung ihr langgezogenes „ssrriii, ssrriii, ssrriii . . ." Die Ungarn sagen dann: „szól az öszi bogár", der Herbstkäfer meldet sich – und man weiß, daß der Herbst an die Türe pocht, noch lange vor der Herbstzeitlose, lange, ehe das Laub sich verfärbt.

Für mich war jahrelang, nachdem mir die Grenze zur Heimat versperrt worden war, ein Ruf der Herbstzikade jenes Signal von zu Hause, das mitten in meinem Herzen empfangen wurde. Denn der melancholisch singende Herbstkäfer, eben jene Zikade des Spätsommers, ist bei uns nur im Osten zu hören, etwa im Burgenland, in der Oststeiermark, knapp an der ungarischen Grenze. Wenn die Maishalme gelb geworden im Winde knistern, die Schwalben sich vor ihrem Abflug auf den Telefondrähten sammeln, die letzten Turteltauben über den Weingärten einfallen, dann gibt es keinen Abend im Osten ohne das langsame, melodische und Erinnerungen weckende „ssrriii, ssrriii . . ."

Jahrelang von jeder Hirschbrunft ausgeschlossen, fuhr ich zu dieser Zeit nach Siegendorf, von wo ich sehnsüchtig, Abend um Abend von Zikaden umsungen, hinüberlauschte. Unweit des Stacheldrahtes roch ich dann Jahr für Jahr den herrlichen, Erinnerungen weckenden Duft des Brunfthirsches. Bei Tag durfte ich dank meines guten Freundes Hans Springschitz tagelang allein Rebhühner jagen, der vordergründige „Vorwand", weswegen ich in Siegendorf sein konnte.

Aber der pannonische Wind, die Lichtreflexe der nahen Pußta, der unnachahmliche Duft der Gräser und Akazien, das herrliche Aroma faulenden Obstes, die Töne aus ungarischen Bauernhäusern, Hundegebell von drüben und das Weinen der Zikaden waren mir wohl das Wichtigste. Denn mit dem Heimweh kommt auch die Erinnerung an die eigene Jugend. An eine Jugend, die man sich nicht aussuchen, die in friedliche oder kriegerische Zeiten fallen kann, rückschauend aber immer schön ist, denn es bleibt in einem ein Rest von jenem Optimismus übrig, mit dem man ins große Abenteuer startete, das man Leben nennt. Und wie anders verläuft es, als man es sich je vorgestellt hat! Und wie unendlich kürzer! Meinen Lesern ist ja bekannt, daß meine Jugend mitten in den Zweiten Weltkrieg fiel. Nur einige Monate trennten mich davon, einrücken zu müssen, denn ich wurde erst 18 Jahre alt, als die Front uns bereits zu überfluten begann. Im Frühjahr 1944, zwei Tage nachdem die Deutschen Ungarn besetzt hatten, verließ ich das Pius-Internat in Pécs (Fünfkirchen) und fuhr nach Hause. Es folgte eine unvergeßliche Zeit, die ich als 17jähriger zu Hause verleben durfte. Anfang September, als die Schule wieder anfing, blieben wir in Csákberény, und seit 1938 war ich erstmalig wieder während der ganzen Hirschbrunft anwesend.

In unserer Familie war es Tradition, daß ein Jungjäger seinen ersten Hirsch erst nach abgelegter Matura schießen durfte. Das Jahr 1944 aber war anders. Die Russen hatten gerade die Karpaten überwunden, und jeder klar denkende Mensch konnte sich ausrechnen, wann sie hier eintreffen würden. Man sprach gerüchteweise über eine bevorstehende Kapitulation Ungarns. Unser eingerückter Gärtner Denke schrieb das sogar auf einer offenen Postkarte: „Hier in Polen sagt man, daß am 15. Oktober der Krieg aus sein wird“. Ungarns Reichsverweser, Admiral von Horthy, fühlte die Schwäche der Deutschen, bekam langsam wieder Oberwasser, setzte den Ministerpräsidenten Sztójay ab und ernannte ein neues, ihm treu ergebenes Kabinett unter General Lakatos. Sofort wurden die Judentransporte gestoppt, was einem Großteil der Budapester Juden, dank Horthy, das Leben rettete. Sogar bereits unterwegs befindliche Transportzüge sollen auf Befehl des Regenten zurückgeschickt worden sein, ein wohl einmaliges Ereignis in einem besetzten Land.

Die russische Dampfwalze, in unserem Bereich unter den Marschällen Tolbuchin und Malinowski, aber wälzte sich immer näher, und allein das zählte für unsere

Zukunft. Vater – wohl ahnend, daß dies für uns die letzte Hirschbrunft in Csákberény bedeute – rief meinen Bruder Feri und mich zu sich und gab uns für den Hirschabschuß je einen Revierteil frei! Ich aber sollte meinen ersten Hirsch im Revier Kápolna schießen, und zwar ohne Begleitung. Unser Jagdhaus war – wie bereits erwähnt – mit Flüchtlingen „besetzt" und daher tabu. Die Pirsch mußte von Csákberény aus stattfinden.

Im Garten weinten abends die Zikaden, die Schwalben sah man nur mehr über den Teichen, Turteltauben kamen im Zug von Norden. Über den Feldern purzelten die Wanderdisteln und schwammen die für den Herbst typischen beweglichen Spinnweben. Das Licht war intensiver als im Sommer, der Wind duftete nach reifem Obst, und seit einigen Tagen erscholl in der Nacht über dem Vargatisztás der kurze und mürrische Schrei eines Hirsches.

Der Vormittag verging mit allerlei Vorbereitungen. Ich hatte von Vater ein neues Mauser-Gewehr bekommen, Kaliber 8 x 57, mit einem vierfachen Zielfernrohr, das einen für mich ungewohnten Zielstachel hatte. Das neue Gewehr roch nach Öl und Lack. Ich wollte es sogar in mein Bett mitnehmen, so sehr liebte ich es. Kein Mensch konnte ahnen, daß ich es nur einige Monate mein eigen nennen durfte und daß 20 Jahre vergehen würden, bis ich mir ein neues Gewehr kaufen konnte. Mit Ferenc ging ich in unsere beim Obstgarten gelegene Schießstätte, und gemeinsam schossen wir die neue Büchse ein. Der alte Diener war nervös und schlecht gelaunt. Der Frontsoldat des Ersten Weltkrieges spürte genau den nahenden Zusammenbruch, der diesmal aber auch das Ende einer Epoche und unseres bisherigen Lebens sein würde. Den Russen gegenüber hatten wir keine Illusionen. Im Vorjahr hatten die Deutschen im Wald von Katyn riesige Massengräber gefunden. Darin lagen im Jahre 1940 von der NKWD bestialisch hingerichtete und teils lebend begrabene, mit Stacheldraht aneinander gekettete Tausende polnische Offiziere. Die von der neutralen Untersuchungskommission veröffentlichten Bilder waren so erschütternd, daß uns unsere Erzieher in Pécs einen Film erst nach der Wochenschau ansehen ließen.

Endlich war die Büchse eingeschossen. Es war der 9. September 1944. Zum Essen waren Onkel Hansi und Cousine Helli aus Mór herübergekommen. Gut kann ich mich noch an die Nachspeise erinnern. Es gab herrliches Brombeereis. Nachmittags spielte ich mit Lumpi, dem Fox-Terrier. Er war seit einiger Zeit allein, denn deutsche Soldaten hatten in der Nacht Vaters wachsamen und bissigen Komondor Pajtás erschossen. Um drei Uhr konnte ich endlich starten. Kutscher Antal fuhr mit den alten Juckern Hegyes und Vércse vor. Der Weg über die Hutweide staubte, es hatte seit Tagen nicht mehr geregnet. Wir fuhren über den „Weißen Weg" zur Horogvölgy. Rechts und links Büsche mit reifen Hagebutten. Brombeerstauden, zu runden „Festungen" zusammengewachsen, boten ihre reife Frucht dem Auge dar. Überall tummelten sich gaukelnde Schmetterlinge, kleine und größere Käfer, darunter viele Hirschkäfer. Nyáriállás, Halomvölgy, das Flohhaus, und es umfing uns die kühle, schattige Luft des Horogvölgy. Wir begegneten fremden Menschen, die man damals pauschal „Fremdarbeiter" nannte. Wie wir später erfuhren, waren aber zu dieser Zeit etliche russische Partisanen in unserem Wald. Deutsche Soldaten sah man hier zu dieser Zeit nicht. Bis auf die Transportflieger, deren meisterhafte Tarnung ich am Rande der Hutweide bewundern konnte, waren alle Truppen abgezogen. Die sogenannte „Ruhe vor dem Sturme". Bald würden die Etappen- und später die Fronttruppen kommen und sich in diversen Hauptquartieren etablieren. Wer wußte damals, daß gerade hier, in unserem schönen Wald, die Front sich festigen würde und Csákberény drei volle Monate Hauptkampflinie werden sollte.

Von alldem war heute, am 9. September, nichts zu merken. Der würzige, etwas bittere Duft üppig tragender Eichenwälder, sich langsam verfärbender Buchen und der vieler wilden Birnbäume schlug mir im Fahrtenwind entgegen. Ich war vor Vorfreude und Aufregung wie von Sinnen. Ich sollte meinen ersten Hirsch schießen. Ich war noch keine achtzehn, und die Matura noch weit. Rückblickend wird man über meine Vorfreude inmitten des sich anbahnenden Zusammenbruches staunen. Nun ja, rückblickend staunt man wohl immer und leicht. Und je weiter man vom Ereignis ist, desto weniger Verständnis hat man dafür. Es sind ja auch andere, neue Generationen, die so locker und leicht über die vorherigen urteilen. Schließlich hatte ich auch allen Grund, mich mitten im Krieg über etwas zu freuen. Wichtiger als die Weltgeschichte war für mich, daß ich als Sohn einer jagdbegeisterten Familie das echte Großereignis im Jägerleben, den ersten Hirsch, vor mir hatte.

Da und dort sah man in der Horogvölgy Wild, das aber eher scheu zu sein schien.

Kein Wunder, wenn man bedenkt, wie viele „fremde“ Menschen hier im Wald waren. Da sind zuerst die Flüchtlinge zu erwähnen, die sich vor den Deutschen versteckten. Dann die Partisanen, von denen wir damals nicht, das Wild aber mit Sicherheit Kenntnis hatte. Schließlich die Fremdarbeiter, was immer man darunter auch verstand. Angeblich baute ungarisches Militär Bunker im Wald. Der Besitzer hatte wenig Einfluß darauf.

Unten am Eingang zur „Langen Sutte“ hielt der Wagen. Ich bat Antal, bei Dunkelheit wieder hier zu sein. Dann ging ich, meine Büchse umgehängt – leider viel zu schnell –, schwitzend und keuchend den direkten Abkürzungsweg hinauf auf den „Damm“. Hätte ich gewußt, daß knapp einen Kilometer von mir in der Buchendikkungen des Csonkabükk damals schon russische Partisanen hausten, ich wäre etwas weniger unbeschwert gewesen. Mein Weg führte mich hinauf zum Wirtsgraben. Hier hatte ich Großpapa begleitet, als er seinen letzten Csákberényer Hirsch erlegte. Das war im Jahr 1943, als wir kurz „Kriegsferien“ bekamen, da zu viele Zivilprofessoren einrücken mußten. Damals war die Front aber noch irgendwo in der Ukraine.

Hoch oben im blauen Himmel brummten die amerikanischen Bomber ihrem heimatlichen Flughafen in Süditalien zu. Kaum ein Mensch am Land kümmerte sich mehr um sie. Die Zeiten waren noch nicht gekommen, da sie sich viel tiefer herunter trauten, um mit ihren Flugzeugen Jagd auf Zivilisten zu machen, nicht selten auf Flüchtlingstrecks, die den vorrückenden Rotarmisten nur knapp entkommen waren. Nein, beliebt waren die Amerikaner damals nicht. Immer wieder fand man ihre widerlichen, im schlechtesten Ungarisch verfaßten Flugzettel, in denen sie Ungarn zur

Bild rechts: Er weiß nicht recht, was los ist

Bilder umseitig:
Oben links: Mein erster Hirsch, 1944. Herbstzikaden
Oben rechts: Mit unserer geliebten „Walther“, 1943
Mitte links: Vater verabschiedet Fanny Esterházy vor dem Schloß, 1944
Mitte rechts: Die Hirschgeweihe des Jahres waren am Gang aufgestellt, 1939
Unten links: Vaters 50er, Gruppenbild mit den Beamten, 12. Juli 1944
Unten rechts: Vater mit Onkel Muki Radey beim Jagdhaus Kápolna

Kapitulation vor den Russen aufforderten und gleichzeitig Demokratie versprachen. Wo „ihre“ versprochene Demokratie hingeführt hat, das haben die nächsten 45 Jahre gezeigt.

Es war etwa 16 Uhr 30, als ich am westlichen Rand des Wirtsgrabens einlangte. Vater hatte mir eingeschärft, ja nicht durch die guten Brunftreviere zu pirschen, sondern mich irgendwo anzusetzen. Meinem damaligen Temperament entsprechend, war dies ein großes Opfer. Auch hatte ich die Auflage, ja keinen Kronenhirsch zu schießen, und ein richtiger Abschußhirsch sollte mein erster auch sein.

Ich wußte, daß der Wirtsgraben durch zahlreiche Fernwechsel berührt wurde und zusammen mit dem Schafflergraben ein gutes Einstandsgebiet für Rotwild war. Vor dem 9. September war die Brunft noch kaum im Gang, das warme Wetter ungünstig, und man sah noch etliche Tiere, die ohne Pascha allein ästen. Als ich etwa in der Höhe des 4er Standes war, suchte ich mir eine dicke Eiche, setzte mich vor sie und lehnte meinen Rücken an den rauhen Stamm. Von hier konnte ich den ganzen Wirtsgraben am besten übersehen. Oben auf der Höhe war er ja, wie fast alle unsere Lehnen, karstig und steinig, weiter unten verdichteten sich die Büsche und Bäume, da und dort eine Lichtung freilassend.

Bilder umseitig:
Oben links: Der Maler Franz Lamberg
Oben rechts: Mutter und Antatelle mit den drei „Kleinen“ (Maxi, Philipp, Lori, 1933)
Mitte links: Onkel Hansi Meran bei der Saujagd, Jänner 1932
Mitte rechts: Autor mit den Zwilligen Maxi und Lori, Dezember 1930
Unten links: Im Schwimmbad Czabácza, die Eltern und Heinrich Doblhof, 1931
Unten rechts: Die III/B-Klasse des Pius-Internates, Juni 1940. Der Autor in der vordersten Reihe, vierter von links

Bilder links:
Oben links: Öffentlicher Durchgangsweg zwischen Schloß und Reitschule in Csákberény, rechts die protestantische Kirche
Oben rechts: Hans Meran jun. (Stainz) und der Autor, 1956
Mitte links: Der Autor mit dem zahmen Tier „Traudl“, Eggenberg, 1960
Unten links: Der Autor mit der zahmen Dohle „Nikita“, Eggenberg, 1958
Rechts unten: Der Autor auf der Saujagd in Alirét/Zamárdi, im Jänner 1990

Ein Hirschkäferweibchen fällt mir fast in den Kragen. Überall liegen Eicheln. Von weit her, etwa der Föhrengartensutte, meldet sich endlich ein Hirsch. Und wie auf Kommando fangen rund um mich die Herbstzikaden mit ihrem unnachahmlichen „Ssrriii . . . Ssrriii . . .“ zu singen an.

Ich habe diesen Tag so gut in Erinnerung, da ich meine damaligen Tagebücher retten konnte. So stand beispielsweise in der Zeitung, daß die Rumänen mit deutschen Flugzeugtypen Klausenburg und Großwardein bombardiert hätten. Stuhlweißenburg sollte am 20. September durch Bomben schrecklich zerstört werden.

Vom „Durmics-szalajtó“ meldet jetzt ganz klar und laut eine gute, tiefe Stimme. Sofort antwortet ihm eine aus der Richtung des Buchwaldes. Ich sitze und warte, während es fast unmerklich kühler und schattiger wird. Drüben am Hang, dort wo die tiefste Mulde beginnt, äsen zwei Rehe. Das kleinere ist noch ganz rot, das größere zeigt schon ein wenig Winterhaar. Lautlos segelt ein Kaiseradler über mir und verschwindet über die Csákberényer Höhe in Richtung der Langen Sutte, wo sich ja seit Jahren sein Horst befindet. Fast alljährlich schlüpfen zwei Junge, oft wurden sie schon fotografiert. Wahrscheinlich kommt der Adler von den Csákvárer Hügeln, wo er seiner Lieblingsbeschäftigung, der Zieseljagd, frönt . . .

Plötzlich bricht es unter mir im Tal, dann rumpelt es. Mir kommt so vor, als höre ich das Mahnen eines Tieres. Im selben Augenblick fegt eine ungarische Jagdmaschine über den Wald, und so bin ich meiner Sache nicht ganz sicher. Aber dann, fünf Minuten später, erscheint ein Tier ganz rechts in der weitesten Ecke des – noch sichtbaren – Plateaus und verhofft geradeaus zu mir. Es kann mich nicht sehen, denn ich sitze unbeweglich im Schatten, der Wind ist gut. Vielleicht verhofft es in die Lehne, die ich nicht einsehen kann und in der es vorher rumpelte. Die Entfernung beträgt etwa 400 Schritt. Nun rumpelt es wieder, und dann höre ich ganz deutlich das Knörren eines Hirsches, der offensichtlich ein Tier treibt. Nun fängt mein Blut doch in den Schläfen zu pochen an, mein Atem geht schneller. Unter mir ist ein Hirsch, ich kann ihn aber nicht sehen.

Langsam wird es dämmrig. Die Zikaden geigen. Über dem Csonkabükk und dem Kamm des Prybillschlages greifen die roten und violetten Wolken wie Finger ineinander. Von überallher dröhnt nun, erstmals in diesem Jahr, das Orgeln der Hirsche herüber. Und wir hatten in jener Zeit viele im Revier. Ein unbeschreiblicher Duft von Gräsern und Laub, von Beeren und fauler Erde schwimmt mit der kühlen Abendbrise über mich. Nun röhrt „mein“ Hirsch ganz unten im Graben, etwas weiter südlich. Dazwischen kracht und bricht es – und wieder das Rumpeln –, dann plötzlich eine gespenstige Ruhe, geheimnisvoll wie die Erwartung, unsicher wie die Hoffnung. Doch der 17jährige steht in Dianas Gunst. In jener Zeit hatte ich unfaßbares Glück, und was heute sonderbar anmutet, ich empfand das als normal. Die erste „selbständige“ Pirsch auf den ersten Hirsch, heute wäre ich froh, wenn ich nach einer Woche Mühe und Plage den richtigen nur erblicken könnte. An jenem 9. September 1944 aber hatte die Gunst der Stunde bereits begonnen, und nichts konnte sie mehr aufhalten.

Noch bei gutem Schußlicht erscheint schräg rechts auf der ersten größeren Lichtung des gegenüberliegenden Hanges ein Schmaltier. Es hat keine Lust zu äsen, immer wieder äugt es zurück, vollführt komische Sprünge, die ich in meiner Unerfahrenheit nicht deuten kann. Und dann erscheint ein Geweih. Zitternd hebe ich mein Glas, kalter Schweiß bricht mir aus, das Hirschfieber hat mich und schüttelt mich gehörig. Meine Ohren dröhnen, ich wähne mich taub, mein Atem geht hörbar und wie von selber in kleinen Intervallen, ich bin fast blind, drehe verzweifelt am Gucker herum. Und dann stellt sich der Hirsch breit vor mich hin und zeigt sein Geweih. Es ist ein Zehner mit krebsartigen Gabeln, das Richtige für mich. Nun habe ich in jener Zeit bereits Erfahrung mit dem Jagdfieber. Ich jage ja schon seit über zehn Jahren, und niemand sage mir, daß ein Achtjähriger beim Erlegen seines ersten Hasen nicht ebenso viel Jagdfieber verspürt wie ein Siebzehnjähriger bei seinem ersten Hirsch.

Ich atme dreimal tief durch, hebe meine Büchse, stütze die Ellbogen auf die angezogenen Knie, während mein Rücken Halt an der Eiche findet. Doch es geht noch nicht. Der Zielstachel umtanzt den Hirsch. Ich kann jetzt nicht schießen. So routiniert bin ich doch, daß ich in diesem Zustand des Jagdfiebers keinen Schuß abgebe. Dann sage ich mir: Voriges Jahr hast du einen Bronzemedaillen-Rehbock in Székelyhid und einen Kapitalkeiler im Cseresnyésbörcz erlegt. Du hast bis jetzt 17 Tiere, 11 Kälber und 25 Rehböcke geschossen. Nimm dich doch gefälligst zusammen! Es klingt vielleicht blöd und kitschig, aber auf diese Weise probiere ich mich zu beruhigen.

Der Hirsch ist noch immer auf der Lichtung, manchmal hat er das Haupt oben, manchmal wittert er am Boden herum, wo das brunftige Schmaltier eben gestanden ist. Zwei-, dreimal knörrt er, und das beruhigt mich überhaupt nicht. Nun nehme ich einen letzten „Anlauf". Von unten fahre ich mit dem Zielstachel dem Vorderlauf entlang ins Blatt, steche ein und drücke in Gottes Namen ab. Doch der Hirsch regt sich nicht, steht wie versteinert da. Auf das sofortige Repetieren habe ich „vergessen". Das besorge ich jetzt, was bei der neuen Waffe keinen geringen Lärm verursacht. Das zweitemal bin ich eiskalt und überlegt. Das Fieber ist verflogen. Ich ziehe ruhig ab. Doch . . . in diesem Augenblick macht der Hirsch eine volle Wendung und prescht dem mißtrauisch gewordenen Tier steil bergauf nach. Der Schuß geht fehl. Nun habe ich aber richtig repetiert, und als der Hirsch noch einmal – das letztemal –, vielleicht auf 180 Schritt, verhofft, schieße ich, und er zeichnet prachtvoll, prasselt den Hang hinunter. Lange sehe ich noch die Äste wackeln.

Es ist kühl geworden. Auf meiner Stirn steht der Schweiß, sogar meine Nase rinnt. Blauviolett mit roten Rändchen verabschieden sich die Wolken von diesem Tag: von einem Samstag, dem 9. September 1944, einem denkwürdigen Tag, für mich und den armen Hirsch.

Stolpernd, meine Leinenjoppe in den Brombeerstauden aufreißend, mit blutigen Knien und einigen Kratzern im Gesicht, gelange ich endlich dorthin, wo ich die letzte Bewegung der Büsche gesehen habe. Hier unten ist es schon recht dunkel, und ich muß längere Zeit suchen, bis ich fast über den verendeten Hirsch stürze. Unweit des Fahrweges in der Talsohle liegt er. Er ist ein eher lichter, im Wildpret starker Hirsch mit dunklen, schön geperlten, mittelstarken Stangen. Die Länge der Stangen dürfte bei knapp einem Meter liegen. Nun knie ich mich neben den Hirsch und umfasse seine Stangen wieder und wieder. Das ist mein Hirsch, der da liegt, der erste Hirsch meines Lebens. Dann verbringe ich eine halbe Stunde damit, den Hirsch aufzubrechen, ziehe ihn mit großer Mühe zum Weg hinunter und verblende ihn mit einem Taschentuch gegen Füchse und Sauen. Es ist sehr anstrengend, und ich höre heute noch das Pochen in meinen Schläfen und das keuchende, schnelle Atmen meiner Lungen. Und die Zikaden weinen „ssrriii . . . ssrriii".

Nun muß ich noch einmal auf die Höhe steigen, und nach einer Dreiviertelstunde bin ich endlich beim Wagen. Strahlend berichte ich meinem alten Freund Antal von meinem Waidmannsheil. Er aber gratuliert mir mit dem mahnenden Hinweis, daß es „gehörig“ (illendö) sei, einen Bruch auf den Hut zu stecken. Das hatte ich in der Aufregung vergessen.

Die Pferde traben im schnellen Tempo über die Schotterstraße dem Heimatstall entgegen. Ich bin verschwitzt und lege die immer bereite, karierte Wagendecke über meine Schultern. Ich überlege und lasse alles vor meinem geistigen Auge wieder und wieder vorbeiziehen.

Damals war mir das einmalige Glück, das ich bei der Erlegung meines ersten Hirsches hatte, kaum bewußt. Daß der Hirsch gleich bei meiner ersten Pirsch in Schußnähe austrat, daß er genau paßte, daß er meine drei Schüsse „aushielt“, auf das laute Repetieren nicht absprang, und schließlich, daß er unmittelbar neben dem Waldweg verendete, das war eine Glücksserie, wie sie nur selten und meistens jungen Jägern geschenkt wird. Als der Wagen in der Einfahrt unseres Schlosses hält, empfangen mich wieder die Herbstzikaden, Fanfaren ähnlich und doch so unendlich traurig und melancholisch.

Das alte Schloß stand stumm und ahnungslos in der Dunkelheit. Nur die kleine Laterne bei der Eingangstür beleuchtete den stillen Hof und die ehrwürdigen, alten Bäume. Nach drei Monaten würden wir Csákberény verlassen. In einem Jahr würden nur mehr die Mauern des Schlosses stehen, anstelle der alten würde eine neue, diesmal bolschewistische Kultur folgen, so lange, bis alles zerstört war.

Was gibt es über diesen Hirsch noch zu sagen? Er war ein etwa 8–9jähriger, „ewiger“ Zehner und hatte schöne dunkle Grandln. Der dritte Schuß und einzige Treffer saß wie abgezirkelt hinter dem Blatt. Das Gewicht des Geweihs betrug mit der kleinen Hirnschale – ohne Nasenbein – 4,9 kg.

Am nächsten Tag wurde wie immer vor der Garage – wo auch die Waage stand – Strecke gelegt. Der Hirsch wog aufgebrochen 182 kg. Vater schlug mich nach der Messe vor versammelter Belegschaft zum Hirschjäger. Er verwendete noch den alten, ehrwürdigen Spruch, der im fünften Kriegsjahr fast anachronistisch klang: „Für Gott, Kaiser und Vaterland!“ In meiner Sonntagsjoppe ließ ich mich anschließend mit meinem Hirsch fotografieren. Das Bild ist mir erhalten geblieben, das Geweih ist verschollen. Ich habe in meinem zukünftigen Jägerleben noch viel erlebt und neben Waidmannspech auch herrliches Waidmannsheil gehabt. Doch wie es nur eine einzige nie mehr nachvollziehbare erste Liebe gibt, so gibt es nur einen „Ersten Hirsch". Verschollen, vergangen, verschwunden, doch niemals vergessen!

Die Erinnerung an ihn lebt immer wieder auf, wenn die Zikade weint und die Gerüche von unvergessenen und herrlichen Zeiten berichten.

Als leidender Jungjäger im Internat

In den Wäldern des Vértesgebirges röhrten schon die Hirsche. Über das ausgedorrte Land griffen die Strahlen einer klaren Septembersonne. Bauernwägen knarrten, Weinfässer wurden gewaschen, und die Turteltauben rüsteten zum Abflug gegen Süden. Was es bedeutet, in ein Pensionat gesteckt zu werden, wenn man mit Leib und Seele ein Landbub ist, kann nur der ermessen, der in ähnlicher Form derartiges erlebt hat. Mein herrliches, friedliches Csákberény zeigte sich in seinen allerschönsten Farben, aber es half nichts, ich wurde in ein Auto gesteckt, Jóska fuhr an, und das noch unbekannte, von mir gefürchtete Pensionat rückte mit jedem Kilometer näher.

Wir fuhren mit dem alten Ford nach Pécs (Fünfkirchen), wo ich die nächsten Jahre in einer Art Gefängnis verbringen sollte. September 1939. Wer kennt heute nicht das Datum, als jener Krieg ausbrach, dessen Ende auch das Ende des alten Csákberény und einer ganzen Epoche bedeuten sollte? Nun ja, die Deutschen marschierten irgendwo ein. An Krieg, an den furchtbarsten aller Kriege, den Zweiten Weltkrieg, dachte damals wohl nur der bestinformierte Mensch, sicher nicht ein zwölfjähriger Bub. Die landschaftlichen Schönheiten sah ich während der Reise vor lauter Kummer nicht. (Übrigens sollten wir in Zukunft nie mehr mit dem Auto nach Pécs fahren.)

Das Riesengebäude des Pius-Kollegiums der Jesuiten empfing mich wie eine große, unbekannte Stadt, in der ich mich von nun an selbst behaupten mußte. Die Jugend von 1939 war eine andere als die aufgeklärte „Computer-Video-Jugend" von heute. Der Grafensohn aus Csákberény, wo das elektrische Licht erst vor drei Jahren eingeführt wurde, fühlte sich plötzlich mutterseelenallein. Vater fuhr zurück zu den Hirschen und zur Weinlese, zu den Erntefesten und den Rebhühnerjagden, er fuhr zurück zu den neunjährigen Zwillingen Maxi und Lori und Mutter – und ich . . . ich war endgültig ausgeliefert.

Als ich im Studierzimmer mein Pult zugewiesen bekam, die eigenartig durftenden neuen Bücher abholen durfte, all die fremden Gesichter sah und das infernalische Geschrei hörte, wollte ich bitterlich weinen. Aber es gelang mir nicht, auf diese Weise Erleichterung zu erfahren. Die Aufregung und Verzweiflung saßen mir wie ein Knödel im Hals, die völlig neue Situation umfing mich wie ein schwarzer Schleier und raubte mir fast die Sinne. Aber Kinder sind eben doch Kinder. Und mit unseren Spielkameraden aus den Csákberényer Bauernhäusern war ich ja immer gut ausgekommen. Ich sah ein, daß ich mich in das absolut Unvermeidliche fügen mußte, und zwang mich zur Haltung.

Warum sollte ich vor diesen Buben Angst empfinden? Sie waren mir anfangs zwar nicht allzu sympathisch, als ich verständnislos bemerkte, daß diese Buben dieses strenge Internat anscheinend lustig und schön fanden. Ja, hatten denn diese Kinder kein Zuhause? Hatten sie das notwendig? Rückblickend weiß ich heute natürlich, daß viele „gute Miene zum bösen Spiel“ machten. Als ich mich meinem Pultnachbarn höflich bekannt machen wollte, wie ich es zu Hause gelernt hatte, stieß mich dieser heftig in die Brust, und ich fiel hinterrücks über einen hinter mir hockenden zweiten Buben, worauf alle in gemeines Gelächter ausbrachen. Es klingt mir noch heute schrill in den Ohren. Unschuldig zum „Handkuß“ zu kommen ist und war mir bis heute einfach unerträglich. Ich schlug sofort zurück, worauf für kurze Zeit Stille eintrat. Doch dann ging das Gehänsel, ein Ritual bei Neuankömmlingen, wieder von vorne los. Man fand meine Schuhe zu schäbig, meinen Anzug zu alt, mokierte sich über meinen kleinen Krawattenknoten, den ich so band wie mein Vater (was anscheinend außer Mode war), man belächelte meine Manschettenknöpfe mit den Tierfiguren, mit einem Wort – es war ein Spießrutenlaufen.

Kinder sind grausam, und nicht nur ich wußte mir manchmal nicht zu helfen. Da gab es einen Grafensohn, der prononciert jüdisch aussah. Er war ein besonders lieber und stiller Junge, mit gutem Herzen und mittelmäßiger Intelligenz. Allein wegen seines Aussehens wurde er auf eine Art sekkiert, die mich von allem Anfang an sehr schockierte. Hatte ja auch ich schon als Kleinkind wegen meiner nicht sehr kleinen

Bilder rechts:
Oben: Wo bist du Gais? Unten: Wo bleibst du Bock?

Bild umseitig:
Noch ein wenig Zeit, dann ist auch meine Sehnsucht gestillt

Nase Hänseleien zu ertragen und daher Verständnis für diesen Buben. Doch das war nur eine der vielen Ungerechtigkeiten, die wir in diesem Elite-Internat erleben mußten.

Doch es war eine Schule fürs Leben. Wir lernten zuallererst, daß gefälliges Aussehen in der großen (und kleinen) Welt besser ankommt als ein unangenehmes. Wer kennt nicht die Geschichte jener „dicken Freundin" einer Schönheit (komischerweise suchen sich hübsche Mädchen oft häßliche Freundinnen aus), die spätestens beim ersten Ball bemerkt, daß sie häßlich ist? Für eine Frau eine echte Tragödie, für ein halbes Kind ein ganz harter, unerwarteter Schicksalsschlag.

Das Pensionat war sicher auf seine Art eine Schule für das Leben, für Eigeninitiative, für erfolgreiches Durchsetzungsvermögen. Aber ich habe es kalt und lieblos in Erinnerung. Der unreife, noch nicht zum Priester geweihte Magister, selbst noch unsicher (bis zu 24 Jahre alt), konnte uns die Wärme des Elternhauses in keiner Weise und in keiner Phase ersetzen. Diese Jungpräfekten, allesamt dem Generalpräfekten Pater Reöthy unterstellt, waren den ganzen Tag um uns, als eine Art „Gluckhenne". Nur wenige hatten das Talent und Können, richtig zu erziehen. Nur an wenige erinnere ich mich noch mit Dankbarkeit zurück.

Ganz anders sah die Sache am Vormittag in der Schule aus. Hier, wo gelernt wurde und wo die Leistung zählte, wo hervorragende Professoren uns unterrichteten, hier fand ich mich wieder.

Da mich der Alltag in diesem Gefängnis, ohne Land und Natur, ohne Tiere und Wald, ohne unsere ans Herz gewachsenen Freunde, die ganze Atmosphäre langweilte und ich viel zu sehr Individualist war, um mich in die Masse einzufügen, fühlte ich mich im Pensionat sehr unglücklich, und ich stürzte mich – wie ein Besessener – ins Lernen und hatte dabei sehr schnell Erfolg. Ich lernte leicht und schnell, hatte dabei bald eine praktische, zeitsparende Methode entwickelt, so daß ich immer noch Zeit fand, meinen geliebten Karl May zu lesen. Da ich innerhalb kürzester Zeit Vorzugs-

Bild umseitig: Das Rudel ist sicher nicht weit

Bild links: Konzentration vor dem Sprung . . .

schüler wurde, schimpften mich manche Kameraden bald als „Streber". Wiederum eine Lehre fürs Leben, die auch heute noch aktuell ist: Nur das Mittelmaß wird gerne gesehen, nur das Unauffällige ist auch gefällig. In den Klassen gab es sogenannte „Kapos", meist früh entwickelte, rohe Kraftburschen, die nicht nur die anderen Zöglinge beherrschen wollten, sondern auch angaben, was gut und böse, was tolerierbar und was unmöglich war. Schon in dieser kleinen Gemeinschaft spiegelte sich der Ungeist der großen Welt wider. Das Wort führten jene, die nichts konnten, alles besser wußten und kein Mitleid kannten. Und die Gemeinschaft kuschte und ließ sich alles gefallen. In den Augen dieser „Kapos" zählte es zu den schlimmsten „Untugenden", ein guter oder ein fleißiger Schüler zu sein. Es gab weniger begabte, die durch viel Fleiß zu guten Schülern wurden. Ich selbst war mit meinen Vorbereitungen sehr bald oft schon in einer Stunde fertig. Aber in diesem Haus durfte man ja auch nicht so lernen, wie man es wollte. War ich fertig und las ich den Winnetou, so rügte mich der Magister. War ich mitten in meinem konzentrierten, methodischen Lernen vertieft, so klingelte eine schrille Glocke und man hatte zur „Recreation" zu gehen, ob man wollte oder nicht.

Es hatte auch diese angebliche Schikane sicher einen Sinn. So lernte ich meine Zeit einzuteilen und die peinliche Pünktlichkeit, die ich bei den alten Leuten immer so bewunderte und die heute bei jungen fast völlig fehlt.

Während wir in der Schule waren, durchstöberten die Magister unsere Pulte, die ja die einzigen Aufbewahrungsorte für alle unsere Schätze, aber nicht absperrbar waren. Da wurden Liebesbriefe gelesen, Tagebücher kontrolliert, Briefe der Eltern und anderer Leute genauestens inspiziert. Unsere Briefe an die Eltern wurden ohne Ausnahme zensuriert.

Im Aufenthaltsraum herrschte die Angeberei. Diese Küken konnten mit allem Möglichen angeben. Da war zuerst einmal die tadellose, stutzerhafte Kleidung. Je mehr es sich um „Aufsteiger" handelte, umso mehr Trachtenlook, umso mehr aristokratisches Äußeres.

Langsam freundete ich mich mit einigen Schulkameraden an. Dabei waren mir die eher armen, fleißigen und ehrlichen Externisten die allerliebsten. Und natürlich Kinder, die nicht angaben, die mit mir die unstillbare Sehnsucht nach dem Zuhause, der Familie, dem Gut, dem Wald und dem Dorf teilten. Wir litten sehr unter der strengen Tageseinteilung, die folgendermaßen aussah: Schon um 5 Uhr 30 wurden wir durch das Geläute einer schrecklichen Glocke aus dem tiefsten Schlaf gerissen. Wir hatten sofort in Hemd und der schwarzen Klott-Unterhose in den Hof zu rennen, wo wir eine Viertelstunde turnen mußten. Danach wusch man sich kalt, zog sich in Windeseile an und sammelte sich im Studiensaal. In diesen Studiensälen waren jeweils zwei Klassen zusammen. Dann neuerliches Glockengeläute und in Zweierreihen, aber jeweils an der Wand, gingen wir in schnellen Schritten hinüber zur Kirche, wo wir – es wurde genau kontrolliert – laut singen mußten. An jedem der vielen Seitenaltäre las einer der Patres seine heilige Messe. Manchesmal waren wir – in Paradeuniform – zum Ministrieren eingeteilt. Unsere Messe las meistens der Pater Rektor. Nach der Frühmesse gingen wir in das Frühstückszimmer, wo sich die annähernd 200 Zöglinge (von der 1. bis zur 8. Klasse) zur ersten Mahlzeit trafen. Die Akustik war unbeschreiblich. Vorbeigehende Fremde verglichen sie mit dem Brausen eines Wildgänseschwarmes oder mit dem Lärm in einem Schweinestall, wenn gefüttert wird. Wenn einer von uns etwas ausgefressen hatte, so wurde die ganze Klasse mit Silentium bestraft. Solche kollektive Bestrafungen sollten anscheinend (mir nicht verständlich) kollektive Schuldgefühle hervorrufen. Nach dem Frühstück hatte man noch etwa eine halbe Stunde Zeit, sich für die Schule vorzubereiten. Anschließend ging es, wieder in Zweierreihen, mit der Aktentasche in den Schultrakt. Da hatte man nun, je nach Stundenplan, fünf oder sechs Unterrichtsstunden zu absolvieren. Nach der zweiten Stunde mußte man für kurze Zeit zurück in das Internat, um die Vormittagsjause einzunehmen. In der Klasse, die damals aus 50 bis 60 Schülern bestand, erwarteten uns die Externisten. Dies war jedesmal ein Lichtblick für mich, denn es war eigentlich der einzige Kontakt mit der Außenwelt, mit der Freiheit. Ich ließ mir von Gyula Hartmann, einem besonderen Freund, der heute Kardiologe in Budapest ist, oft die Tageszeitungen bringen. Denn auch dies war vorerst der „künftigen Elite" des Landes im Kolleg verboten. Mich aber interessierten das Weltgeschehen und die Politik schon damals, und wir lebten, so glaubten wir es zumindest, in einer „großen" Zeit mit aufregendem Geschehen. Ungarn war ja bis 1941 noch nicht in den Krieg verwickelt und betrachtete die Geschehnisse von außen und sehr kritisch. In der Schule war ich dann in meinem Element und tat mich sehr leicht. Ich liebte auch meine Professoren, die meine Aufsätze sehr lobten, ebenso wie die von Imre Szász, der heute einer der bekanntesten Schriftsteller Ungarns ist und wie ich Schüler des Ungarisch-Professors Bádonyi war. Bei Latein, Französisch und Deutsch konnte ich vielen Kameraden helfen, bei Mathematik halfen mir manchmal die anderen.

Die Jesuiten bewunderte ich aus vielen Gründen sehr. Es gab unter ihnen ganz bedeutende Erneuerer, sozialkritische Reformer und Pioniere auf jedem Gebiet. Ihre Erziehungsmethoden, die sie durchwegs für besonders gut hielten, waren aber meiner Meinung nach veraltert und zu autoritär. Die Vorstellung, daß man mit Messezwang, Klausurleben, totaler Abschirmung und militärischem Drill aus uns fromme Übermenschen formen könne, ist heute wie damals absurd. Auch ihre Überwachungsmethoden mit dem gut organisierten Spitzelsystem, die Ermunterung, Kameraden zu verklatschen, und die kollektiven Strafen muten eher kommunistisch-totalitär denn christlich an. Angeblich sollte damit das Gemeinschaftsgefühl gefördert werden. Ich aber pfiff auf die Gemeinschaft, von der ich sehr genau wußte, daß sie nur hier im Internat zur Erleichterung der Erziehungsarbeit funktionieren sollte. Die Mönche sagten uns nichts oder wenig über das, was „draußen“ geschah, und „draußen“ – 1939–1944 – geschah genug! Im Geschichtsunterricht wurde nie aktuelle Zeitgeschichte gebracht. Gesellschaftspolitisch im alten Sinne dieses Wortes taten die Jesuiten nichts für uns. Sie schirmten und schützten uns aber auch vom anderen Geschlecht ab, als wären Mädchen Ausgeburten der Hölle. Keine Anweisung, wie man sich richtig bewegt, wie man manierlich ißt, keine Tanzstunden. Dafür mußten wir, wenn ein Pater uns begegnete, salutierend oder mit in die jeweilige Richtung „geworfenem“ Kopf, im Paradeschritt vorbeigehen, lächerlicher ging es nicht mehr.

Trotzdem haben uns allen, die bei den Jesuiten erzogen worden sind, vor allem die Menschlichkeit unserer Patres und die individuell angewandte Güte sehr viel gegeben. Ein Pater Pinzger, ein Pater Lenner, ein Pater Hauer, Pater Pethö, Rektur Pater Tüll und sein Nachfolger Pater Hemm, das waren schon großartige Männer, die allein durch ihre Persönlichkeit nachhaltend auf uns wirken konnten. Und was haben diese Menschen in der mörderischen Diktatur des Bolschewismus, vor und nach Auflösung ihres Ordens und nach der totalen Enteignung ihres immobilen und mobilen Vermögens, alles erleiden müssen? Etliche sind eingesperrt worden, die besten hat man gequält, andere wurden zu Hilfsarbeitern degradiert, nur ganz wenige durften in der Seelsorge weiterarbeiten. Denn diese „Avantgarde“ des Katholizismus war für Materialisten jeder Schattierung das röteste aller „Tücher“.

Dies nur als Zwischenbemerkung, damit man nicht glaubt, meine Kritik am Internat wäre gleichzusetzen mit einer Kritik an den Jesuiten. Ich war einer der angesehensten Schüler meiner Klasse und genoß sowohl bei Lehrern als auch – bei den meisten – Schülern Respekt.

Eines Morgens, es war schon im Jahr 1943, wir waren gerade auf dem Rückweg von der Kirche ins Internat – und da es sehr früh war (Sommerzeit), auch müde und apathisch –, wurde plötzlich der ganze Troß gestoppt. Von vorne hörte ich aufgeregte Stimmen. Es stellte sich bald heraus, daß an der Wand, unweit des Büros des Generalpräfekten, eine Schmähschrift gekritzelt war, die lautete: „Der blöde Jaschkó“. Jaschkó war ein Magister, und zwar „ohne Portefeuille“, der sogenannte „Gang-Magister“. Die Aufregung war groß.

Wir wurden in den Studiensaal gesperrt und bekamen kein Frühstück. Da es ein Sonntag war, hatte man ja Zeit. Dann erschien der Pater Rektor mit dem Pater Präfekt und ließ uns einzeln antreten. Ich weiß nicht mehr, warum der Verdacht auf uns fiel und alle anderen Klassen ausschloß. „Wer hat das gemacht?“ Keine Antwort. Die meisten wußten es wirklich nicht. „Wenn bis Mittag der Täter nicht ermittelt ist, erfolgen drastische Strafen.“

Als zu Mittag der Täter noch nicht gefunden worden war, verkündete der Generalpräfekt folgende Strafe: „Wenn derjenige, der die Schmähschrift verfaßt hat, sich nicht meldet und die Klasse ihrerseits ihn nicht preisgibt, wird die ganze Klasse kollektiv bestraft. Auf Wunsch des Pater Rektor soll die ganze Klasse kahl geschoren werden.“ (Und das bei 17jährigen Schülern! Man denke nur an die heutigen Sprayschriften und ihre „Folgen“.) Mir persönlich platzte nun der Kragen. Ohne mich um die Vorschrift zu kümmern – einen Gang aufs Klo vortäuschend –, ging ich schnellen Schrittes in die Klausur hinüber und klopfte an Pater Rektors geheiligter Zimmertür.

Im muffigen, nach Wachs, Kuttenstoff, Schweiß und Zigarrenqualm duftenden Raum empfing mich der von mir sehr verehrte Pater Hemm, Böses ahnend. „Hochwürdiger Herr Pater Rektor", sagte ich, „ich bin hier, um zu lernen, nicht um unschuldig bestraft zu werden. So denken auch die anderen Schüler. Ich denke nicht daran, mich unschuldig kahl scheren zu lassen (ich war sehr stolz auf mein dichtes, gewelltes, fast schwarzes Haar). Sollten Sie auf diesem ungerechten Beschluß beharren, so werde ich meine Koffer packen und sofort heimfahren." Und dann sagte ich dem unbeweglich mir in die Augen blickenden Rektor noch folgendes: „Kollektive Bestrafung ist Kommunismus. Sind wir hier in einer Besserungsanstalt oder im besten Kolleg Ungarns?" Der Pater Rektor sog hörbar an seiner „Ragalia-Media". Dann zwinkerte er mir zu und sagte: „Ich danke dir, daß du ehrlich und aufrichtig deinen Zorn mir ins Gesicht gesagt hast. Geh jetzt zurück und beruhige dich. Wir werden das schon lösen."

Pater Rektor war ein moderner Jesuit und jahrelang in Amerika gewesen, zudem verehrte er meinen Vater sehr, der ihm jährlich viele Gläubige in die „Manresa" zu den berühmten Einkehrtagen führte. Pater Hemm war jahrelang Rektor der Manresa.

Blitzschnell „entwaffnet" und wieder beruhigt, meldete ich mich ab und schloß hinter mir die gepolsterten Doppeltüren. Im Studiensaal war die Stimmung gedrückt. Dann gingen wir zum Essen, eine Stunde später als die übrigen, und durften dort kein Wort reden. Der Pater Generalpräfekt war nicht anwesend. Wie man hörte, fand beim Rektor eine Konferenz statt. Mittlerweile aber kamen, von den Buben alarmiert, auch einige zornige Eltern ins Kolleg und schlugen einen fürchterlichen Krach. Der Skandal schien perfekt.

Am Abend wurde dann die Strafe sang- und klanglos mit der Begründung zurückgezogen, daß die Täter bereits ermittelt seien. Zwei Buben wurden entlassen. Von unserer Klasse jedoch kein einziger. Ich hatte aber im Halbjahr 1943 im Betragen einen Zweier – überhaupt den einzigen meiner ganzen Pécser Laufbahn – bekommen.

Die Spielplätze und Gärten des Jesuitenkollegs grenzten einerseits an eine Brauerei, andererseits an eine Gebärklinik. Nun hatten wir frustrierten „Jäger" unter den Zöglingen natürlich Schleudern fabriziert, um damit im Garten Spatzen zu jagen, sobald kein Magister zusah. Dies war in einem toten Winkel beim Zaun zur Gebärklinik am leichtesten durchzuführen. Eines Tages jagten Bruder Feri und Ali Hohenlohe solcherart auf Spatzen und – wie das Schicksal es will – trafen mit einem Schuß den

Primarius, der mit seiner Sekretärin am Balkon stand, mitten am Bauch. Ein Schrei und Drohungen waren die Folge. Eine Minute später läutete beim Generalpräfekten das Telefon, und dieser mußte einen Canossagang in die Gebärklinik antreten, als schwarzer Kuttenträger durch ein Spalier junger Damen gehen – und sich wegen der mangelnden Aufsicht entschuldigen. Das „Corpus delicti", ein Kieselstein, wurde dem Präfekten ausgehändigt. Die beiden Missetäter wurden aber eher milde bestraft. Der Pater Präfekt hatte nach seinem Gang zum Primar eine ganz leichte Fahne.

Feri war innerhalb unserer Internats-Gemeinschaft ein bewunderter, aber auch gefürchteter Kabarettist. Aus Gründen der geistigen Selbstüberwindung durfte alljährlich am Nikoloabend bei einer von Schülern veranstalteten Theateraufführung jeder Erzieher, auch der Präfekt, lächerlich gemacht werden. Feri war einer der besten Schauspieler. Mit einer Kopfmaske und Glatze machte er Pater Reöthy dermaßen lächerlich, daß sich nicht nur die Schüler, sondern auch die anwesenden Patres vor Lachen bogen. Auch der Präfekt lachte, aber säuerlich. Den guten Geschmack überschreiten durfte dieser Abend jedoch nicht, das war abgemacht, und man hielt sich auch daran. Pater Vadkerty, unser Religionsprofessor, ein Kettenraucher und trockener Humorist, erwähnte einmal bei der Konferenz: „Wie kann ein Generalpräfekt Disziplin halten, dessen Spitzname bei den Schülern ‚kanfüstös' ist?" (Das bedeutet so viel wie „Stockeber".)

Ich hatte mir im Pensionat angewöhnt, in meinem Tagebuch meine Träume niederzuschreiben. Das war für mich nicht sehr schwer, da ich immer von der Glocke mitten aus tiefstem Schlaf aufgeschreckt wurde und ein Teil der Träume mir scharf in Erinnerung blieb. Einige der Träume waren direkt prophetisch. So träumte ich die Zerstörung von Csákberény, den frühen Tod meines Vaters, unsere Flucht mit den Pferdewägen.

Das Essen im Internat war eher schlecht, aber ausreichend. Das nehme ich den Jesuiten nicht übel, das hat uns eher genützt als geschadet. Ich hatte einen Kalender, in dem ich gleich am ersten Tag nach den – ach so kurzen – Ferien jeden in Pécs verbrachten Tag abhakte. Wie lange dauerte ein Tag im „Halbwüchsigen-Alter"! Wie furchtbar lang ist eine Woche, ein halbes Leben ist ein Monat! Wir Kinder sehnten die Ferien herbei, hatten nichts anderes im Kopf: Der gute Vater arrangierte für uns

Weihnachtsjagden, und zu Ostern – wenn der Kalender stimmte – warteten die Schnepfen, vor allem das „Klopfen“, auf uns und im Sommer Erdziesel, Würger, Enten und Tauben.

Einige unserer Kameraden waren gar nicht heiß aufs Heimfahren. Sie hatten entweder zerrüttete Familienverhältnisse oder – im Kolleg geleugnet – schlechte Lebensverhältnisse. Hier waren sie „jemand“, zu Hause sah es vielleicht anders aus.

Das Pius-Internat hatte hervorragende Turnlehrer, einer war sogar Olympiateilnehmer, der andere Staatsmeister im Geräteturnen. Feris und meine Stärke war die Leichtathletik. In der 6. und 7. Klasse nahm ich an Schülermeetings im 100 Meterlauf und im Weitspringen teil. Die weiteste Distanz, die ich je in einer Konkurrenz sprang, war 6,05 m. Dies fand im Rahmen der Mittelschulmeisterschaften (KISOK) in Pécs statt. Einmal, beim Stafettenlauf, da wir im 100-Meter-Sprinttempo etwa 400 m auf Asphalt bei 30 Grad im Schatten laufen mußten, wurde mir übel.

Beim Kleinkaliber-Schießen eroberten meine Kameraden Sza'sz, Svastics, Esterházy, Széchenyi, Serényi und ich etliche Preise.

Überhaupt waren die zwei letzten Jahre im Pius-Kolleg die schönsten. Im Rekreationsraum war ein Telefunken-Radiogerät. Hier hörten wir Halbwüchsigen die Schlager der damaligen Zeit und fieberten z. B. dem Deutschen Volkskonzert entgegen, kannten jeden Militärmarsch. Auch war nun das Hören des Wehrmachtsberichtes und der ungarischen Nachrichten erlaubt. Als am 19. März 1944 die Deutschen in Ungarn einmarschierten, nahm uns der besorgte Vater aus dem Kolleg heraus und nach Hause. Nun folgten noch einige schöne, unvergessene Monate im paradiesischen Csákberény und in einer – trotz Krieg – ländlich unveränderten Umgebung.

Als ich dann – bereits total enteignet – 1946 das Piuskolleg wieder aufsuchte, war dort zwar alles unverändert, zu Hause aber kein Stein auf dem anderen. Nun zeigten die Jesuiten ihr wahres, gutes Herz. Ich durfte umsonst im Kolleg logieren und speisen, bekam ein Extrazimmer zum Studieren im Krankentrakt, verbrachte auch Ostern dort als Gast der Patres im Refektorium und mußte den Stoff der halben 7. und der 8. Klasse in drei Monaten – wegen der veränderten Verhältnisse – aus Skripten lernen. Das bedeutete etwa 17–18 Stunden Arbeit im Tag. Heute noch träume ich davon. Es lenkte mich jedoch gut ab von den Sorgen um Csákberény und brachte mir in Pécs als kleinen Trost für all das Überstandene eine Matura mit Auszeichnung (was damals lauter Einser bedeutete). Die Jesuiten erlaubten mir nicht nur, das eine oder andere Mal mit einem Freund in den Wald zu gehen (auf Schnepfen), sondern sie versorgten mich sogar mit Taschengeld. Zum Abschied gaben sie mir drei Meßgewänder für den Csákberényer Pfarrer mit, der damals nur in der „Alba" Messe las.

Die Jahre in Pécs waren zwar für einen freiheitsliebenden Menschen und einen verhinderten Jäger wie mich „schreckliche" Jahre, trotzdem ist meine ganze Sympathie bei den Jesuiten, meinen Lehrern, die lange schlimme Zeiten erleben mußten und die sich durchwegs als würdige Priester benahmen.

Feri Lamberg, ein neuentdeckter Jagdmaler

Der Sohn des 1848 auf der Ofener Schiffsbrücke ermordeten Generals Franz Lamberg, Bruder des Vaters meiner Großmutter und Hausherr von Csákberény, war Franz Emmerich (Feri) Lamberg. Meine Leser haben in fast allen meinen Büchern Abbildungen seiner ausgezeichneten und in der Öffentlichkeit kaum bekannten Gemälde bewundern können. Feri Lamberg war ein äußerst begabter und fleißiger Landschafts- und Tiermaler. Dem Stil nach könnte man ihn etwa zwischen Ridinger und Pausinger ansiedeln. Seine Werke geben Zeugnis von einer seltenen Genauigkeit und einem Hang zur präzisen Dokumentation. Er arbeitete fast ausschließlich für sich, sein Heim und seine Familie, seltener für Freunde und Verwandte. Er hat für seine Bilder niemals Reklame gemacht. Es ist nicht bekannt, ob er jemals Ausstellungen veranstaltet oder Bilder verkauft hatte. Er lehnte in seiner angeborenen Bescheidenheit jede Publizität ab, und nur seine zahlreichen Freunde, die das Csákberényer Schloß besuchten, kannten seine Werke.

Lamberg arbeitete ausschließlich in „farbloser" Technik, ob es sich nun um Ölbilder oder Aquarelle handelte. So waren seine Bilder aus dem einfachen Grund, weil er hochgradig farbenblind war, „schwarz-weiß" oder braun, niemals färbig. Er bevorzugte Aquarelle, doch sind zahlreiche Ölbilder, Kohle- und Federzeichnungen von ihm geschaffen und – bis zur Zerstörung durch die Bolschewisten – in Csákberény hinterlassen worden. Das Speisezimmer in Csákberény war eines seiner – bis 1945 existierenden – Meisterwerke. Über einer etwa 80–90 cm hohen Eichenholzvertäfelung waren alle vier Wände des Speisezimmers bis zur Plafondbegrenzung mit Leinwand bespannt. Darauf hatte er typische Csákberényer Wildszenen vor Csákberényer Waldlandschaften auf wahrhaft meisterliche Art festgehalten. Rechts von der Eingangstür war ein schreiender Brunfthirsch zu sehen, an der Nordseite hin zum „Blauen Salon" meiner Großmutter ein Hochwildrudel auf einem karstigen Höhenrücken, links von der Eingangstür, zum Billardzimmer hin, neben dem dunkelgrünen Ofen war ein Keiler vor der Suhle zu sehen. Die Tiere im Vordergrund waren fast in Lebensgröße abgebildet. Die Leinwand war aus so gutem Material und so gut gespannt, daß die Wandgemälde bis Dezember 1944 nicht die kleinste Beschädigung aufwiesen. Hier in diesem herrlichen Speisezimmer haben wir noch am 7. Dezember 1944 – vier Tage vor unserer überstürzten Flucht – ein Abendessen mit Kerzenbeleuchtung eingenommen.

Von nah und fern kamen hochrangige deutsche Offiziere, auch Generäle, um diese einmalige Kostbarkeit mit der erforderlichen Ehrfurcht zu bewundern. Das Gemälde existierte etwa 85 Jahre völlig unversehrt. Dann kamen die Sowjetsoldaten, Stalins mordende und brandschatzende Rote Armee, in unser Land, auch in unser Dorf (das drei Monate in der Hauptkampflinie mal auf deutscher, mal auf sowjetischer Seite lag), und stürzten sich sofort auf das arme, wehrlose und noch völlig intakte Schloß. Die Lambergschen Wandgemälde wurden in Stücke geschnitten und abgerissen, manchmal nur aus reiner Zerstörungswut. Unendliche Kulturgüter wurden für immer vernichtet. Die nicht unpraktisch veranlagten Sowjetsoldaten verwendeten Lambergs riesige Gemäldeleinwand zur Anfertigung von Fußlappen, in einigen Fällen als Leichentücher für ihre Toten. Sicher muß man dazu bemerken, daß Krieg herrschte und daß in manchen, weniger umkämpften Gebieten, vor allem Städten, ähnliches nicht vorkam. Doch hinter der Zerstörung von 80 Prozent aller ungarischen Schlösser, besonders ihrer gesamten Einrichtung, stand Methode. Bei einer so streng geführten Armee ist dies mit Sicherheit anzunehmen.

Die Zeitzeugen treten langsam ab, und es ist jetzt endlich die Zeit gekommen, daß man alle letzten Zeugen sprechen läßt, damit die Wahrheit an den Tag kommt. Auch wenn innerhalb des Volksbewußtseins vieles überliefert wird, wird doch alles Schriftliche von anderen besorgt. Hierbei könnten wir westlichen Menschen einiges von den jüngst befreiten Oststaaten, sogar von den Russen lernen. Die bislang verschwiegene und verborgene Wahrheit wird dort seit fast drei Jahren schonungslos aufgedeckt.

Soviel zu dieser Problematik und zurück zum Speisezimmer von Csákberény. Vater hatte das gute Gespür, noch im Jahr 1943 Interieuraufnahmen des Schlosses und auch des Speisezimmers machen zu lassen. Ebenso wurden – allerdings schon einige Zeit vorher – Fotokopien der meisten Lamberg-Gemälde angefertigt und nach Österreich gebracht. Von den über hundert Bildern im Schloß sind von meinem Vater nur drei gerettet worden, mitten im Krieg im Bereich der russischen Artillerie und unter

Lebensgefahr, bereits die Spuren russischer Stiefel aufweisend. Diese Bilder sind bei mir in Graz und dokumentieren die Landschaft des Vértesgebirges in der zweiten Hälfte des 19. Jahrhunderts. Die Wälder spiegeln teilweise den damaligen Urwaldcharakter wider. Dort aber, wo der Nordwind die Höhen und Kämme karstig „geblasen" hatte, dort ist das meiste auch heute unverändert geblieben. Wie ich schon in einem Kapitel meines Buches „Das Morgenrot kam unverhofft" angedeutet habe, wurde die Erlegung oder der Ort der Erlegung der prominentesten Hirsche festgehalten. Über dem jeweiligen etwa 90 x 110 cm großen Gemälde hing der entsprechende Hirsch. Vor 1948 waren in Csákberény noch kapitale Urhirsche vorgekommen, später kaum mehr.

Für die jagdgeschichtliche Forschung sind Feri Lambergs Bilder schon darum unersetzlich, weil er auf jedem Gemälde Ort, Zeit, Revier und Gewicht des Hirsches, manchmal auch seine hervorragenden Geweihmaße, festhielt. Im 1945 total ausgeplünderten Ungarn sind diese museal wertvollen Dokumentationen heute – durch die erhaltenen Photokopien und die wenigen Originale – absolute Unikate, handelt es sich ja um Erlegungsdaten meist vor 1848.

Franz Lamberg war im Gegensatz zu seinen Vorfahren ein zwar waidgerechter und guter, aber nicht übermäßig passionierter Jäger. Dafür hatte er einen großen Freundeskreis, der seine Einladungen mit Freude annahm. Zu seinen Stammgästen zählten Géza Festetics, August Breunner, Dr. Fitzinger, Josef Hoyos, Erwin Schönborn, Marburg, Max Hoyos, Kálnoky, Heinrich Wurmbrand, Adolf Markovich, Ernst Mittrowsky, Lamoral Thurn und Taxis, Carl Esterházy, László Wenckheim, Franz Meran (Schwager), Miklós Szécsen, Max Walis, Rezsö Vár und Moritz Sándor.

Ab den achtziger Jahren des vorigen Jahrhunderts zog sich Franz Lamberg immer mehr vom gesellschaftlichen Leben zurück. Er war zwar öfters, aber nicht allzuoft, Gast in Brandhof bei Franz Meran. Im Brandhofer Schloßmuseum befinden sich zahlreiche wunderschöne Jagdmesser, deren Bein- und Holzgriffe von Feri Lamberg entworfen und die darauf befindlichen jagdlichen Reliefschnitzereien von ihm vorgezeichnet wurden.

Eine interessante Episode aus Lambergs Künstlerleben möchte ich meinen Lesern nicht vorenthalten. Im Weingarten Csókakö, unweit der Ortschaft Mór, der unmittelbar unter der Ruine einer vom Anjou-König Karl-Robert gewidmeten Burg lag, hatte

Feri Lamberg ein geschmackvolles Kellerstöckl, das wegen seiner roten Färbelung bis in unsere Tage „Rotes Haus" genannt wurde. Ende Juli 1861 war Franz Lamberg wieder einmal in Csóka, um die dortige Ruine als Hintergrund für ein Hirschbild zu skizzieren. Dabei geriet er in ein arges Gewitter. Er flüchtete aber noch rechtzeitig in sein Kellerstöckl. Draußen tobte der Sturm, wallnußgroßer Hagel zerstörte den Weingarten, und – wie in jener Gegend üblich – dauerte das Wetter, von den starken Winden hin- und hergetrieben, stundenlang. Feri Lamberg konnte Untätigkeit nicht aushalten. Er begann nun, die weißen Wände der großen Stube zu bemalen. Dazu verwendete er eine Mischung von Holzkohle und seiner in einer Thermosflasche mitgeführten Milch. Bis die Wolken sich endlich verzogen hatten, war er zur Hälfte fertig. An der Wand entstand ein Riesengemälde mit Hirschen, Sauen und Rehen. Später holte er von der Winzerin weitere Milch. Kohle war genug vorhanden.

Der Kutscher war bereits mit dem Jagdwagen gekommen, um seinen Herrn abzuholen, aber dieser arbeitete noch bis spät in der Nacht. Um die Wartezeit zu überbrücken, bekam der Kutscher von der Winzerfamilie eine kräftige Jause und durfte im Keller auch vom guten Csókaer Wein kosten. Dies tat er so nachhaltig, daß Feri Lamberg den leichten Wagen selbst nach Hause kutschieren, die Pferde ausspannen und versorgen mußte. Der Kutscher schlief selig und merkte nicht einmal, daß ihn sein Herr zu Bett brachte. Das Monumentalwerk im „Roten Haus", eine Seltenheit und der Stolz der Gemeinde, war bis Ende 1944 völlig unversehrt. Die Originalfarben hielten „eisern", und auch der Verputz war in der damaligen Zeit besser als heute. Nicht die Soldaten, sondern die Erschütterungen, hervorgerufen durch detonierende Granaten, zerstörten das seltene Meisterwerk langsam, aber stetig.

Wenn man in Feri und Anna Lambergs Tagebüchern schmökert – Gott sei Dank sind sie erhalten geblieben –, fallen einem die vielen Reisen auf, die das Ehepaar zusammen oder auch getrennt unternahm. Eine Tagesreise nach Ikrény und zurück, das war vor 130 Jahren keine Kleinigkeit. Doch Feri Lamberg reiste auch nach Körösladány, nach Brandhof und, wo er Herr im Hause war, nach Ottenstein und nach Steyr. Auch Horn war Ziel zahlreicher Reisen, denn sowohl die Mutter (Caroline) als die Schwiegermutter (Therese) waren aus diesem Hause.

Feri Lamberg hat im Steirischen Jagdmuseum in Schloß Eggenberg durch mich eine kleine Galerie erhalten, damit er – wenn auch mit Verspätung – endlich die Anerkennung findet, die er (er lebte zwischen 1832 und 1901) zu Lebzeiten weder suchte noch fand. Heute wird er von den Ungarn als hervorragender und anerkannter Jagdmaler des 19. Jahrhunderts geführt. Meine hartnäckige „Reklame" in meinen Büchern für den lange schon verstorbenen Hausherrn meines Geburtshauses hat unter anderem endlich Früchte getragen.

Auch dem Bescheidenen schlägt einmal die Stunde der Anerkennung.

Herbert Nadler

(1883–1951)

Einer der berühmtesten und anerkanntesten Waidmänner Ungarns war der langjährige Oberdirektor des Budapester Tiergartens, Herbert Nadler. Sein Name ist international bekannt, denn er erfand 1925 die beste Formel zur Bewertung von Hirschgeweihen, wobei ihm seine Stieftochter, eine Mathematikerin, behilflich war. Die Bewertungsmethode wird nach ihm „Nadlerformel" genannt und war bis zum Jahr 1937 die international anerkannte Bewertungsformel für Rothirsche. Nun ergab sich aber ein Umstand, der die Anerkennung einer neuen Formel ermöglichte, jener, die heute unter den Initialen I. P. bekannt ist, jedoch „Prager-Formel" heißt. Wie noch einige Leser in Erinnerung haben werden, organisierte das Deutsche Reich unter der Patronanz des Reichsjägermeisters Hermann Göring Ende 1937 eine große Internationale Jagdausstellung in Berlin. Der für die Trophäenbewertung zuständige Internationale Jagdrat in Prag beschloß im Mai 1937 auf ausdrücklichen Wunsch der Deutschen, dem auch im Hinblick auf die Verdienste der Deutschen um die Organisierung der bisher größten Weltjagdausstellung stattgegeben wurde, eine neue Formel einzuführen. Nicht nur absolute Gegner der neuen Formel, auch durchaus sachliche Rotwildfachleute, wie Walter Frevert oder Carl Abensperg-Traun, kritisierten diese Formel, die ihrer Meinung nach nur bestimmte Populationen bevorzugte und die damals stärksten Hirsche, jene der Karpaten und der ungarischen Donauauen, zum Teil benachteiligte.

Die neue Formel unterscheidet sich von der Nadlerformel im wesentlichen wie folgt: Es wird die Durchschnittslänge der Mittelsprossen berücksichtigt, die Eissprossen durch vier positive Bewertungsmöglichkeiten geprüft, und bei der Krone wurde die mögliche Punktezahl verdoppelt. Somit ergibt sich im Endergebnis ein Unterschied von ca. 15–20 Punktezahlen. Nadler hat diese unverdiente Zurücksetzung seiner Formel nie verwunden und sich darüber sehr gekränkt. In Ungarn wurde sie vor, während und einige Zeit nach dem Krieg noch bei den Landesausstellungen offiziell angewandt und wird heute noch bei jeder Bewertung als Vergleich herangezogen.

Ich selbst hatte die Ehre, 1948, kurz vor unserer letzten Flucht aus Ungarn, durch Vermittlung von Chefredakteur Kálmán Kittenberger Direktor Nadler in Budapest kennenzulernen. Er plante damals in grenzenlosem Optimismus die Wiedererrichtung des „Ungarischen Jagdschutzverbandes", dessen geschäftsführender Vizepräsident er ja seit etwa 1926 war, wobei er mir den Posten seines Sekretärs – im Falle einer Verwirklichung – anbot. Bei diesem einzigen Gespräch erzählte Nadler mir, daß er vieles von meinem Großvater, Johann Meran, gelernt hätte, der ja – was wenige wissen – schon um die Jahrhundertwende eine Formel zur Bewertung von Hirschgeweihen erfunden hatte, die „Meran-Formel".

Nadler war eine imposante Persönlichkeit mit weißem Bart, klar und ehrlich blickenden, gütigen Augen, für mich damals ein Großvatertyp der besten Sorte. Auf mich aufmerksam wurde er durch einige Artikel, die ich in Kittenbergers Jagdzeitschrift Nimród zwischen 1946–1948 veröffentlicht hatte, in Wirklichkeit war aber mein Freund Kálmán derjenige, der mir eine Stelle verschaffen wollte. Ich hatte nämlich vor kurzem die Entlassung aus meiner Stellung als Aufsichtsjäger – Monatsverdienst 100,– Forint – erhalten, und der gute Kálmán wollte mir einfach einen Job verschaffen.

Daß es weder zur Installierung des Jagdschutzverbandes folglich noch zu meiner Sekretärsstellung kam, ist bekannt. Die stalinistische Clique um Rákosi liquidierte alles systematisch, was nur lose mit der Vergangenheit zusammenhing. Ich mußte fliehen, und auch Nadler verlor noch 1948 seinen Posten.

Erst viel später, unter der Ära Kádár, wurden drei große Jäger aus Ungarns „feudaler" Vergangenheit offiziell wieder anerkannt. Diese drei hießen: Kálmán Kittenberger, Herbert Nadler und Zsigmond Széchenyi. Alle drei hatten unter dem Regime Rákosi zu leiden, auf Kádárs Wunsch wurden sie aber rehabilitiert, und man nennt seither zahlreiche Jagdgenossenschaften nach diesen großen Jägern. Alle drei haben viel veröffentlicht. Zsigmond Széchenyi war der größte Stilist unter ihnen, seine ca. sieben Bücher über seine Weltreisen sind in die ungarische Literatur eingegangen. Kálmán Kittenberger war Forscher und Pionier, seine Forschungsreisen fanden zum

Diesmal: statt einem Huhn – ein Fotograf!

größeren Teil vor dem Ersten Weltkrieg statt. Sie zeichnen sich durch hundertprozentige Genauigkeit, Verläßlichkeit und Wahrhaftigkeit aus und sind wissenschaftlich fundiert. Von Herbert Nadler kenne ich drei Bücher. Sein letztes: „In den Ost- und Südkarpathen" wurde 1943 beim Verlag Vajna und Bokor in Budapest herausgegeben. Damals war der 1883 geborene Nadler gerade 60 Jahre alt. Er wurde trotz seiner Rüstigkeit, drei Jahre nach Kriegsende, 1948 in die Pension entlassen. (Einer seiner Nachfolger wurde der bekannte Jagdwissenschaftler Dr. Ákos Szederjei, Autor zahlreicher Bücher.) Ich korrespondierte mit ihm noch einige Zeit nach meiner im selben Jahr erfolgten Flucht aus Ungarn und schickte ihm mit Genehmigung der Redaktion die Zeitschrift „der Anblick". Er versicherte, beteuerte, daß die Lektüre dieser damals einzigen westlichen Zeitschrift, die ins Land gelangte, sein letzter Trost, seine letzte Freude wäre. Eines seiner großen Verdienste war die Wiedereröffnung des bei der Belagerung von Budapest total ausgebrannten Zoologischen Gartens, was nur durch seine internationalen Verbindungen möglich war. Nadler war von 1929 bis 1948 Oberdirektor dieses weltbekannten Tiergartens.

Am 7. Juni 1951 starb der große Jäger vereinsamt und verbittert in einer Welt, die er nicht mehr verstehen und keineswegs akzeptieren konnte. Ich zitiere nun im folgenden eine Tagebuchaufzeichnung Nadlers.

* * *

Seit einigen Tagen bin ich in meinem Pachtrevier im Kolimangebirge und pirsche den Karpatenhirschen – bisher erfolglos – nach. Es ist das Jahr 1936 und bereits der 30. September. Tagelang regnet es, und die Hirsche melden leider sehr schlecht. Am Nachmittag erscheint ein Bote in meiner Koliba mit einer Nachricht, die mich in Erstaunen setzt. Mein Freund, der Schreiber des Briefes, bittet mich sofort hinunter nach Ratosnya zu kommen, da ich am nächsten Tag in Sächsisch-Regen sein soll. Aus Görgény wurde telefoniert, daß Seine Majestät der König von Rumänien mich am

Gleich wird er abspringen

nächsten Tag am Regener Bahnhof in seinem Sonderzug zur Audienz erwartet. Sich umzuziehen sei unnötig, ich solle in meiner Jagdkleidung erscheinen. Der König hatte nämlich bei der Hirschbrunft im königlichen Jagdrevier Görgény (das seinerzeit Kronprinz Rudolf zu Verfügung stand) erfahren, daß der Erfinder der Nadlerformel im Komitat Maros-Torda, im Gebiet des Koliman-Gebirges, weilt. Nun wünschte er, daß die Trophäen der diesjährigen Brunft von Görgény durch mich – sozusagen authentisch – vermessen werden, auch wäre er froh, mich endlich persönlich kennenzulernen.

Ich erscheine dort, vermesse die Trophäen Seiner Majestät und seiner diesjährigen Gäste, und am Ende meines Aufenthalts sagt mir der König die für mich so erfreulichen Worte: „Wenn Sie Lust haben, fahren Sie nach Laposnya hinauf und schießen Sie einen Hirsch."

Ich beeilte mich, diese Einladung mit Dank anzunehmen und ehrlich zu bekunden, daß ich eine große Freude an ihr habe.

Mit dem Wagen eines Freundes aus Klausenburg fahre ich über Görgény-St. Emmerich hinaus zum Jagdschloß des Königs, nach Laposnya. Unterwegs bin ich erstaunt, wie breit die Täler und weniger steil die Berge in dieser Gegend sind.

Als erstes empfängt mich ein auf den Namen „Cunci" hörendes, völlig zahmes Schmaltier. Während ich mich an meinem Rucksack betätige, um den Fotoapparat herauszuholen, zupft es an meinen Knöpfen und an der Schnalle meines Gürtels.

Das Jagdschloß wurde einst von König Ferdinand erbaut. Es befindet sich am Zusammenfluß zweier Bäche in einem größeren, flachen Tal, in dem verstreut mehrere stattliche, auf Steinfundament gebaute Holzhäuser stehen. Das herrliche Jagdschloß in der Mitte, dann etwas weiter die Gebäude des Hofjagddirektors, des Görgényer Oberjägermeisters, das große Gästehaus mit Salon und Speisezimmer sowie eine große Garage. Überall gepflegter Rasen, geschotterte Wege als Verbindung und alldies eingebettet in einem schier märchenhaft wirkenden, dunkelgrünen Fichtenwald. Das für den König reservierte 40.000 ha große Staatsgut war zuerst die Lieblingsjagd Kronprinz Rudolfs, später die Pachtjagd Graf S. Telekis. Letzterer war ein bekannter Afrikaforscher und Freund des Kronprinzen. Ihn hatten die hier sehr zahlreichen Bären angezogen. Übrigens kann man von Sächsisch-Regen aus auch über eine gut ausgebaute Forstbahn nach Laposnya gelangen.

Meine Vorbereitungen und Vorstellungen dauern nicht allzu lange. Nachdem ich mein Zimmer bezogen und mich fertiggemacht habe, fährt um 16 Uhr ein Geländewagen vor, und wir fahren ganze sieben Kilometer auf einer halbwegs guten Forststraße leicht aufwärts. Dann pirschen wir in einem von Jungwald bewachsenen breiten Graben eher steil den Hang hinauf. Nach einer halben Stunde leisen Pirschens erblicken wir Kahlwild links vor und unter dem Bergrücken. Das Wild fühlt sich geborgen wegen der hohen Himbeerstauden, des Epilobiums und der vielen Wurzeln und Stämme, die in diesem Schlag nicht fehlen. Plötzlich erscheint hinter dem einen Tier ein großes Geweih, später auch das Haupt, aber mehr kann ich vom Hirsch der urwaldartigen Deckung wegen bei bestem Willen nicht erspähen. Mein Begleiter ist der gut geschulte und ausgezeichnete königliche Oberjäger, der König Karol und seine Gäste schon oft auf die Pirsch begleitet hat. Er ist sehr ruhig und wirkt betont abwartend. Der Hirsch schreit ab und zu und treibt ununterbrochen das immer wieder ausweichende Schmaltier. Nach langer Beobachtung fragt mich mein Pirschführer flüsternd, ob ich den Hirsch für abschußwürdig halte. Ich zögere, würde eher „nein" als „ja" sagen, einerseits, weil das Geweih für die Begriffe von Maros-Torda mir nur als zweitrangig erscheint, andererseits, weil ich dann nach knapp einer Stunde meine Jagd im königlichen Leibrevier abbrechen müßte. Das Geweih hat kein Eisende, es ist wahrscheinlich ein ungerader Zwölfender mit der Vierzehnender-Krone. Ich beobachte den ständig in Bewegung befindlichen Hirsch, hinter einem alten Baumstrunk hockend.

Plötzlich hat das Tier etwas bemerkt und flüchtet, der Hirsch hinterher. Ich bin sogar erleichtert, als diese erste Versuchung an mir vorbeigegangen ist. Wir steigen etwa einen Viertelkilometer höher und verbergen uns im oberen, breiter werdenden Teil des Kessels hinter uralten Baumstämmen und warten darauf, daß sich Wild zeigt. Uns gegenüber, im Halbkreis und etwas tiefer, ein auf etwa 200 Schritt dunkelnder, alter Fichtenwald. Wir sitzen etwa eine Viertelstunde, als halblinks hinter uns eine tiefe Stimme die Stille unterbricht. – „Der Hirsch ist wieder an seinem früheren Ort", sagt der Oberjäger, „gehen wir hin und schauen wir ihn uns näher an, vielleicht gefällt er Ihnen doch." Das mache ich gerne, weil ich Wild immer freudig beobachte, ob es zum Schießen kommt oder nicht.

Wir klettern mit gutem Wind, aber großer Anstrengung über Stock und Stein, bis wir dem gut röhrenden Hirsch auf etwa 100 Schritt nahe gekommen sind. Ich spreche in aller Ruhe an. Er ist ein ungerader Vierzehnender, hat in einer Krone fünf Enden, in der anderen vier, die kürzer als eine Spanne sind, seine Augenenden aber sind sehr lange. Er ist im Wildpret auffallend licht, fast gelbgrau, seine Tiere sehen im Vergleich dagegen dunkelbraun aus. Der Oberjäger meint, der Hirsch scheine ihm abschußwürdig, ich aber schätze ihn als viel zu jung ein, etwa fünfjährig, was einen Abschuß ausschließt.

Unter dem Rudel melden zwei Hirsche, die Stimme des einen scheint näher zu kommen. Wiederholt könnte ich „meinen Hirsch" mit Leichtigkeit erlegen, bemerke auch, daß der Oberjäger das von mir erwartet, bleibe aber – wenn auch mit etwas schlechtem Gewissen – standhaft. Ich möchte nämlich um alles in der Welt nicht als unbescheiden gelten. Die Zeit vergeht, es wird zusehends dunkler. Auf einmal schlägt der Wind um, und ich bemerke im Fernglas, wie der Hirsch Wind bekommt, seine Tiere aber nicht. Er schreckt einmal tief und flüchtet steil bergab. Die Tiere kümmert das nicht. Gleichzeitig nähert sich der Nebenbuhler. Eine prekäre Situation für einen Brunfthirsch. Er weiß von unserer Anwesenheit, kann seine nichtsahnenden Tiere aber nicht verlassen, dem anderen als leichte Beute hinterlassend, so bleibt er unschlüssig verhoffend stehen. Endlich kriegen die Tiere auch Wind, und das ganze Rudel flüchtet auf etwa 80 Schritt unter uns in den Urwald hinein. Es ist vorbei. Wir pirschen denselben Weg hinunter, steigen in unseren Wagen und fahren zum Jagdschloß zurück.

Im geschmackvoll eingerichteten Gästezimmer verbringe ich in einem herrlichen Bett eine ruhige Nacht. Ich starte nach rumänischer Sommerzeit um 5 Uhr 30 und werde vom selben Oberjäger zu Fuß bergwärts geführt. Er sagt, wir müssen vor der Dämmerung weit pirschen. Es ist der 6. Oktober. Die Nacht ist sternenklar, der abnehmende Mond scheint fahl. Der Boden ist so hart gefroren, daß unsere genagelten Schuhe nicht wenig Lärm verursachen. Auch der Reif knirscht, wenn wir eine Wiese überqueren. Je höher wir gelangen, desto lautloser versuchen wir zu pirschen. Unendliche, absolute Stille, kein Laut ist zu hören. Nach einer Stunde pirschen wir auf einem langen Bergrücken in einem alten Stangenwald fast eben, aber doch stetig höher. Hier unter den alten Fichten ist es weit weniger kalt, der Boden nicht reifig wie im offenen Gelände, und wir können völlig lautlos gehen. Irgendwo vor uns fängt ein Hirsch zu schreien an, doch mit größeren Pausen. Fast anderthalb Stunden sind wir schon unterwegs, als wir am Rande eines großen Schlages einen hohen Hochstand erklimmen und uns dort „häuslich" einrichten. Im Osten dämmert es ein wenig.

Der Oberjäger flüstert mir zu, daß Seine Majestät von diesem Hochstand aus vor einigen Tagen einen guten Hirsch erlegt habe. Nach einiger Zeit erblicke ich auf etwa 80 Schritt im hohen Unkraut eine Bewegung. Mein Glas zeigt mir zwei vorsichtig ziehende Tiere. Mit der sehr langsam einsetzenden Dämmerung kommt „Bewegung" in den Wald. Hinter uns nähert sich aus zwei Richtungen gutes Melden. „Sie kommen auf den Schlag", flüstert der Oberjäger. Das Gelände vor uns fällt nach etwa hundertfünfzig Metern in einen breiten Graben ab. Hinter diesem, auf der gegenüberliegenden Seite, fängt nun auch ein Hirsch zu melden an. Die beiden Tiere sind verschwunden. Doch rechts von uns im Hang ist nun der eine Hirsch auf den Schlag herausgekommen. Er ist auf etwa 150 Schritt, verhofft und schreit. Ich kann ihn in der Dunkelheit noch nicht ansprechen. Der Oberjäger sagt, er wäre sehr stark, doch ich lasse meine Waffe unberührt in der Ecke des Hochstandes stehen, obgleich ich ihn wahrscheinlich mit meinem erstklassigen lichtstarken Zielfernrohr theoretisch treffen könnte. Aber solches kommt nicht in Frage. Ich kann es und will es nicht dem Zufall überlassen, mit welcher Beute ich das königliche Revier Görgény verlasse.

Nun ermuntert mich mein Begleiter ganz offen zum Schuß und scheint über meine wortlose Weigerung zumindest erstaunt zu sein. Der Hirsch verschwindet meldend, ohne daß ich ihn angesprochen hätte. Es wird langsam lichter. Der Oberjäger schlägt vor, daß wir den Hochstand verlassen und dem Hirsch nachpirschen, denn er schreit recht gut. Gerne folge ich seinem Rat, denn er kennt die Gewohnheiten der Laposnyaer Hirsche am besten. Unterdessen beginnt hinter dem in Deckung befindlichen Hirsch ein weiterer auf etwa 250 Schritt zu melden an. Als wir bei völligem Tageslicht am Rande des Urwaldes zu pirschen beginnen, setzt ein wahres Konzert ein, aus jeder Richtung scheint ein Hirsch zu melden. Wie gerne höre ich dieses schönste aller Konzerte!

Wir pirschen einen Steig entlang, der zum Graben und einer Quelle führt, die man

„Tolvajkut", Diebsbrunnen, nennt. Der Hirsch auf der gegenüberliegenden Seite meldet jetzt stärker. Wir sehen nicht hin, denn gerade auf dem Rücken ist ein mittelhoher Jungwald, dessen Wipfel die Sicht versperren.

Aber es gibt lichte Stellen in ihm, die eine Sicht hinüber versprechen. Zu einem dieser „Tore" schleichen wir, um den Hirsch, dessen Stimme sehr tief ist, in Anblick zu bekommen. Bald sehen wir aus dem hohen Gras und Epilobium die Häupter einiger Tiere, es dürften drei sein, herausragen. Nach langem Suchen erblicke ich plötzlich auch den Hirsch, der seine Tiere um ein Vielfaches überragt. Sein Anblick bringt mein Blut in Wallung. Das Geweih ist auf jeden Fall kapital.

Es ist ein herrlicher Anblick, als er sein Haupt mit dem schweren Geweih mit Leichtigkeit hin- und herbewegt, als er seinen tiefen Baß erklingen läßt, das Haupt einmal nach hinten, einmal nach vorne bewegend, dann wieder Äste schlagend, so daß wir Gelegenheit haben, ihn bestens anzusprechen. Da gibt es nichts zu zögern. Diesen Hirsch muß ich kriegen. Die Entfernung ist aber sehr groß. Nicht nur die 400 Schritt stören mich, der Hirsch ist auch immer wieder von den fast kahlen Wipfeln uralter Buchen verdeckt, die über den Rücken ragen und die Kugel bei einem Schuß leicht verschlagen könnten. Wir müssen am Rande des Hochwaldes etwa 150 Schritt höher gelangen. Es ist ein gewagtes Unterfangen, weil wir bis zur nächsten Deckung, der Fortsetzung der Fichtenkulisse, eine etwa 70–80 Schritt lange Wiese überqueren müssen, und dorthin können die Tiere sicher sehen. Daß der Hirsch uns entdecken könnte, das fürchte ich in seinem hochbrunftigen Zustand weniger. Weit ausholen können wir leider nicht, denn dann würden wir direkt in andere Brunftrudeln und die vielen schreienden Beihirsche „platzen", und ihr Schrecken würde unseren Plan ebenso vereiteln, wie uns die Tiere beim Überqueren der offenen Lichtung erspähen würden.

Wir riskieren es! Über die reifige Wiese kriechen wir auf allen vieren, werden klatschnaß, kommen aber, so glauben wir, unbemerkt zur Deckung. Zwischen den Ästen durch eine kleine Öffnung beobachte ich jetzt den Hirsch. Er hat in einer Krone wenigstens fünf, in der anderen wenigstens sechs Enden. Auch Eisenden sehe ich. Er ist also wahrscheinlich ein Achtzehnender. Ich denke mir bereits die Methode seiner Erlegung aus. Ich muß durch die Kulisse, über liegende, morsche Urwaldwiesen turnend, etwa 50 Schritt vor unserer Deckung in eine kleine grabenartige Mulde gelangen, von wo ich dann freies Schußfeld zu dem auf etwa 250 Schritt am Plateau meldenden Hirsch hätte. Es gelingt mir ohne große Mühe. Nach einigen Minuten bin ich bereits mit dem Jäger an meinem ausgesuchten Platz und warte nur auf den günstigsten Moment. Der Hirsch schreit, brüllt, ist ständig in Bewegung, treibt einmal das eine, dann das andere Tier, verschwindet manchmal über dem Kamm, um dann bald wieder bei seinem Rudel zu erscheinen. Einmal sehe ich sein Haupt, dann wieder für kurze Zeit seine ganze Gestalt, manchmal aber nur sein prachtvolles, langes Kapitalgeweih. Mit dem Fernglas kann ich gut seine dicken und dunklen Stangen bewundern. Mein Hirschfieber niederkämpfend, mache ich mich jetzt zum Schuß fertig. Meinen Mantel deponiere ich zwischen zwei eng beieinander liegenden Fichtenstämmen, lege den Vorderschaft meiner Waffe darauf und versuche, den günstigsten Moment für den Schuß abzuwarten.

Der brave Oberjäger flüstert mir – meine Vorbereitungen sehend – besorgt zu: „Wird es nicht zu weit sein, für diese kleine Kugel?“ Ich führte damals eine Mannlicher-Schönauer-Büchse mit dem Kaliber 6,5 x 54 und dem langen 10,6 Gramm schweren Geschoß. Ich frage ihn, auf wie weit er die Entfernung schätze. Er antwortet: „Ungefähr 250 Meter“. Darauf ich: „Das ist nicht zu weit, auf diese Entfernung tötet meine Kugel am besten.“

Der Hirsch kommt, eines der Tiere treibend, etwas näher und tiefer und verhofft an einer Stelle, wo das Gewächs niedriger ist. Ich sehe sein Blatt und die Mitte des Wildkörpers. Beim Zielen bemerke ich, daß genau in der Richtung, zwei bis drei Meter vor mir, trockene Gräser im Weg sind. Noch eine letzte Maßnahme, ich breche diese ab, der Hirsch hält aus und schnell sucht das Fadenkreuz sein Blatt. Als der Hirsch das Haupt hebt, um noch einmal zu schreien, berühre ich den Abzug. Kugelschlag, gutes Zeichnen, Flucht geradeaus nach vorne, den Hang entlang, dann plötzlich eine Wendung, schräge, alles durchbrechende Todesflucht nach unten. Dann sehen wir ihn nicht mehr, hören auch kein Zusammenbrechen. Aber der Hirsch muß liegen, denn ungesehen konnte er nicht weiterflüchten. Mein Begleiter erhebt sich, lüftet seinen Hut und sagt anerkennend: „Es war wunderschön!“

Ein Tier verhofft ruhig am Plateau, wir sehen Vorschlag und Haupt. Es hat keine

Ahnung, was geschehen ist. Die anderen Hirsche beginnen bald wieder zu melden. Einer nähert sich vorsichtig mit sehnsüchtiger Stimme dem Rudel. Auch er weiß nichts vom Tode des „Fürsten“.

Ich zünde meine geliebte Pfeife an und genieße sie im Bewußtsein eines herrlichen Jagderlebnisses und in der Vorfreude der Besitznahme meiner Beute. Ich sitze längere Zeit in mich versunken, bis mich der Oberjäger bittet, doch zum Hirsch zu gehen, er wäre sicher längst verendet. Über einen kleinen Umweg gelangen wir auf einem der vielen Pirschsteige zum Anschuß. Auf gleicher Höhe beobachtet uns ein starker 10er Hirsch auf etwa 180 Schritt. Wir warten, bis er weiterzieht und gehen dann die Schweißfährte entlang bis zum verendeten Hirsch, der im weichen Unkraut auf der Seite liegt. Er ist ein ungerader Zwanzigender! Sein gewaltiges Geweih hat rechts zehn, links acht Enden. Zum Fotografieren ziehen wir den Hirsch auf den breiten Reitsteig und erwarten dort, in Andacht versunken, den Sonnenaufgang. Wie es so üblich ist, besprechen wir alle Momente des gemeinsamen Erlebnisses. Wir haben Zeit. Wir haben nichts anderes zu tun, als uns zu freuen und uns über das fabelhafte Waidmannsheil auszusprechen. Die Zeit interessiert uns nicht im geringsten.

Bald geht die Sonne auf. Es beginnt ein klarer, wolkenloser Herbsttag. Ein Hirsch mit tiefer Stimme meldet sich im Urwald.

Ein Feiertag im herbstlichen Karpatenwald, ein Feiertag in meinem alten Jägerherz! Es ist 9 Uhr 30, als wir endlich den Heimweg antreten. Das schwere Haupt meines Lebenshirsches wippt vor mir auf der Schulter meines Begleiters. Unten angekommen, erstaunt und rührt mich die freudige Anteilnahme der gesamten versammelten „Hof-“Gesellschaft. Vor allem freut sich mein alter Freund, der königliche Hofjägermeister O. S., der seit Jahren dieses Revier betreut und dessen weltbekannter Sachkenntnis die Hegeerfolge dieses Reviers zu verdanken sind. Alljährlich werden hier urige Karpatenhirsche mit über 200 Nadlerpunkten erlegt, und eine Protokolljagd

Bild rechts: Stockenteneinfall in der ungarischen Ebene, Zeichnung: Gyula von Nagy

Bild umseitig:
Brennender Himmel über dem Rosenkogel, Herbst 1990

ist nicht leicht zu leiten, Fehlabschüsse manchmal unvermeidlich. Ich verbringe den ganzen Nachmittag im Kreise der lieben, aufmerksamen Menschen dieses Paradieses, fotografiere, vermesse, und nach einem geselligen Abend und einer glücklichen Nacht verlasse ich diesen Ort, um den Rest der Brunft in einem anderen Revier als geladener Gast zu verbringen.

* * *

Soweit der großer Jäger Herbert Nadler, der zwar die Vermessungsformel erfunden hatte, jedoch ausschließlich des Erlebnisses willen jagte. Einladungen dazu hatte er wirklich genug. Er war in Polen, Ostpreußen, Rumänien, Jugoslawien eingeladen, und in Ungarn wetteiferten die Jagdbesitzer darum, ihn einladen zu können.

Meinen Lesern möchte ich aber dennoch die Nadlerpunktezahl dieses Lebenshirsches Nadlers verraten. Sie betrug 195,71, erreichte also die damalige Goldmedaille nicht, da das Geweih auffallend leicht war, nämlich nur 8,77 kg wog. Und das bei einer Stangenstärke von 15,5 und 16,3 cm und einer Länge von 114 cm! Nach Internationalen Punkten wurde die Zahl von 211,84 erreicht.

Ich habe diese Daten aus dem im Jagdmuseum befindlichen Kalender der jährlichen Ausstellungen herausgeschrieben. Es ist typisch für den berühmten Hirschenvater, daß er sie mit keinem Wort erwähnt hat.

Am stillen Wasser in der Au…, Gemälde: Hubert Weidinger

Drei unvergessene Jäger

Vergessenheit ist wie ein Leichentuch. Wen sie einmal zudeckt, der ist wirklich – diesmal endgültig – gestorben. Dem Zeitzeugen ist die Aufgabe gestellt, den kommenden Generationen, jene bedeutenden Menschen die zeitlebens keine Publizität und keine Presse hatten und die in der „schnellebigen“ Zeit – vom Urenkel abwärts – vergessen werden, zu verewigen. Ein Name, ein Foto, eine Nummer im Stammbaum, ein Grabstein, etwas Ähnlichkeit in den Nachkommen, die oftmals unerkannt bleibt, ein Namenszug in vergilbten Akten und Taufregistern – das ist alles. Dabei waren es hoffnungsfrohe, planende und schaffende Menschen voller Optimismus und Freude, in einer Welt lebend, deren Beschaffenheit sie nicht beeinflussen konnten – ob im Frieden oder im Krieg, ob vom Kriegsausgang arm oder wenig berührt: Menschen, die nicht viel anders waren als wir. Sie lebten nur in einer anderen Generation.

In den nachfolgenden Zeilen möchte ich nun drei Menschen vorstellen, die ich gut zu kennen die Ehre hatte und die große Jäger, begeisterte Naturfreunde waren.

Onkel Hansi

Er war der jüngere Bruder meines Vaters, wurde im Jahre 1896 geboren und war der erste der vier Brüder, der heiratete. Seine Frau war eine echte Ungarin, Ilona (Iszkó) Almássy, und er hatte mit ihr drei Kinder: Marcsi, Hansi jun. und Helli. Onkel Hansi nahm am Ersten Weltkrieg an verschiedenen Fronten teil. Kaum als Leutnant abgerüstet, wurde ihm das ostungarische Gut seiner Mutter, nämlich Körösladány, zur Verwaltung übertragen. Die endgültige Schenkung des Gutes erfolgte erst 1937, zwei Jahre vor Ausbruch des Zweiten Weltkrieges, den er zum Großteil ebenfalls mitmachte und der für den im Laufe der Zeit zum Hauptmann und Kommandeur Avancierten erst ganz zum Schluß, im April 1945, sein Ende fand.

Onkel Hansi war ein über 190 cm großer, besonders gut aussehender, schlanker Mann mit zurückgekämmten dunklen Haaren und einem auf englische Art gestutzten

Lippenbart. Er war bescheiden, geradlinig, wortkarg und weise. Nie sagte er Überflüssiges, doch was er sagte, hatte immer Hand und Fuß. Wie die meisten Merans hatte er eine sehr ausgeprägte soziale Ader, und er war begeisterter Sportler und Jäger. Der Köröasladányer Fußballmannschaft stellte er z. B. (neben hohen Subventionen) bei Auswärtsspielen Fahrzeuge zur Verfügung, war Mitglied der Jagdgesellschaft, deren Mitglieder nacheinander bei ihm jagen durften. Er organisierte mit seinem Förster Proksch alljährlich die Körösladányer Niederwildjagden, an denen neben Großvater, dem Jagdherrn, seine Brüder und Schwäger teilnahmen. Sie fanden Ende November oder Anfang Dezember statt. Tagesstrecken um die tausend Stück waren keine Seltenheit. Meistens wurden zwei Tage auf der „Insel" und ein Tag im Mihályzug oder Büngösd gejagt. Im Mihályzug schoß Onkel Hansi im Jahr 1941 seinen Lebensbock, der die damalige ungarische Silbermedaille errang, was viel mehr bedeutete als die heutige. Onkel Hansi war sowohl mit der Kugel als auch mit Schrot ein ganz ausgezeichneter Schütze. An den Csákberényer Saujagden nahm er alljährlich ebenso teil wie an der Zámolyer Niederwildjagden. Anfang der vierziger Jahre schoß er in Csákberény am Prybillschlag in einem Trieb 9 Sauen, wobei er den (nicht sehr guten) Stand in der Horogvölgy hatte. Einmal ging ich hinter ihm, als er beim Buschieren – es dürfte im Jahre 1937 gewesen sein – im Revier Gánt 9 Schnepfen an einem Tag erlegte.

Er war ein ganz besonders guter Flugwildschütze, sicher der Beste in der Familie. Er hatte ja auch durch seine Reisfelder große Übung im Schießen auf Enten. Der Strich im Überschwemmungsgebiet der Körös war ebenso gut wie auf den Reisfeldern, wobei es viele Knäck- und Krickenten gab.

In Csákberény am Schütthausboden schoß er einmal einen kapitalen Hirsch, seinen besten aber, so viel ich mich erinnere, in Mór, im Revier von Tante Emmy Trauttenberg. Als Ungarn 1940 Nordsiebenbürgen zurückbekam, beteiligte sich Onkel Hansi an einer Pacht in den Karpaten. Dort erlegte er 1943 einen starken 16ender, über den er sich sehr freute. Doch die Freude dauerte nicht lange, denn unmittelbar danach sah er den ganz kapitalen Platzhirsch, einen urigen 12er – er hatte nämlich nur den Beihirsch geschossen.

Seit Kriegsbeginn wurde Onkel Hansi zwar immer wieder einberufen, durfte jedoch zwischendurch zu gewissen Zeiten nach Hause. Wir Jungen liebten ihn sehr, denn er strahlte harte Männlichkeit aus, war für uns ein Typ wie Gary Cooper oder John Wayne. Auch in der Gesellschaft war er sehr beliebt, obgleich er Familienmensch und wirklich alles eher als ein „Salonlöwe" war. Doch man lud ihn gerne auf Niederwildjagden im Alföld ein, weil er zu den guten Schützen des alten Ungarn gehörte, und das will schon etwas heißen. Auch hatte er einen sagenhaften Anlauf und schoß fast immer am meisten. Er hatte zwei Guyot-12er Flinten und eine 16er Springer-Flinte, mit der er am besten schoß. An Kugelgewehren erinnere ich mich an zwei Mannlicher-Schönauer mit den Kalibern 6,5 x 54 und 9,5 x 57.

1945 erlebte er das Kriegsende in Österreich und war mit Teilen der Familie in Glanegg, doch hielt es ihn dort nicht allzulange. Mit einem Heimkehrertransport, in dem mein Bruder Feri und auch ich das große Abenteuer der Heimkehr (zu den Russen) wagten, kehrte er zurück nach Körösladány, von wo er erst nach der ungarischen Revolution – aus Altersgründen – legal nach Österreich kam. Zehn volle Jahre lang zwangen ihn die Kommunisten, in seinem Heimatort schwerste manuelle Arbeit zu verrichten, die er ohne zu murren und ohne mit der Wimper zu zucken – schweigsam wie immer – auf sich nahm. Der erst Ende der vierziger Jahre aus dem russischen Gefangenenlager heimgekehrte einzige Sohn tat das gleiche, während Tante Iszkó den Haushalt in einer minikleinen Wohnung unweit des äußerlich unbeschädigten, jedoch ausgeplünderten Schlosses besorgte.

Ihre gemeinsame Haltung in diesen schweren Zeiten ihrer tiefsten Erniedrigung nach der Heimkehr nötigte allen Menschen die uneingeschränkte Hochachtung ab. Doch die ungesunde Arbeit als Feldarbeiter in den Reisfeldern griff die Gesundheit von Onkel Hansi an. Als er 1958 nach Österreich kam, war er schon ein kranker Mann. Noch nahm er einige Jahre an den hiesigen Jagden teil, so in Neudau, in Finkenegg und Glanegg. In Brandhof erlegte er noch einen starken, engen Hirsch und einige Rehböcke und Gams. Zu seinem siebzigsten Geburtstag schenkten wir ihm eine Zwanziger-Flinte, mit der er zwar wenig, aber wie immer hervorragend schoß.

Zuletzt saß er, schwer an einem Lungenemphysem leidend, vor dem Fernseher und sah sich mit Begeisterung Skirennen, Fußballspiele und andere Sportveranstaltungen an. Er nahm regen Anteil an meinen Wurftaubenerfolgen, registrierte alles und erinnerte sich an alles. Überhaupt war er ein sehr guter Beobachter und daher für mich der verläßlichste Berichterstatter, den ich kannte. Er berichtete nach 25 Jahren von der Berliner Olympiade so lebendig und genau, als wäre es gestern gewesen. Auch die Internationale Jagdausstellung 1937 in Berlin hat er besucht. Als ich nach dem Krieg mit dem ehemaligen Reichsverweser Admiral von Horthy (wegen eines Jagdartikels) eine Korrespondenz führte, erinnerte sich dieser noch gut an Onkel Hansi und seine Schießkunst.

Ein Ereignis ist mir unvergessen geblieben: Als nach zweieinhalb Monaten Russenbesetzung und nach Verteidigung des Brandhofes meine Eltern, Maxi und ich von den Engländern befreit wurden, erschien mit dem Austroamerikaner Rudi Riper als erster Onkel Hansi, aus Salzburg kommend, bei uns. Noch am Seeberg wußte er nicht, ob der alte Brandhof noch stünde, zerstört oder abgebrannt wäre. Und da sah ich den harten, schweigsamen Mann vor Freude und Rührung Tränen vergießen. Es war bisher absolut unmöglich, in irgendeiner Form Nachrichten zwischen der in Salzburg versammelten Familie und unserer in Brandhof zu übermitteln. Wir waren, wenn auch nur für einige Monate, in das „vorpostalische" Zeitalter zurückgestoßen worden.

Kaum einer von uns hat es auf sich genommen, sehenden Auges aus dem sicheren Westen dorthin zurückzukehren, wo sein Zuhause war und wo ihn, trotz allen Respekts, täglich empfundene Deklassierung erwartete. Denn im Ausland kann man die Enteignung und die Ausplünderung verdrängen, vielleicht auch ein wenig vergessen. Aber sehenden Auges, wie ich schon sagte, die Zerstörung einer ganzen Epoche, seiner Ideale, seiner Schöpfungen und des Eigentums mitanzusehen, dazu noch 10 Stunden in Reisfeldern manuelle Arbeit zu leisten, nein, dieses freiwillige Opfer konnte nur ein ganz Großer auf sich nehmen, einer, der für mich unter den Menschen, die ich bewundere, ganz oben steht: Onkel Hansi.

Onkel Fritz

Ein ganz anderer Typ, jedoch mit Onkel Hansi innigst befreundet, war sein Schwager, Friedrich Mayr-Melnhof sen., der im Jahre 1892 geboren wurde. Im Februar 1919 heiratete er meine Tante Marianne Meran. Dieser Ehe entsprangen neun Kinder, und zwar Marianne (Manni), Ladislaya, Gritti, Fritz, Therese (Thesi), Gabrielle, Elisabeth, Huberta, Johanna.

Onkel Fritz war Herr auf dem wunderschönen und von ihm eingerichteten Schloß Glanegg bei Salzburg. Er war ein passionierter Sammler, Botaniker, Kunstkenner und begnadeter Jäger. Glanegg hat er schon Anfang der dreißiger Jahre mit einem Lift versehen, damals die modernste Anlage in einem Schloß in Österreich. Jede praktische Neuerfindung hatte Onkel Fritz mit Sicherheit als erster. Er liebte das Leben, war aber trotzdem ein überaus seriöser und ungemein tätiger Mensch. Eine seiner wunderbaren Eigenschaften war die Freude am Schenken. Wenn ihm irgendwer irgendwann einmal zum Geburtstag etwas geschenkt hatte, so kam dieser auf eine Liste und bekam fürderhin jedes Jahr zu Weihnachten ein von Onkel Fritz persönlich ausgesuchtes liebes Geschenk. Er war die Korrektheit in Person und erwartete bei seinen Mitmenschen die gleiche Korrektheit. Dabei hatte er ein Herz so weich wie Butter.

In den dreißiger Jahren war er auch außerhalb der Jagdsaison sehr oft unser Gast in Csákberény. Onkel Fritz botanisierte mit unserer Hilfe in unserem Wald. Dabei mußten wir ihm die Plätze am Strázsahegy und auf der Hutweide zeigen, wo die pannonische Felsenrose und die stark duftende Karstnelke wuchsen. Er pflanzte diese Gewächse dann auf dem Schloßberg von Glanegg in seinen herrlichen Steingarten. Und noch etwas bezog er aus Csákberény. Wir mußten ihm einige der wunderschönen, großen – bei uns eher häufig vorkommenden – Smaragdeidechsen fangen, die er in Salzburg dann ebenfalls im Steingarten ausließ.

Bei den Csákberényer Saujagden, die ja bekanntlich 12 Tage dauerten, war Onkel Fritz immer anwesend, während er die Zámolyer Fasanenjagden des öfteren versäumte. Einmal war ich dabei, als er am Csókaberg in einem Trieb drei Füchse schoß. In den Karpaten schoß er seinen Lebenshirsch, in Csákberény am Cser schweißte er 1937 einen kapitalen 16ender an, den Heger Müller dann mit Hirschmann auf drei Kilometer Entfernung im Revier Gánt, im Hegwald, ausmachte. Er hatte einen Fleischschuß am Hinterlauf. Dieser Hirsch hing lange Zeit in der Halle in Glanegg. In Chile, bei seinem 1991 verstorbenen Schwiegersohn Ernst Wagner, gelang ihm auch die Erbeutung eines Kapitalhirsches. Onkel Fritz war ein sehr guter Kugel- und

Schrotschütze, obgleich er als Schrotschütze nicht die Meisterklasse seines Sohnes erreichte. Er war beim Schrotschießen „Journalier“, einmal hervorragend schießend, einmal viele Schüsse brauchend. Das hing mit seiner jeweiligen Verfassung, auch mit seiner Laune zusammen. Begann der Jagdtag für ihn gut, so strahlte er und schoß bis zum Abend ausgezeichnet. Aber wehe, die ersten paar Schüsse gingen daneben, dann ärgerte er sich dermaßen, daß seine Konzentration rapide nachließ.

Onkel Fritz war trotz seiner gelegentlichen Launen ein Mensch mit sehr viel Herz und Güte. Wann immer er konnte, lud er uns arme Flüchtlinge auf die Jagd nach Glanegg oder Kogl ein. So waren wir bei den Jagdséjours in Kogl (St. Georgen im Attergau) zur Rehbrunft und ebenso bei den Aujagden und der berühmten Silvesterjagd in Glanegg. Gelegentlich gab es Einladungen auf Gams- oder auf eine Fuchsjagd am Haunsberg. Ich selber kam öfters mit ihm jagend in Lieboch zusammen, ebenso in St. Martin und Auersbach. Die letzte Jagd seines Lebens erlebte er in Stammham in Bayern, wo er bei weitem die höchste Strecke erzielte: 17 Stück, davon 4 Keiler.

Im Glanegger Schloß gibt es wohl kaum ein Zimmer oder eine Nische, die nicht er persönlich eingerichtet hätte. Er war der geborene Innenarchitekt. Nebenbei sei erwähnt, daß er ein hervorragender Tennisspieler war. In seiner Jugend betätigte er sich sogar als Rennfahrer. So gewann er einmal das Grazer Riesrennen. Passioniert spielte er alles, was zu spielen war.

So hatte er eine sehr wertvolle Spielzeugeisenbahn, die sich sehen lassen konnte. Wenn er in ein Casino ging, setzte er meistens so lange den Einsatz verdoppelnd auf Rot oder Schwarz, bis er gewann; dann aber ging er. Wir animierten ihn oft, „Trumpf“ mit uns zu spielen, was er mit Begeisterung tat. Als Bridge-Spieler zählte er zur oberen Klasse. Er war ein Mensch, der keinerlei öffentliche Ämter anstrebte, da er dafür – voller Pläne und Programme – keine Zeit zu haben glaubte. Er reiste viel und besonders gerne nach Ungarn. So war er fast jedes Jahr auf Rehböcke in Lébény, Doboz oder Békés. Für die Hirschbrunft hatte er Pachtreviere. Seine ganz große Leidenschaft galt der Rehbockjagd, der er von Mai bis September fleißig nachging. Als er im Jahr 1956 während eines Spanienaufenthaltes plötzlich starb, hinterließ er eine große Lücke. Unvergessen lebt er in meiner Erinnerung als ein

Mensch, den man bewundern und von dem man viel, sehr viel lernen konnte. Vor allem, daß Menschlichkeit und Herzenswärme wichtiger und bleibender sind als alles andere.

Heinrich Saurma

Er war ein Flüchtling aus Schlesien, und was die Jagd anbelangt, durchwegs auf Einladungen angewiesen. Ich lernte ihn Ende der fünfziger Jahre beim damals sehr „frequentierten" Büchsenmacher Bradler, einem gründenden Mitglied des Steirischen Wurftaubenclubs, kennen. Die erste Jagd, an der wir gemeinsam teilnahmen, war die Hauptjagd in Werndorf beim legendären Bruno Friessnig, dem „Peterwirt". Heinrich Saurma besaß eine einzige Waffe, und zwar eine Greener-Flinte aus den dreißiger Jahren, mit der er ausgezeichnet schoß. Ja, man kann sagen, er rangierte sicher unter den fünf besten Schrotschützen der Steiermark. Er besaß einen einnehmenden Charme, der ihm damals viele Einladungen in fast allen guten steirischen Niederwildjagden eintrug. Nur Brunnsee und Lieboch blieben ihm zu seinem großen Bedauern zeitlebens „verschlossen". Aber ich traf ihn sehr bald als Stammgast in Finkenegg in Freybühel, in Herbersdorf, in Waldschach, in Kirchberg, in Zwaring und in Gleichenberg wieder. Er war Gast meines Schützenkollegen Gerhard Mautner in Andau sowie des legendären Primars Bräu. In der jagdlosen Zeit machte er fleißig Besuche, zur Freude aller Jagdfreunde. Auch arrangierte er des öfteren großzügige Dinners, zu denen er seine Jagdherren einlud. Seine Jagdpassion war rührend, und auch ich verschaffte ihm einige Einladungen, da ich (ohne etwas zu tun) seine sehnsüchtigen Augen einfach nicht ertragen konnte. Er sagte immer: „Lebe so, als wärst du zehn Jahre älter, dann lebst du lange." Er hatte sehr viel Zeit und nützte diese zum Tagebuchschreiben und Briefeschreiben. Interessanterweise schrieb er letztere durchwegs in Blockbuchstaben. Da er eine eher streuende englische Flinte besaß, mit der

Der Spießer ist immer auf der Hut...

man nicht sehr weit und auf Defiliervögel auch nicht immer tödlich schießen konnte, schoß er vernünftigerweise nur auf „tragbare“ Distanzen. Seine Trefferquote war sicher die höchste von uns allen, aber er riskierte nie zu viel. Wurftaubenschießen konnte oder wollte er nicht, aber damit war er nicht allein: Auch der berühmte Grand-Prix-Gewinner Wladimir Mittrowsky traf die Wurftauben nicht besonders gut, wie er glaubhaft versicherte, weil sie ihn nicht in „Aufregung“ versetzen konnten.

Heinrich war ein Lebenskünstler von ganz exquisiter Qualität und überall, wo er in Erscheinung trat, früher oder später beliebt. Er tat auch einiges dafür. Zuallererst seine Kleidung: Er trug eine großkrempige Kappe im Stile der dreißiger Jahre und war immer sehr originell angezogen. Ohne Mantel ging er nie aus, auch bei Pluswerten von 20 Grad. Seine Silhouette durfte auf keiner steirischen Jagd fehlen. Auch mein sehr wählerischer und jeder Änderung abgeneigter Onkel Franz lud ihn immer auf die Stainzer Bründlwaldjagd ein. Heinrich hatte die Gabe, jedem das zu sagen, was dieser gerne hören wollte. Er war immer derjenige, den man zur Abhaltung einer Dankesrede (mit Leichtigkeit) überreden durfte.

Heinrich war äußerst penibel und unnachgiebig in Fragen der Sicherheit. Er versäumte es nie, Kameraden auch öffentlich zu rügen, die die Waffe unvorschriftsmäßig oder gefährlich hielten, nicht gesicherte Waffen trugen oder vor dem Einsteigen in ein Fahrzeug nicht entluden. Das waren die einzigen Anlässe, wo er „aneckte“, sonderbarerweise auch bei Jagdherren, die schon darüber nachdachten, ob sie diesen unterhaltsamen und bunten Vogel einladen sollten. In dieser Frage war er konsequent, und es ist eine Ironie des Schicksals, daß dieser so übervorsichtige und korrekte Jäger seinen Tod durch ein Jagdgewehr finden sollte.

Wildtaubenjagd mochte er – interessanterweise – nicht besonders. Als er einmal in Kirchberg auf Ringeltauben eingeladen war, als noch wirklich viele die dortigen Felder bevölkerten, schoß er einen ganzen Nachmittag lang nur zwei Tauben, während meine Strecke über zwanzig betrug. Dabei hatte er aber nicht viele gefehlt. Er hatte halt so seine Mucken. Auch die Schnepfen interessierten ihn nur mäßig. Seine

Anfang August – noch sind sie Freunde!

ganz große Passion waren jedoch die Gänse. Hier hatte er im Seewinkel reichlich für Jagdgelegenheiten vorgesorgt. Er besuchte die dortigen Pächter und Bauern in seiner reich bemessenen Freizeit und hatte auch öfters Gelegenheit, gute Gänse-Einfälle zu erleben. Er war schon jahrelang dort „jagdlich tätig“ und echt erstaunt, als ich bei meiner ersten Einladung eine große, so viel ich weiß (seit 1963), nie mehr erreichte Strecke erzielte.

Als die Pächter von St. Andrä (mit unserem Freund Lunzer als Mitglied) die Bauernjagd wiederbekamen, sagte mir Heinrich voll Freude: „Philipp, jetzt kommen die sieben fetten Jahre.“ Er hat sie aber leider nicht mehr erlebt. Im Jahr 1977 starb dieser einmalige Jäger aus unerklärlichen Gründen den Freitod. Er hinterläßt bis heute eine ganz große Lücke in den Reihen der mitteleuropäischen Jäger. Er war nicht nur eine unnachahmliche, originelle und sympathische Gestalt, sondern auch ein Jäger der alten Schule, der die schöne, nie mehr wiederkehrende Zeit vor der Enteignung, „Befreiung“ und Umwertung noch als erwachsener Mann erleben durfte. Allen, die ihn kannten, wird er unvergeßlich bleiben.

Von einigen Staatsoberhäuptern

Admiral von Horthy war ein Vierteljahrhundert Ungarns Staatsoberhaupt. Viel wurde über ihn geschrieben, viel wurde er kritisiert. Die Kommunisten nannten ihn einen Schlächter, linke Politologen einen Diktator. Er war keines von beiden. In den zwanziger und dreißiger Jahren gab es in Europa zahlreiche Diktaturen. In Ungarn existierte ein Parlament, in dem bis 1944 auch die Sozialdemokraten vertreten waren. Horthy hat zwar das blutrünstige Béla-Kun-Regime mit Hilfe der Alliierten gestürzt, war aber weit mehr eine beliebte Vaterfigur als ein Diktator. Heute wird er systematisch und unaufhaltsam in Ungarn rehabilitiert, denn irgendwann – und dies betrifft fast alle Bereiche des Lebens – kommt die Wahrheit zutage.

Nach dem Zweiten Weltkrieg, als das große Abrechnen seinen Lauf nahm, war unter den Führern der „Satellitenstaaten" Horthy der einzige, der weder vom Westen noch vom Osten als Kriegsverbrecher reklamiert wurde. Das mußte doch Gründe haben. Ja, Stalin ging sogar so weit, daß er 1946 den ungarischen Ministerpräsidenten Ferenc Nagy in Moskau beschwor, dem alten Staatsmann doch nichts zu tun, wenn er in seine Heimat zurückkehren sollte. Als ausharrendes Staatsoberhaupt während der deutschen Besetzung im Sommer 1944 gelang es ihm, die Deutschen auszuspielen und gegen deren Willen die Regierung Lakatos zu ernennen, den Deutschenfreund Sztóyay aber abzusetzen. Er hatte es zuwege gebracht, einen Großteil der Budapester Juden vorerst zu retten, indem er der deutschfreundlichen Gendarmerie verbot, in die Hauptstadt zu kommen. Als sie es dennoch versuchte, hatte er dies mit Waffengewalt verhindert. So konnte jenes Mordkommando um Eichmann in Ermangelung an Begleit- und Wachtruppen in Budapest wenig ausrichten, während am Land die Deportationen fast lückenlos durchgeführt wurden. Horthy wollte rechtzeitig aus dem Krieg austreten und mit den Westmächten einen Separatfrieden schließen. Der Krieg in Rußland wurde nur halbherzig geführt, die Mobilisierung der männlichen Bevölkerung überhaupt sehr lange sabotiert. Ihm ist es zu verdanken, daß man in Ungarn vor 1944 „kaum merkte", daß man ein kriegführendes Land war. Seinen eigenen Sohn, den antideutsch eingestellten István, schonte er aber nicht. Er wurde als einfacher

Fliegeroberleutnant an die vorderste Front nach Rußland beordert, wo er auch 1942 den Tod fand. Vergleiche mit echten Diktatorensöhnen drängen sich auf. Im übrigen ist auch der Bruder von Ungarns reichstem Mann, dem Fürsten Esterházy, im Zweiten Weltkrieg im Kampf gefallen. Die „alte" Führungsschicht war eben nicht mit der „Nomenklatura" zu vergleichen.

Horthy war kein Diktator in diesem Sinn, sicherlich aber eine Respektsperson, doch beim Volk sehr beliebt. Ich persönlich sah Horthy das erstemal – gleich zweimal hintereinander – im Jahr 1938. Zuerst beim Eucharistischen Kongreß in Budapest, wo er als Protestant an allen Feierlichkeiten der Katholischen Kirche in Uniform teilnahm, dann im selben Jahr anläßlich der 900-Jahrfeier für den heiligen Stefan in unserer Komitatshauptstadt Stuhlweißenburg. Ich war in Begleitung meiner Eltern hier, die einen recht guten Platz unweit des Bischofspalais innehatten, wo die neuen Ausgrabungsstellen (der Platz der alten Kathedrale, wo der hl. Stefan begraben wurde) eröffnet wurden. Auch der Päpstliche Legat, Kardinal Eugenio Pacelli, begleitet von seinem Sekretär Giovanni-Battista Montini, war im Festzug in der Nähe des Reichsverwesers zu sehen. Damals wußte noch niemand, daß sowohl Pacelli als auch Montini Päpste (also Staatsoberhäupter) werden würden. (Ich habe sie als solche in Rom gesehen, ebenso Johannes XXIII. und Johannes Paul II). Zu dem erwähnten Festzug ist zu sagen, daß die Prominenz in eigens von den Gutsbesitzern des Komitates bereitgestellten Kaleschen am applaudierenden Publikum vorbeifuhr. Wir hatten zwei Vollblut-Viererzüge mit unseren Paradekutschern Vörös und Bedi bereitgestellt. In dem einen saß Ministerpräsident Béla Imrédy, im anderen Unterrichtsminister Bálint Hóman. Im Gegensatz zum Eucharistischen Kongreß trug der Reichsverweser diesmal die ungarische Magnatentracht, den „diszmagyar". Sicherlich ahnte damals keiner der damaligen Minister, die hinter dem Reichsverweser, dem Kardinalstaatssekretär und dem Fürstprimas Serédy an uns vorbeifuhren, daß die meisten von ihnen nach Ungarns „Befreiung" durch die Bolschewisten am Galgen enden sollten. Wir schrieben ja damals erst das Jahr 1938, und es war offiziell noch Frieden, obgleich es an allen Ecken und Enden gefährlich knisterte.

Einige Jahre später, es dürfte im Jahr 1940 oder 1941 gewesen sein, nahm ich um die Weihnachtszeit als Begleiter meines Vaters das erstemal an einer Saujagd bei unserem

Nachbarn Moritz Esterházy teil, wo ich Gelegenheit hatte, dem Reichsverweser die Hand zu drücken. Die Jagd fand in Mindszent, im angrenzenden Revier von Kápolna, statt. Wir fuhren mit dem Schlitten einen Abkürzungsweg durch die Horogvölgy bis zum Treffpunkt. Horthy war mit seinem Sonderzug bis zu einer kleinen Station im nördlichen Vértesgebirge gefahren und wurde dort von Onkel Moritz abgeholt. Er hatte einen langen ungarischen Pelzmantel an und einen schmalkrempigen Salzburgerhut auf. Seine Büchse war damals auffallend langläufig, wie ich mich gut erinnere, mit einem 7 x 64 Kaliber. In Erinnerung ist mir – als Halbwüchsiger beobachtet man sehr genau – eine sogenannte „Springbacke", wie sie seinerzeit bei den relativ hohen Fernrohrmontagen nicht selten waren und die anscheinend auf Knopfdruck funktionierte, geblieben. Wie ich später erfuhr, war auf diese Büchse ein achtfaches Fernrohr montiert.

Horthy war ein ganz hervorragender Kugelschütze. Ich konnte ihn an diesem Jagdtag öfters beobachten. Einmal schoß er fünf Sauen aus einer Rotte. Als die Strecke gelegt wurde, konnten wir 45 Sauen zählen, darunter einige sehr starke Keiler. Vater hatte an diesem Tag acht Sauen geschossen, Horthy allerdings zehn. Mein Vater führte als einziger seine Kirner-Kipplaufbüchse mit Hahn, die von allen anerkennend bestaunt wurde. Horthy sprach ein makelloses k.u.k. Deutsch. Sein Ungarisch hatte einen leichten, kaum merkbaren deutschen Akzent. Dazu sprach er noch gut italienisch, französisch und – so viel ich mich erinnern kann – auch englisch. Er war sehr leutselig und saß zum Beispiel beim Jagdfrühstück mitten unter den Leuten, die unbefangen mit ihm redeten. Vater, Horthy gegenüber eher zurückhaltend eingestellt, wurde vom Reichsverweser immer wieder in ein Gespräch verwickelt: von Politik kein Wort, aber immer Geschichten vom alten Kaiser, dessen Flügeladjutant er vor dem Ersten Weltkrieg war.

Während der Wartezeiten zwischen den Trieben bewirtete der Admiral die anwesenden Herren aus einer kleinen, silbernen Schnapsflasche, die er eingesteckt hatte. Am Ende der Jagd verlas Sándor Kiss de Nemeskér, der bekannte Schriftsteller, ein Gedicht über die Jagd. Jeder der Anwesenden bekam eine Kopie. Mein Vater wurde darin als „Pápaszemes Fülöp" (bebrillter Philipp) bezeichnet, der mit wenig Patronen viel geschossen hatte. Der Wahrheit gemäß wäre noch zu erwähnen, daß der Jagdherr,

Moritz Esterházy, Vater vor dem letzten Trieb diskret bat, sich etwas „zurückzuhalten“, damit unser Staatsoberhaupt die größte Strecke erzielte. Denn zu diesem Zeitpunkt hatte Vater bereits eine Sau mehr geschossen als der Reichsverweser.

Alles in allem bot er mir damals den Eindruck eines freundlichen, sympathischen, eher redseligen Großvaters (er war 72 Jahre alt), vor dem man zwar Respekt hatte, den man aber nicht fürchtete.

Anfang 1943 sah ich den Reichsverweser noch einmal in Pécs, anläßlich einer großen Levente-Feier mit anschließender Parade. Die „Levente“ war eine paramilitärische Jugendorganisation, die damals alle Jugendlichen zwischen dem 12. und 18. Lebensjahr erfaßte, so auch die Gymnasiasten. Wöchentlich zweimal hatten wir als Unterrichtsfach „Honvédelmi ismeretek“ (militärische Theorie) und ebenfalls zweimal wöchentlich Übungen mit Waffen – bis hin zur Maschinenpistole. Es war ja schließlich Krieg, und die Russen rückten bereits unaufhaltsam gegen unsere Grenzen vor. An diesem Tag war auch die Ehrenkompagnie des Pius-Internates, die aus Schülern der 7. und 8. Klasse bestand, zum Széchenyi-Platz ausgerückt.

Als unsere Kolonne dorthin marschierte, ich links in der dritten Reihe, bekamen wir von den Passanten freundlichen Applaus. Unsere dunkelblaue Uniform mit Tellerkappe glich jener der k.u.k.-Marinekadetten. Die Streifen an unseren Ärmeln sahen wie Rangabzeichen aus. Die Anzahl dieser aber hing ausschließlich vom Lernerfolg ab. So hatte ein Vorzugsschüler drei Streifen, ein „Durchgefallener“ überhaupt keine. Nach langem Hin- und Herrücken hatten wir endlich Aufstellung genommen. Ich stand nun in der ersten Reihe. Bald erschien Horthy in seiner Admiralsuniform, diesmal mit weißer Tellerkappe und einem auffallend langen Uniformrock.

Würdevoll schritt er langsam unsere Front ab. Nie werde ich sein erhobenes Haupt und seinen Blick vergessen, mit dem er jeden von uns anzusehen schien. Vor uns passierte er drei Ehrenkompanien, ohne innezuhalten. Wir waren die letzte Kompanie der ersten Reihe. Nun hätte er das Vorbeischreiten beenden können und sich auf seinen Platz vor der Kirche begeben können. Aber er blieb stehen. Die „Marineuniformen“ der Piusisten interessierten ihn.

Auch der ihn begleitende Levente-Kommandeur von Pécs und der Garnisonskommandant Decleva Zoltán hielten erstaunt. Horthy sprach ganze zwei Minuten mit uns.

Ich wurde an der Wange getätschelt, meine „Rangabzeichen" staunend betastet. Er erkannte mich natürlich nicht mehr. Seit 1940 hatte ich mich verändert. Dann sprach der Kommandant, schließlich Horthy selber. Er sprach frei, nicht vom Blatt, seine Rede wurde von der Wochenschau aufgenommen. Zu dieser Zeit etwa wurde die zweite Armee aus Rußland zurückgeholt: ein Bravourstück Horthys. Ein Jahr danach war es soweit. Ungarn wurde Opfer einer deutschen Invasion.

Ich persönlich habe Horthy nie mehr wiedergesehen, besitze aber Briefe von ihm, die er mir aus seinem Exil in Estoril schrieb. Ich wollte ihn dazu animieren, Artikel für den „Anblick" über seine reichen Jagderlebnisse zu schreiben. Er versprach es zwar nicht, wollte aber darüber nachdenken.

Kurz nach dem gescheiterten Versuch der Ungarn, den Kommunismus abzuschütteln, jenem legendären Freiheitskampf des Herbstes 1956, starb Horthy (Februar 1957), der Zeit seines Lebens ein großer Jäger war.

Ich möchte es nicht verabsäumen, hier einige Worte meines Freundes Gyula von Nagy über den Reichsverweser Horthy als Jäger zu veröffentlichen, die das Bild dieses großen Waidmannes ein wenig abrunden.

* * *

Miklós Horthy war ein außergewöhnlich passionierter Jäger, dem man es anmerkte, daß er die jagdliche Schule bei Kaiser Franz Josef absolviert hatte. Meine Familie war mit ihm nahe verwandt, da ein Bruder meiner Mutter, László Fáy, Horthys Tochter Paulette geheiratet hatte. Aufgrund dieser Verwandtschaft hatte ich die Gelegenheit, öfters auf „Horthy-Jagden" eingeladen zu werden. Die erste größere Einladung erhielt ich bereits als 17jähriger, und zwar 1924 auf eine der Staatsjagden auf Fasanen. Ich jagte damals mit einem langläufigen Winchester-Automaten. An dieser Jagd nahmen auch ausländische Diplomaten teil, und es war daher Aufgabe des Hofjägermeisters G. v. K., die Schützen anzustellen. Da ich der jüngste in der Runde war, wurde ich selbstverständlich auf die schlechtesten Stände gestellt; wie in einem Trieb, in dem mich der Jägermeister am Feldrand auf die Flanke stellte. Er selber bezog den ersten Stand auf der Allee, war also mein Nachbar, um die Ecke sozusagen. Ich merkte sofort, daß mich hier keine Fasanen anstreichen würden und begnügte mich vorerst mit einigen Hasen. Die Fasanen hatten absolut keine Lust, auf das Feld hinauszustreichen. Sie strebten der nächsten Deckung zu, und die war hinter der vorderen Schützenlinie. Es knallte lustig, ich sah die Fasanen fallen. Alle unterhielten sich, nur ich nicht.

Gegen Ende des Triebes erfaßte mich dann die Passion, und ich schoß nacheinander fünf vor mir defilierende, nach vorne streichende Hähne mit Bravourschüssen aus meinem Winchester-Automaten ab, so daß sie alle mausetot auf die Allee – vor die Füße des allmächtigen Hofjägermeisters – fielen. Es waren durchwegs 40-Meter-Schüsse. Nach dem fünften Hahn hörte ich das wütende Geschrei meines Nachbarn: „Wer schießt denn da in den Trieb hinein?"

Er hatte anscheinend vergessen, wen er auf die Flanke gestellt hatte. G. v. K. war ein hervorragender Schrotschütze, passioniert wie ein Junger und schoß ebenfalls mit einem Automaten. Ich hielt mich jetzt zurück. Die Treiber kamen, und der Trieb war aus. Kurze Zeit später machte mir der Jägermeister vor versammelter Korona die größten Vorwürfe, daß ich von der Flanke aus auf vorstreichende Hähne geschossen hatte. (Sah ich ja ein, aber die Passion war mit mir und meinen 17 Jahren durchgegangen!) Die anderen Schützen schossen in diesem Trieb pro Kopf zwischen 50 und 60 Fasanen.

Horthy hörte die Debatte und kam hinzu. „Was gibt es hier?" fragte er kurz. G. v. K. antwortete: „Der Dudás hat in den Trieb auf vorstreichende Hähne geschossen." Darauf Horthy: „Natürlich, weil du ihn auf diesen schlechten Stand gestellt hast. Auch er will etwas schießen, er ist ja mein Gast. Im nächsten Trieb stellst du ihn neben mich, in die Mitte der Schützenlinie, dort wo die Fasanen gut kommen!"

Der Befehl des Jagdherren wurde eingehalten, und ich schoß neben dem Reichsverweser, Onkel Miklós, an die 70 Hähne. Ich hatte gute Übung im Nachladen des Automaten, der auch niemals streikte. Horthy schoß bedächtig und sauber. Er hatte einen karierten englischen Jagdanzug an, mit einer – damals sehr breiten – Kappe aus demselben Stoff. Für einen Mittfünfziger war er sehr beweglich und geschickt. Schließlich war er ja auch Polospieler, und dieser Sport verlangt eine gute Kondition.

Ich war Onkel Miklós für seine Protektion bei dieser Jagd sehr dankbar. Er übersah nicht nur den von mir begangenen Fehler, er hatte auch für meine Jagdleidenschaft vollstes Verständnis. Schließlich war ich erst 17, und dies war meine erste große Jagd. Ich habe noch viele Hofjagden im selben Revier erlebt, doch seitdem konnte ich mich über schlechte Stände nie mehr beklagen.

Eine der legendären Saujagden in Gödöllö ist mir in guter Erinnerung geblieben. Diese Jagden wurden nach derselben Art und Weise abgehalten wie unter Kaiser Franz Josef, worauf Horthy großen Wert legte. In einem Trieb stand ich wieder neben Onkel Miklós. Es kamen ihm insgesamt fünf Sauen in Entfernungen zwischen 60 und 120 Metern, aber sämtliche so schnell wie Hasen, „ventre a terre". Er rollierte alle fünf, als ob er mit Schrot auf Feldhasen schösse und nicht mit der Kugel auf Frischlinge im Stangenwald. Dies war gegen Ende des Triebes, und die Sauen waren wegen des lautstarken Geknalles sehr „verschreckt" und nervös. Mir gelangen in diesem Trieb (neben meinem großen Vorbild) drei Kugelfüchse (mit drei Schüssen). Sie kamen zwar sehr schnell, aber am selben Wechsel und nicht weiter entfernt als 20–30 Meter.

Nach dem Trieb ging ich zu Onkel Miklós und gratulierte ihm zu seiner Strecke und seinen einmaligen Schüssen. Er beglückwünschte mich ebenfalls und sagte mir, daß mir etwas Ähnliches nicht so bald gelingen würde.

Ich nahm in späteren Jahren auch an vielen Diplomaten- und Protokolljagden teil. So war ich 1940 dabei, als Außenminister Ciano wild in ein Fasanenbouquet feuerte und sich ein indischer Maharadscha in Anwesenheit seiner Begleiterin, einer Gräfin Wenckheim, ungeniert „erleichterte".

Horthy hat übrigens die berühmten Berufsjäger- und Schweißhundeführer-Schulen gegründet. Er war den ungarischen Jägern ein Vorbild, weil er selbst ein guter Jäger war.

* * *

Der Büchsenspanner Horthys lebt heute noch in seinem Heimatort Kenderes und heißt János Jakab. In seinen jungen Jahren begleitete er oft den Reichverweser bei dessen jagdlichen Unternehmungen, so natürlich auch bei den Niederwildjagden.

„Horthy war ein witziger, ruhiger und sehr gutmütiger Mensch“ berichtet er. „Seine verschiedenen Verwalter betrogen ihn, da er ja sehr selten Zeit hatte, auf seinen Landsitz zu kommen. Der Reichsverweser befaßte sich gerne mit uns, den einfachen Menschen, und fragte uns immer nach unseren Wünschen. War einer von uns nicht gut genug gekleidet, ließ er ihm einen neuen Anzug machen. Die Wahrheit ist, daß seine Beamten ihn sogar um das Treibergeld betrogen, indem sie die Hälfte einsteckten. Als Horthy das erfuhr, zahlte er von da an seine Treiber selbst aus. Damals bekam ein Treiber, neben einem Hasen, noch 3 Pengö Taggeld, was nach heutigem Geld etwa 150,– Schilling ausmacht. Ich als Büchsenspanner bekam fast immer 100,– Pengö, eine für heutige Begriffe sehr hohe Summe. Aber auch den Treibern gab er oft mehr als üblich war. Die Leute mochten ihn und seine Familie sehr. (Auch heute kann man das vernehmen, wenn man in Kenderes die Leute fragt, noch heute sind sie stolz auf ihren Reichsverweser.) Horthy hörte sich immer die Klagen oder Sorgen seiner Angestellten und der Dorfbewohner an, und es gab keinen Fall, wo er nicht zugunsten der Bittsteller eingeschritten wäre. Es ist klar, daß die kleine Ortschaft in der ungarischen Tiefebene finanziell, baulich, ja in jeder erdenklichen Hinsicht durch den Reichsverweser profitierte, obzwar das Gut nicht groß war (zirka 300 Hektar). Von großer Politik sprach er zu uns wenig, aber er interessierte sich sehr für unsere kleinen und größeren Sorgen, plauschte gerne mit uns und horchte uns so auch über die Lage, die Arbeit der Gemeindeväter und auch seiner Beamten aus. Anläßlich der Ernte nahm sich Horthy immer, auch im Krieg, Zeit, um die Arbeiten persönlich zu leiten und zu inspizieren. Nicht selten schickte er die ihm zu seinem persönlichen Schutz zugeteilten zwei Gendarmen fort, besonders wenn es sich um einen Jagdausflug handelte. Er war alles eher als ein Schießer, genoß die Jagd als Erholung und freute sich, auf heimatlichem Boden Bewegung machen zu können. Die Deutschen mochte er nicht, besonders Ribbentrop, der öfters in Kenderes war, fand seine Verachtung als schlechter Jäger und Schütze.“ Soviel vom Büchsenspanner Jakob.

* * *

Unmittelbar nach dem Krieg gab es kein Staatsoberhaupt in Ungarn. Mitten in den schrecklichen Tagen der Besatzungszeit wurde die Bodenreform durchgepeitscht. Natürlich war sie unumgänglich und notwendig, doch wie sie von den Russen durchgeführt wurde, war sie eher ein Gangsterstück, umsomehr als die neuen „Besitzer“ weder Gerät noch genügend Saatgut erhielten. Nur wenige Jahre konnten sie sich ihres selbständigen „Bauernstandes“ erfreuen, dann kamen die Kolchosen, und Ungarn wurde ein einziger Großgrundbesitz. Bauernfelder – im Gegensatz zu früher – gab es keine mehr. Die Kleinlandwirtepartei hatte bei der ersten Wahl 1945 über 57 Prozent aller Stimmen errungen. Budapest stellte einen „bäuerlichen“ Oberbürgermeister. 1946 wurde die Republik im Parlament beschlossen und gegründet, der erste Staatspräsident wurde Zoltán Tildy. Dieser Tildy war früher protestantischer Pfarrer in Szeghalom gewesen. Ich denke, er war ein anständiger Mann, aber den Kommunisten gegenüber zu nachgiebig und daher ein schwacher Politiker. Ich sah ihn einmal – Mitte 1947 – vor dem Parlament in Budapest bei einer militärischen Veranstaltung. Er hatte eine schöne, tiefe Predigerstimme und neben einem prachtvollen Schnurrbart graumelierte, zurückgekämmte Haare.

Als wir im selben Jahr zur Musterung nach Mór fuhren, sangen wir lauthals das alte Soldatenlied „Ferenc Jóska katonája vagyok“ (ich bin Soldat von Franz Josef), das später auf Horthy umgeschrieben wurde, jetzt mit dem Namen von Tildy. Ich war damals Aufsichtsjäger der neuen Jagdgesellschaft „Alte Füchse“ in Csákberény.

Eines Tages wurde ich aufgefordert, für den Staatspräsidenten in unserem ehemaligen Revier Gánt eine Protokolljagd zu organisieren. „Aha“, dachte ich, „der Pfarrer ist auch Jäger geworden.“ Mit Feuereifer stürze ich mich in diese Aufgabe, entwerfe die Triebe, lasse Stände bauen, die kleinen Hochständen gleichen. Einmal kommt ein Sekretär von Tildy, um alles zu besprechen. Ich fühle mich sehr wichtig, die Leute von Csákberény staunen. Dann kommt plötzlich von meinen Brotgebern die Nachricht, daß auf meine Mitarbeit verzichtet wird. Aus der Protokolljagd unter meiner Leitung wurde nichts.

In Österreich, wohin ich 1948 flüchten mußte und wo ich ab 1952 Museumsleiter war, habe ich vier Bundespräsidenten persönlich kennengelernt. Als erster besuchte Theodor Körner mein Museum 1953 offiziell. Er war schon sehr alt und sprach immer von „meinem Kabinett“, trank Tee und hatte weder Hut noch Mantel an. Er sprach mit mir über meinen Großvater, der im Ersten Weltkrieg unter ihm gedient hatte und – so viel ich weiß – ihn auch schätzte. Dann kam der in meinen Augen bedeutendste, Adolf Schärf, sechs Jahre später. Er war ein freundlicher, ruhiger Mann mit guten Augen und einer bescheidenen, leisen Redeweise. Er verwickelte mich in ein langes Gespräch über Erzherzog Johann. Soviel ich mich erinnern kann, war seine Urgroßmutter Angestellte von Erzherzog Johann gewesen und bekam von diesem einen Baugrund in der Nähe von Mariatrost. Schärf hatte eine respekteinflößende Ausstrahlung, eine echte Vaterfigur, die in mir einen bleibenden Eindruck hinterließ. 1966 besuchte uns in Eggenberg, ebenfalls offiziell, Bundespräsident Jonas. Ihm mußte man am meisten erklären, er war der wißbegierigste. Aber mir gegenüber war er etwas reserviert, den Kollegen Kryza-Gersch lud er sogar zum Essen ein. Aber er bedankte sich schriftlich für die Führung, und ich bekam ein signiertes Bild von ihm.

Jonas war der letzte Bundespräsident, der unser Museum offiziell besuchte. Seinen Nachfolger lernte ich anläßlich des zweiten Erzherzog Johann-Jahres kennen, auch sah und begrüßte ich ihn bei der Messe in Altenburg oder Maria-Dreieichen, vorgestellt durch meinen Freund Hans Hoyos. Kirchschläger fuhr damals selbst einen alten klapprigen Mercedes. Er schien mir sehr bescheiden und menschlich zu sein. Dr. Waldheim kannte ich nicht persönlich. Ich halte ihn für einen ausgezeichneten Mann und teilte die Kritik an seiner Person in keiner Weise. Schon immer hatte ich eine Schwäche für Leute, die man angriff. Vielleicht ist das auch mein Widerspruchsgeist, der sich gegen Mode, Trend und Zeitgeist auflehnt. Seine spektakuläre Geiselbefreiungsaktion vom August 1990, die 95 Österreichern die Freiheit gab, hat vielen seiner Gegner die Augen geöffnet. Zumindest jenen, die abwägen und denken können.

In Schloß Laeken bei Brüssel durfte ich im Jahr 1955, anläßlich der Hofjagden, zu denen ich eingeladen war, mit König Baudouin öfters speisen. Einmal waren Erzherzog Otto (damals noch Thronprätendent und als Majestät tituliert) und der Vater des Königs, der sehr sympathische Exkönig Leopold, bei einer Mahlzeit anwesend.

Während eines Besuches in Paris (1967), wo mich mein Freund René La Roche betreute, hatten wir die seltene Gelegenheit, Präsident Nixon anläßlich seines ersten Besuches bei Staatspräsident de Gaulle zu erleben. Ich sehe aus unmittelbarer Nähe, wenn man das bei dieser breiten Straße behaupten kann, Nixon und de Gaulle über den beflaggten Champs Elysées in einem offenen Wagen fahren. Es waren sehr verschiedene Gestalten. Keiner von ihnen konnte wissen, welche bösen Ereignisse – zuerst auf de Gaulle, später auf Nixon – auf sie zukommen würden. De Gaulle schien mir nicht ohne Eitelkeit zu sein, machte aber, wenn man das übersieht, einen ähnlich imponierenden Eindruck wie seinerzeit Horthy.

Die holländische Königin Juliane habe ich in den sechziger Jahren zweimal in Porto Ercole persönlich getroffen. Sie kam aus ihrem Urlaubshaus „Il Elefante Felice" auf einen Cocktail zu ihrer Sekretärin, die mit meiner Schwester Anna gut befreundet war. Etwas Netteres und Aufmerksameres kann man sich kaum vorstellen. Die Familie war locker, ohne jede Pose, und strahlte natürliche Würde aus, wie eben nur ganz großen Persönlichkeiten eigen. Wenn ich mir da zum Vergleich die mir bekannten Snobs vor Augen halte, kann ich ein inneres Kichern kaum unterdrücken.

Schließlich „hatte ich" in Eggenberg noch eine Königin, und zwar die weltweit geachtete Queen Elisabeth II. Es war im Jahr 1969, und man hatte die Arkadengänge in einem Schnellverfahren speziell für diese wenigen Stunden aufgefrischt. Sie kam (leider) nicht, um mein Museum zu besichtigen, sondern um an einem Landesempfang teilzunehmen. Die Arme hatte schon Tage in Österreich mit unzähligen Frühstücken, Imbissen und Galadinners „hinter sich" und schien schon ein wenig gezeichnet. Hier drängte sich alles, was man für prominent hielt und was man für würdig befand, „vorgezeigt" zu werden. Im Gegensatz zu Wien, wo man außer ein paar wenigen „Herzeig-Grafen" keine Adeligen einlud, waren hier doch einige zugegen. Ich wurde als „Eggenberger" bestürmt, gute Plätze für diverse Leute zu reservieren, was ich natürlich gerne tat. Neben mir stand in der ersten Reihe eine bekannte Heimatdichterin, auf der anderen Seite ein Millionär, der – wie immer – zu spät kam und um dessen Platz ich fast tätlich kämpfen mußte. Als dann die Königin, klein und zerbrechlich, in einem zitronengelben Kleid erschien, erschallten Hochrufe wie anno dazumal. Matronen, Emanzen und Gewerkschafterinnen versuchten mit wenig Erfolg den Hofknicks. Immer näher kam sie, die Leute wurden ihr vorgestellt. Ihr Lächeln wirkte gekonnt herzlich, ihr Gatte strahlte Sympathie und Sportlichkeit aus, nur Prinzessin Anne lächelte nicht. Als dann der hohe Würdenträger meine beiden Nachbarn vorstellte, mich aber scheinbar nicht „fand", hatte mich – noch fast im selben Augenblick – der routinierte Prinzgemahl schon gesehen und reichte mir ostentativ und vielleicht herzlicher als den anderen seine Hand. Wir wechselten einige Worte – wie hätte es anders sein können – über eine Saujagd, die wir beide mitgemacht hatten. Doch da war die Königin und das Protokoll bereits beim etwas angetrunkenen Jungliteraten angelangt, den man nur mit Schwierigkeit daran hindern konnte, dem Prinzen die Hand zu küssen und Anne die Wange zu tätscheln. Die „Royals" ließen diese Tortur eisern über sich ergehen, blieben freundlich und würdig-erfreut, als wäre dieser Zirkus das Erlebnis ihres Lebens. Nicht ein Hut, sondern zehn Hüte ab vor einer solchen Haltung! Was haben diese sympathischen Menschen schon von ihrem Leben, wenn sie solche Marter ein Leben lang ertragen müssen?

Es stellte sich heraus, daß ich natürlich nicht der einzige war, den man übersprungen hatte. Ich sah Tränen der Enttäuschung, Gesten des Zornes und vereinzelt auch haßerfüllte Augen. Je mehr manche Pseudoprominente sich ärgerten, umso besser wurde meine Laune. Snobs sind meistens unglücklich und enttäuscht, besonders, wenn ihr Snobismus eigentlich unangebracht ist und nur im Inneren blüht. Im republikanisch-demokratischen Rangordnungsspiel jener, die nach außen die Gleichheit als das höchste Gut angeben, kann man sich innerlich totlachen. Die eigenen Monarchen mußten sie verjagen, enteignen und einer unwürdigen, ein halbes Jahrhundert dauernden Hetze aussetzen.

Wenn dann ein fremder Monarch kommt, fühlt sich der „neue Adel" zu ihm als fast Gleichberechtigter hingezogen. In Österreich, wo Kaiserhaus und Adel abgeschafft wurden, irgendwie grotesk.

Kálmán Kittenberger

(1881–1958)

Dieser Mann war zweifellos Ungarns berühmtester Afrikajäger und nach Samuel Teleki wohl auch bekanntester Afrikaforscher. Schon als kleines Kind schwärmte ich für ihn und las seine Bücher, die sich durch die darin geschilderte Fülle der Erlebnisse und ihre unbarmherzige Wahrheitsliebe auszeichneten. Kittenberger wurde am 10. Oktober 1881 im oberungarischen Léva als achtes Kind eines Handwerkers geboren. Zuerst wurde er Lehrer, später studierte er Zoologie und wurde am ungarischen Nationalmuseum auch als Präparator ausgebildet. Seine große Liebe galt der Natur und den Tieren. Immer schon wollte er nach Afrika, was ihm erstmalig im Jahre 1902 im Dezember gelang. Insgesamt unternahm er im Auftrag des Ungarischen Nationalmuseums zwischen 1903 und 1929 sechs große Expeditionen, wobei er fast 16 Jahre in Afrika verbrachte.

Von diesen Expeditionen brachte er rund 60.000 verschiedene Tiere in seine Heimat und wurde Initiator und Begründer der weltbekannten Budapester Afrika-Abteilung, die unter anderem 213 Säugetiere, 2500 Vögel und etwa 1000 Kriechtiere und Kaltblütler sowie weit über 50.000 teils bis dahin unbekannte Insekten umfaßte. Umfaßte deswegen, weil ein Teil dieser Sammlung, die durch Zsigmond Széchenyis Sammlung komplettiert wurde, zuerst beim Kampf um Budapest 1944–45, der größere Teil aber durch die vandalische Zerstörungswut der den 1956er Freiheitskampf niederwalzenden Sowjettruppen vernichtet wurde. Unter den von ihm gesammelten Kleintieren waren etwa 300 Neuentdeckungen. Während seiner vierten Expedition brach der Erste Weltkrieg aus, und die Engländer internierten ihn fünf Jahre lang und unter sehr unguten Umständen in einem Konzentrationslager in Indien. Sie taten dies, obwohl sie wußten, welch wertvoller Forschungstätigkeit er nachging (von der auch das „British Museum" profitierte) und daß er ein unpolitischer Zivilist war und zahllose englische Freunde in den damaligen ostafrikanischen Kolonien besaß. Für diesen freiheitsliebenden Individualisten waren fünf Jahre hinter Gittern ein schrecklicher, unverdienter Schlag, und seine lange Kriegsgefangenschaft bleibt eine böse Tat gegen einen Wissenschaftler von Weltruf. Noch heute kennt und nennt man seinen Namen in Ostafrika, und wie Prof. Pálos in einem Artikel berichtet, gibt es in Kenya heute noch ein „Kittenberger valley". Die als so fair bekannten Engländer beraubten Kittenberger all seiner Ausrüstungsgegenstände, seiner wertvollen Jagdwaffen, seiner Photo- und Filmapparate, vor allem aber seiner gesammelten Präparate. Als er interniert wurde, war er schon fast zwei Jahre auf einer Expedition, die gerade ihrem Ende zu ging. So war er bei dieser einen so unerwartet tragisch endenden Expedition sieben lange Jahre fern von Zuhause.

Ende 1919 kam er endlich in Ungarn an. Ab August 1920 übernahm der alte Afrikajäger die Redaktion der Jagdzeitschrift „Nimród", die bis Ende 1944 im Gebäude des Franklin-Verlages, in der Egyetem-utca 4, untergebracht war.

Er war ein kritischer und selektiver Chefredakteur. Sogar Staatssekretäre bekamen ihr Manuskript zurück, wenn dieses den hohen Ansprüchen Kittenbergers nicht entsprach. Dafür war er mit traumwandlerischer Sicherheit der Entdecker wahrer Talente. So hat der Volksschriftsteller István Fekete seine ersten Zeilen in den Kolumnen des „Nimród" veröffentlicht. Die besten Jagdschriftsteller und Fachleute ihrer Zeit waren Bársony István, Csathó Kálmán, Éhik Gyula, Nemeskéry-Kiss Géza, Müller Géza, Maderspach Viktor, Esterházy László, Nadler Herbert, Láng Rezsö, Széchenyi Zsigmond, Zsindely Endre, Fekete István, Eidenpencz Károly, Studinka Lászlo und der Maler Vezényi Elemér. Sie alle waren ständige Mitarbeiter des „Nimród", daneben schrieben aber auch Zoologen wie Sterbetz István, Falkner, Lelovich György, Bástyay-Holzer Loránt, dann die Experten Varga Erwin, Félix Endre, Vertse Albert, Bereczk Péter, Homoki-Nagy István und Lumniczer Sándor.

Schon mit elf Jahren, also lange bevor ich nach Pécs ins Internat kam, verfaßte ich für „Nimród" kleinere, meist ornithologische Beobachtungen über die erste Ringeltaube, den ersten Kiebitz des Jahres oder selten in der Gegend vorkommende Tiere wie Trappen in Zámoly oder Schlangenadler in Csákberény. Der bewunderte, aber

Bild rechts: Auch beim „Vesperbrötchen" des Kalbes ist die Mutter wachsam

Bild umseitig: „Waldgams"

ferne Redakteur brachte alle, ohne Ausnahme. Während meiner Pensionatsjahre schrieb ich eifrig weiter an die Redaktion des „Nimród“, war also dort ein ständiger, wenn auch kurze Beiträge produzierender Mitarbeiter. Dann kam die Front näher und unsere erste Flucht aus Csákberény im Dezember 1944. Während dieser Zeit wurde Budapest zum Kriegsschauplatz. Kittenberger harrte aus. Am 16. Dezember redigierte er gerade die Weihnachtsnummer, als die Redaktion einen Treffer bekam. Dann kamen die Russen, und alles schien sich aufzulösen. Aber Kittenberger gab nicht auf und antichambrierte fleißig. Endlich, im September 1946, erschien sein „Nimród“ wieder. Die neue Redaktion war nunmehr unweit der Andrássy-Straße, in der Eötvös utca 12. Wieder in zwei kleinen, vielleicht noch winzigeren Zimmern als die Jahre vor dem Krieg beim Franklin-Verlag. Ganze zwei Jahre lang konnte das Blatt erscheinen, dann wurde es ohne Begründung verboten, und Kittenberger war wieder einmal brotlos.

Unterdessen hatten wir unsere Odyssee in Brandhof beendet, und ich kehrte mit Bruder Feri nach Ungarn zurück, wohlinstruiert von diversen Optimisten, um uns, so gut und so lange es ging, an die „Scholle zu klammern“. Ende Oktober 1946 entschloß ich mich, so schnell wie möglich, Kontakt mit der Redaktion aufzunehmen. Mir schwebte irgendeine schriftstellerische Tätigkeit als Broterwerb vor, denn im Kriegsgebiet war alles so restlos zerstört worden, daß man dort kaum leben konnte. Mit einem Lastauto der am Wochenende in die Dörfer fahrenden Jungarbeiter reiste ich – gratis – nach Budapest und suchte sofort die Redaktion des „Nimród“ auf. Eine Wendeltreppe führte zu den Räumlichkeiten. Auf der Türe stand „Nimród Vadászlap“. Auf mein Klopfen erfolgte keine Reaktion. Also öffnete ich langsam und leise die Türe. Da saß an einem kleinen, mit viel Papier bedeckten Tisch ein Mann und schrieb, ohne aufzusehen. Also das war der legendäre Kittenberger, mein Idol, der

Bilder umseitig:
Oben: Lautlos und unbemerkt sucht der Steinadler die Höhen ab
Unten: Im Gegenlicht

Bild links: Du stammst ohne Zweifel aus meiner Sippe . . .

Freund des bekannten Afrikaforschers F. C. Selous, der sein berühmtes Buch bereits in Kittenbergers Geburtsjahr 1881, unter dem Titel: „A Hunters Wanderings in Africa" veröffentlicht hatte. Dieser Kittenberger war vor einigen Tagen 65 Jahre alt geworden.

Nun endlich legte er die Feder nieder, schaute auf, und an seinem Gesichtsausdruck merkte ich, daß er mein Kommen nicht wahrgenommen hatte. Stahlblaue Augen blickten mich an. Er erhob sich lächelnd. Ein kleiner, kahler Mann sah mich an.

Ich bin von Natur aus schüchtern und hatte bis dahin noch wenige Berühmtheiten kennenlernen können. Auch hatte ich wegen meiner nicht sehr guten Kleidung ein wenig Hemmungen. Aber dann schweifte mein Blick umher, und in Sekundenschnelle erfaßte ich einige Dinge, die meine Scheu ein wenig dämpften. Ein riesiger, abgetragener Rucksack war lässig neben dem Stuhl auf den Boden geworfen worden, und aus diesem schaute der Hals einer Weinflasche und der Zipfel einer ungarischen Wurst heraus. Rechts von seinem Schreibtisch war ein kapitaler Büffel an die Wand befestigt, rechts und links von diesem präparierte Elefantenschwänze. Nun kam er um den Tisch und gab mir die Hand, noch bevor ich sagen konnte, wer ich sei. Er, der jahrelang meine Artikelchen redigiert hatte, wußte sofort, wer ich war.

Wie er mir später sagte, schloß er mich gleich ins Herz, weil ich so schüchtern und unbeholfen schien. Schon in den ersten Minuten, als wir – wie er es wünschte – mit kleinen Gläsern leichten Sandweines anstießen und „Per-Du" tranken, entwickelte sich eine Freundschaft, die bis zum Tode Kittenbergers halten sollte. Links neben seinem Schreibtisch stand ein riesiger, aus einem Elefantenfuß gefertigter Papierkorb. Rechts hinten war ein Kasten. Außer seinem Drehstuhl waren nur mehr zwei Stühle in diesem Raum. Selten habe ich einen Menschen kennengelernt, den ich vom Anfang an so bedingungslos mochte. Und dabei war Kálmán sehr wählerisch, auch schwierig und jeder Art von Snobismus oder Angeberei abhold. Seine gütigen und gescheiten Augen sahen mich wissend und ein wenig mitleidig an. Er wußte, wie das neue Regime mit „volksfremden Elementen" unserer Art umging, auch über das Jagdverbot für alle Aristokraten war er informiert, und wenn ich auch keinen Bettelstab mithatte, wußte er zu genau, wie es um das Wohl eines bettelarmen Grafensohnes, der aus dem Kriegsgebiet um Stuhlweißenburg kam, stand. Als erstes überreichte er mir in einer etwas hilflosen und verlegenen Art 100 Forint. Vor einiger Zeit war ja der neue Forint in Umlauf gebracht worden. Für 2 Forint bekam man in einem Beisl ein gutes Menü. Eine Tageszeitung kostete, ebenso wie eine Straßenbahnkarte, 10 Fillér. „Als Vorschuß für kommende Artikel", sagte Kálmán und schaute verschämt zur Seite. „Ich erwarte viel von dir."

Das Jahr 1946 war, wie schon erwähnt, das erste wirkliche Friedensjahr, und schon damals hätte in Ungarn, wenn die Amerikaner nur gewollt hätten, statt der stalinistischen Diktatur die Demokratie beginnen können. Es war aber auch ein Jahr von historischer Bedeutung, von einer endgültig scheinenden Wende zum Schlechten, wobei das Groteske darin lag, daß niemand außer den Russen wirklich wußte, wohin die „Reise ging". Hoffnung ist für die Seele des Menschen so wichtig wie für den Körper die Luft. Und es hofften die Bauern und die Arbeiter ebenso wie jene Enteigneten, die man 1946 noch arbeiten ließ, daß alles – wie die Amerikaner immer wieder behaupteten – sich zum Besseren wenden würde. Optimismus und Vertrauen sind eine gute Basis für den Aufschwung. Das Land erholte sich wirtschaftlich sehr schnell. Die Geschäfte waren voller Waren, ausländische Banken florierten, überall fuhren amerikanische Straßenkreuzer, das gesellschaftliche Leben blühte wieder. Auf den Partys von Marschall Woroschilow tanzten echte Prinzessinnen, ehemalige Großgrundbesitzer erhielten Bankerposten und Anstellungen als Generaldirektoren.

Mit allen guten Wünschen Kálmán Kittenbergers versehen, fuhr ich noch am selben Tag nach Hause, nicht ohne mich in Budapest ein wenig umgesehen zu haben. Als ich mit der Straßenbahn am späten Nachmittag zum Südbahnhof fuhr, hatte ich ein Erlebnis, das ich nicht vergessen kann. Unweit einer Haltestelle, noch auf der Pester Seite, spazierte am Gehsteig ein hochgewachsener, schlanker, älterer Mann. Plötzlich umringten ihn vier Zivilisten, drängten ihn zu einem mittelgroßen, gleich daneben – im Halteverbot – parkenden Wagen, der Fahrer fuhr an, und schon waren sie weg. Ein Blick auf das Auto: Es hatte verhängte Fenster. Ich war Augenzeuge einer Verhaftung gewesen! Die politische Polizei, damals schon direkt der allmächtigen NKWD unterstellt, agierte frei und im sowjetischen Sinn, während im Parlament über 90 Prozent Nichtkommunisten saßen. Nach außen hin waren die Kommunisten damals freundlich, scheinbar westlich gesinnt und kümmerten sich um den Wiederaufbau. Überall sah man Plakate, die beteuerten, daß die Neo-Bauern, die Nutznießer der Bodenreform, alle Unterstützung erhalten würden. Am Land hatten sie damals überhaupt keinen Anhang und waren nur durch einen Teil der Polizei und die jeweiligen Parteisekretäre vertreten, die oft keine Gefolgschaft aufweisen konnten. Zu groß war noch die Erinnerung des Volkes an die Béla-Kun-Proletardiktatur von 1919, aber vor allem an die Greueltaten der sowjetischen Befreier, die im ganzen Land kaum eine Frau zwischen 12 und 80 Jahren verschont hatten und alle Häuser und Wohnungen, auch jene der ärmsten Bauern, ausgeplündert hatten. Diese bisher im gesamten Osten sorgsam verheimlichte Tatsache wird heute, im zensurlosen Ungarn, in allen Details breitgetreten, war aber bis 1988 tabu und wurde von den meisten Medien im Westen zumindest heruntergespielt, wenn nicht verschwiegen.

In Csákberény spät in der Nacht angekommen, fand ich ein Liebesgabenpaket aus Amerika und einen Einberufungsbefehl zur Assentierung vor. Schon am nächsten Tag – nach Dienstschluß – durfte ich im nach Schweiß, kaltem Tabakrauch und Schimmel riechenden Gemeindehaus auf der einzigen Schreibmaschine des Dorfes meinen ersten Artikel für den „Nimród“ schreiben: Er hieß „Lépjünk a porondra“, was etwa bedeutet: „Treten wir endlich hervor“. In der Dezembernummer wurde dieser Beitrag als Leitartikel abgedruckt. Bis Mitte 1948 habe ich noch insgesamt 13 Artikel im „Nimród“ veröffentlicht, darunter vier Leitartikel.

So oft ich konnte, besuchte ich Kittenberger in Budapest. Über einige Besuche habe ich schon geschrieben. So über unsere Spatzenjagd mit dem berühmten Afrikajäger Zsiga Széchenyi aus dem Fenster der Redaktion und der Konferenz fast aller „Stars“ des Nimród zur Besprechung der geplanten Serie von Lehrbüchern. Wenn ich allein beim „alten Afrikaner“ vorsprach, wurde der alte Herr immer gesprächig und freundlich. Leid tat ihm nur, daß ich nicht „tarockieren“ konnte. Man hatte ihm später einen „Assistenten“ beigegeben, der jedoch sein Vertrauen mißbrauchte.

Als 1947 mein Großvater Dr. Johann Meran in Graz starb, brachte der „Nimród“, im schon fast kommunistischen Ungarn, einen bebilderten, rührenden und langen Nachruf auf ihn. Keine einzige westliche Zeitung hat Ähnliches getan. Im damaligen Ungarn gehörte persönlicher Mut dazu, einen Habsburgersprößling, Enkel Erzherzog Johanns und ehemaligen ungarischen Großgrundbesitzer, so zu würdigen. Kálmán hat das mir zuliebe getan. Als ich dann 1948 über Nacht meine Heimat abermals und diesmal endgültig verlassen mußte, blieben wir weiterhin brieflich in Verbindung. Das letztemal sah ich ihn am 18. August 1948, als ich für drei Tage nach Budapest fahren mußte. Er hatte große Sorgen bezüglich seiner Zeitschrift, war nicht sicher, ob die Septembernummer noch erscheinen könne.

Wir tranken alten Kecskeméter Wein und erzählten uns – welche Art von Galgenhumor! – Witze. Am 20. war ich noch in der Basilika, wo ich der Messe von Kardinal Mindszenty beiwohnte, der dann segnend zwei Meter an mir vorbeiging. Die Kommunisten hatten erstmalig die Prozession mit der Heiligen Rechten verboten. Das gesamte – westliche – Diplomatische Korps war anwesend. Es gab viel Applaus.

Ende September muß ich Csákberény plötzlich verlassen.

Über eine Verwandte in Wien nimmt Kálmán bald mit mir Verbindung auf. Er wünscht, daß ich sein bekanntes Buch: „Auf Jagd- und Sammlerreisen in Ostafrika" ins Deutsche übersetze. Ich habe damals recht viel zu tun, trete gerade meine neue Stellung an, aber Vater und ich machen uns doch an die Arbeit der Übersetzung. Eine kleine Episode daraus werde ich in diesem Kapitel in Erinnerung an Kálmán Kittenberger bringen.

Wie geht sein Lebensweg weiter? Die „Nimród Vadászlap" wird im Oktober 1948 eingestellt. An ihre Stelle kommt die schlecht redigierte und parteipolitisch ausgerichtete „Magyar Vadász". Kálmán zieht sich auf seinen Hof in Nagymaros zurück, wo er unter anderem zahme Steinmarder züchtet. Im Jahr 1951 will ihn das Rákosi-Regime als Vertreter der „alten" bürgerlichen Klasse, wie Tausende andere auch, in den Osten „aussiedeln". Ein anständiger Staatssekretär, Mitglied der Partei, Dr. Gyula Balassa, rettet ihn in letzter Stunde. Ab 1955 beginnt er zu kränkeln und stirbt im Jänner 1958. Anfang der sechziger Jahre wird er voll rehabilitiert und zu einem der berühmtesten ungarischen Jäger „erklärt". Der Veszprémer Tiergarten wird nach ihm benannt. Jahre später tragen zahlreiche Jagdgenossenschaften im ganzen Land seinen Namen. Die Jagdzeitung erhält ihren alten Namen wieder.

Kálmán Kittenberger, der Freund Selous', ist in Afrika heute noch weit bekannter als im Westen. Ich hoffe, mit diesem kleinen Beitrag diesem korrekten, bedeutenden und dennoch bescheidenen Waidmann ein kleines Denkmal gesetzt zu haben. Doch lassen wir ihn nun endlich selbst zu Wort kommen.

Über die Schlangen Afrikas

„So sehr der Mensch sich auch vor den Schlangen graust und fürchtet, so interessiert hört er doch die verschiedenen Schlangen-Geschichten an. Wenn mich Freunde oder Bekannte über meine Afrikareisen ausfragen, kann ich sicher sein, daß 99 von 100 mich über die Schlangen befragen. Manche treffen sogar die gewagte Feststellung, daß sie von allen Tieren Afrikas nur die Schlangen wirklich fürchten würden. Welch naive Aussage!

Übrigens kann ich behaupten, relativ wenig „snake storys" erlebt zu haben, obgleich ich neben der Großwildjagd auch die Aufgabe hatte, Schlangen für unser Nationalmuseum zu sammeln. Auch kann man sagen, daß die Abenteuer mit giftigen Schlangen eher selten sind. Es gibt sogar viele Menschen in Afrika, die jahrelang keine Schlange gesehen haben, obgleich viele Giftschlangen in Afrika leben.

Doch die Schlange meidet den Menschen und kriecht so schnell wie möglich weg, wenn sie den Laut von Menschenschritten wahrnimmt. Anläßlich meiner ersten Expedition in Ostafrika hatte ich allerdings ein Schlangenerlebnis, das mir eine gute Lehre für all meine späteren Unternehmungen sein sollte.

Es geschah am Fuße des Kilimandscharo in der Siedlung einer katholischen Mission, wo ich für einige Wochen Gast war. Die Mission wurde gerade von einem Bischof besucht, und die Bewohner veranstalteten zu seinen Ehren ein großes Begrüßungsfest. Es war gerade nach dem Essen, und wir beobachteten den Festzug vom Schatten großer belaubter Bäume aus, als plötzlich ein Teilnehmer den Grund der Warnschreie, die ein Vogelpaar ausstieß, das ein Gelege auf einem Baum hatte, feststellte. Es war eine langsam zum Nest gleitende, etwa anderthalb Meter lange, grüne Schlange. Ich hatte meinen „Schießstock" bei mir, eine mit einer Schrotpatrone geladene Verteidigungswaffe, die als Spazierstock getarnt war. Sofort wurde ich aufgefordert, die Schlange zu erlegen, was ja nicht nur eine nützliche Tat war, sondern auch zur Belustigung der Volksmenge beitragen konnte. Außerdem war es ja eine Sensation – besonders für abergläubige Schwarze –, daß man mit einem Stock schießen konnte. Ich fürchtete nun, daß das dichte Laub die relativ feinen Schrote auffangen könnte und wartete auf den günstigsten Augenblick. Als nach ein, zwei Minuten die Schlange ein wenig „frei" war, schoß ich. Mit gebrochenem Rückgrat schlug die Schlange um sich, blieb in einer Astgabel hängen. Ein beherzter Bub bestieg den Baum und warf die Schlange mit einem Stock zu Boden. In der Gesellschaft befand sich ein alter Europäer, der viele Jahre in Südafrika verbracht hatte. Dieser Mann behauptete kategorisch, daß die grünen Baumschlangen völlig harmlos seien, da sie keine Giftzähne hätten. Auch der etwas vorlaute Sekretär des Bischofs mischte sich in die Schlangendebatte, nahm die Schlange beim Hals und öffnete deren Maul mit einem Stäbchen. Dann erklärte er mit absoluter Sicherheit, daß die Schlange keine Giftzähne hätte, daher ungefährlich sei. Anschließend packte er die schon fast verendete Schlange und warf diese sozusagen als kindischen Ulk zwischen die zu Ehren des Bischofs aufmarschierten afrikanischen Kinder. Diese prallten entsetzt und schreiend zurück.

Ich war damals noch jung und unerfahren und wollte mich nicht einmischen, obgleich ich gut gesehen hatte, daß der Sekretär das Maul der Schlange nicht genügend geöffnet hatte und daß die eventuellen Giftzähne gar nicht hätten gesehen werden können.

Im übrigen sind bei den besonders gefährlichen Giftschlangen – im Gegensatz zu den Vipern – die Giftzähne relativ klein und befinden sich weit hinten im Kiefer, um nur dann vorzuspringen, wenn die Schlange ihren Rachen ganz öffnet.

Nun lief der kleine Foxl des Sekretärs, als wolle er apportieren, zur grünen Schlange und – da er sehr jung und unerfahren war – beschnüffelte diese ohne Angst. Sein Herr begann nun ihn mit der Schlange zu erschrecken, unter anderem wickelte er das fast gelähmte Tier um den Hals des Hundes. In diesem Moment sahen wir, daß die schon fast tot geglaubte Schlange blitzschnell mit dem Kopf zum Hund hinschlug, der sofort schmerzlich aufschrie. Der alte Südafrikaner und der Sekretär erklärten einstimmig, daß der Hund nur im Schreck aufgeheult habe. Es vergingen ein bis zwei Minuten, als der Hund plötzlich umfiel und sich in Krämpfen wand. Sein Maul war voller weißem

Schaum, und nach einiger Zeit verendete er unter großen Qualen. Der Sekretär beobachtete bleich und zu Tode erschrocken die ganze Szene, Schweißperlen bedeckten seine Stirn. Doch ich denke, er hat nicht nur wegen der eingeborenen Kinder diesen tödlichen Schreck bekommen, sondern auch seinetwegen, denn er hatte ja die Schlange mit bloßen Händen längere Zeit umfaßt. Zu seiner Entschuldigung kann nur gesagt werden, daß er sich an eine – falsche – Binsenwahrheit hielt, daß die Schwänze der giftigen Schlangen nicht allmählich, sondern plötzlich schmäler werden. Dies gilt nur für Europäische Schlangen (Vipern und Ottern), bei den Afrikanischen Giftschlangen, insbesonders den gefährlichen Colubriden, verengt sich der Schwanz wie bei unserer Ringelnatter.

Und bei dieser beschriebenen Schlange handelte es sich um eine Grüne Mamba ..."

* * *

„Es war im Januar 1929 – anläßlich meiner letzten Afrikaexpedition. Wir campierten bereits längere Zeit am westlichen Ufer des Albert-Nils. Unser Hauptquartier war Palorina, und wir hatten Safaris auf Elefanten und Kaffernbüffel unternommen. Ich wußte, daß am Ostufer zwar weniger, aber stärkere Elefanten lebten, bildete mir aber ein, daß dort eine Game-Reserve, ein Jagdschutzreservat, war. Während eines Besuches des Kontrollbeamten der West-Madi-Provinz erfuhr ich aber, daß dieses Reservat weit südlicher beginnt, das uns gegenüber befindliche, östlich des Nils gelegene Territorium also für die Jagd frei war. Leider hatte ich meine gebuchten Elefanten bereits in der West-Nile-Provinz erlegt, trotzdem unternahm ich sofort einen Kontrollgang ans Ostufer. Hier war ein auffallender Unterschied zum Westufer, sowohl in der Fauna als auch in der Flora. In einer Baumwoll-Schamba der Eingeborenen entdeckte ich fünf ganz frische Fährten von kapitalen Elefanten, die Stoßzähne um die 80 Pfund haben mochten. Sie waren tabu!

Bild rechts: Das Tier kommt am Wechsel mit gutem Wind ganz nahe

Bild umseitig: Kuscheliger „Siesta-Platz", Spezialität der Füchse

Am Morgen des 31. Januar ruderte mich der lahme Fährmann mit dem Spitznamen „Vizeadmiral“ ans östliche Ufer. Der bestellte Kirongosi (Fährtensucher) wartete nicht, wie ausgemacht, am Ufer. Ich sandte einen meiner Begleiter, den leichtfüßigen Roko, den Kirongosi zu holen, und ging mit meinem Büchsenträger und zwei Fährtensuchern am bara-bara (Weg) geradewegs gegen Osten. Bald sahen wir einige Rhino-Fährten, gingen aber in der Hoffnung weiter, auf ganz frische Fährten zu stoßen. Nicht lange danach kam auch der unpünktliche Kirongosi mit meinem Roko an, und in schnellerem Tempo ging es weiter. Heute wollte ich ein Rhinozeros oder einen starken Büffel schießen. Endlich – meine Uhr zeigte 7 Uhr 30 – nahmen wir die Fährte eines sehr starken Rhinos auf und folgten ihr sofort, nachdem ich meine 465/500 Cordite-Expreß mit zwei Vollmantel-Patronen geladen hatte. Die Fährte war sehr gut zu halten, da es in der Nacht ausgiebig geregnet hatte.

Unser Rhinozeros schien ein Gourmet zu sein, denn seine Fährte führte von Baumwoll-Schamba zu Baumwoll-Schamba. Plötzlich kam mir ein Termitenhügel sehr bekannt vor, und im selben Augenblick sah ich auch unsere eigene Spur. Das Rhino ging also im Kreis. Zweimal machte es einen Kreis, dann ging die Spur geradeaus in Richtung des Nils. Ich wußte, daß ein altes Rhinozeros während eines Nachtausfluges große Strecken zurücklegt.

Die im felsigen Gelände durch Suchen der Fährte vertrödelte Zeit holten wir dann im geeigneten Spurengelände durch sehr schnelles Gehen auf. Wenn wir zu Deckungen kamen (Elefantengras oder Dornenbüsche) übernahm ich von Paulo meine schwere Büchse, der auch den Wind mit großer Genauigkeit mit Hilfe eines Aschensäckchens kontrollierte. Mit schlechtem Wind gingen wir nie in Deckungen hinein, wo wir es für möglich hielten, daß das Rhino eine kleine Pause eingelegt haben könnte.

Wir waren bereits sehr müde, denn Mittag war schon vorbei, und noch immer kamen wir nicht an unser Wild. Als Roko bemerkte, daß der Kirongosi die Fährte

Bilder umseitig:
Oben: Eile mit Weile – Unten: Knusper-Gleichklang, keiner kommt zu kurz

Bild links: Halb verfärbtes Schneehuhn

schlecht und zu umständlich hielt, übernahm er diese Tätigkeit selbst. Plötzlich sprang der vor mir gehende Roko nach hinten und zur Seite, so daß er mich fast umwarf. Er hatte das Haupt eines uns regungslos anblickenden Rhinos bemerkt. Auf den Lärm nahm uns dieses sofort – prustende Laute ausstoßend – an. Ich zielte auf sein Haupt und drückte ab. Das Rhino stürzte nicht, sondern wandte sich ab und rannte in großem Tempo fort. So viel Zeit hatte ich aber noch, um den zweiten Lauf auf sein Blatt abzufeuern. Das ganze hatte sich in Sekundenschnelle zugetragen, und ebenso schnell war auch das Rhino verschwunden. Paulo beschimpfte Roko, doch das half uns auch nicht weiter.

Sobald wir aus der Dickung herauskamen, setzten wir uns sofort auf die sehr üppige Schweißspur. Nur bei Blattschüssen schweißt das Rhino so stark: als hätte man den schönen, schaumigen Lungenschweiß aus Kannen verschüttet. Meine leichten Safari-Schuhe waren in Sekunden rot. Etwa auf 80 Schritt lag unser schönes Wild, das Haupt uns zugewandt. Der Kirongosi und Roko erklärten sofort einhellig, ich sollte noch einmal schießen, das Rhino lebte noch.

Sein Horn war für ugandesische Verhältnisse auffallend stark, so daß ich einen Moment Angst hatte, es läge ein streng geschontes „weißes“ Rhinozeros vor mir. Ich versuchte, meine Cordite an den Rücken des Rhinos gelehnt, sein Haupt ein wenig zu heben, das nicht nur in einer großen Schweißlacke ruhte, sondern auch völlig schweißverschmiert war. Auch Paulo hilft mir bei meiner Arbeit. Plötzlich wird das Haupt auffallend leicht, das verendet geglaubte Rhino hebt sein Haupt und starrt mich an. Ich habe wahrscheinlich kein sehr intelligentes Gesicht gemacht, sicher ist allerdings, daß ich im seitlichen Weitsprung aus dem Stand einen persönlichen Rekord aufstellte. Das Rhino versuchte hochzuwerden. Die auseinanderspritzenden Eingeborenen schrien alle „Schieß es doch tot“. Das war leicht zu sagen, aber schwer durchzuführen, denn meine Waffe war an das Rhino gelehnt. Sehr bald sackte aber das schwere Haupt endgültig zu Boden. Der große Schreck war überflüssig gewesen. Nun untersuchten wir meine Schüsse. Der erste Schuß hatte das große Horn gestreift und somit das Rhino zum Umdrehen veranlaßt. Der zweite Schuß war ein tadelloser Blattschuß, der beide Lungenflügel durchschlagen hatte.

Für die Verhältnisse von Uganda hatte ich ein ganz kapitales Rhino erlegt. Zu erwähnen ist noch, daß der Preis eines „Nas-Hornes“ heute viel höher ist als jener eines noch so schönen Elfenbeines. Das war auf die große Nachfrage aus China, wo man das zerstampfte Rhino-Horn als Aphrodisiakum benützt, zurückzuführen. Noch bei meiner letzten Safari zahlten die Händler für Elfenbein fünfmal so viel.“

Meine achtundsechziger Nostalgie

Wenn man im allgemeinen von der 68er Nostalgie spricht – nicht alle tun es im positiven Sinn –, so denkt man an jene Jugendprotestbewegung, die in Paris zum Sturz de Gaulles führte und die viele unserer Studenten mitten im Wohlstand zu Bewunderern kommunistischer Bonzen machte. So klebte in den Studentenbuden heutiger Hofräte, Anwälte und Manager damals das Konterfei des bärtigen, nicht unsympathischen Ho-Chi-Minh oder des Berufsrevolutionärs und zeitweiligen Geheimdienstchefs des Marxisten Castro, Che Guevara. Warum diese plötzliche Protestbewegung, mitten im Faulbett des Wohlstandes, ausgerechnet vom bürgerlich-intellektuellen Teil der Jugend und nicht von der Arbeiterschaft ausging, wer kann es präzise beantworten? Die alten Volksweisheiten können da, wie so oft, Hinweise geben. Z. B. „Müßiggang ist aller Laster Anfang“. Damals wurde unsere Welt – generationsbedingt – völlig umgekrempelt. Die Langhaarmode, die Hippiebewegung, der Popkult, die Rock n' Roll-Szene, der Drogenkonsum und der Altenhaß. Heute ist Castro der „vorletzte Mohikaner“ jenes Kommunismus, der – von den Söhnen jener fehlinformierten 68er – mitten in seinem Machtbereich wie eine lästige Wanze zertreten wurde.

Aber das 68er Jahr war nicht nur für Cohn-Bendit von Bedeutung. In jenem Jahr – meinem 15. als Wurftaubenamateur-Schütze – erzielte ich meine höchsten Resultate und besten Ergebnisse. Es war ein olympisches Jahr, jenes von Mexico-City, und hatte für mich eher schlecht begonnen. Bei der Meisterschaft von Niederösterreich am 12. Mai 1968, die in Herzogenburg ausgetragen wurde, brillierte der Lokalmatador Josef Kern und schlug alle Konkurrenten mit 97 von hundert Treffern. Ich hatte einen Umfaller in der allerletzten Serie und schoß nur 87. Eine Woche darauf waren wir in Brünn beim „Grand Prix“. Die dortigen 200 Tauben auf dem eher schweren Stand und ein Patronenwechsel dortselbst änderten die Lage. Ich erzielte zwei 24iger und eine 25iger Serie und steigerte meine Konzentration erheblich. Dazu muß gesagt werden: Ich habe damals aus pekuniären Gründen nie trainiert. Bis zum Anlaufen meiner Form brauchte ich etwa 500 Wettkampftauben. Bekanntlich ist ja das beste Training der Wettkampf. Doch in einem olympischen Jahr, mit genau festgesetztem Ausscheidungsschießen, ist solches nicht besonders förderlich. In jener Zeit gab es aber keine finanzielle Unterstützung und nur für wenige Schützen billige oder kostenlose Munition. Wie in allen Belangen des Lebens geht es – Gott sei Dank – den heutigen jungen Talenten wesentlich besser als uns, und wenn ich sie in ihrer Tätigkeit als Spitzenschützen so vor Augen habe, so sind sie dem Professionalismus ein gutes Stück näher gerückt – ohne es wirklich zu sein.

Also, nach dem „Grand Prix" in Brünn, der zwischen dem 17. und 19. Mai 1968 ausgetragen wurde, fühlte ich mich in Form, und das zählte bei mir viel. Wie immer waren wir mit dem Auto gefahren, was der Kondition nicht zuträglich ist, doch am Montag mußte ich pünktlich im Büro sein. Wer so ein anstrengendes 200-Taubenschießen und die unmittelbar nach der Preisverteilung erfolgende weite Heimreise miterlebt hat, weiß, wie gestreßt man ist. Und ich war damals kein junger Schütze mehr. Ich zählte 42 Lenze.

Für den 24. und 25. Mai war die Staatsmeisterschaft auf dem idyllisch gelegenen Schießplatz Herzogenburg angesetzt. Jahrelang habe ich die Trap-Staatsmeisterschaft mitgemacht. Seit 1954 pausierte ich nur ein einziges Mal. Ich hatte das Glück (oder auch das Pech) in der Ära des besten Nachkriegsschützen, László Szápáry, aktiv zu sein, der ständiger Olympiateilnehmer und achtfacher Staatsmeister war. Insgesamt dreimal wurde ich Zweiter, zweimal Dritter. Mit meinem Freund László war ich seit Jahren von Carl-Hugo Seilern anläßlich der Herzogenburger Schießmeisterschaften nach dem unweit gelegenen Wasserburg eingeladen. So auch diesmal. Ich kam schon am Donnerstag abend dort an, und wie immer umfing mich eine Atmosphäre herrschaftlicher Gastfreundschaft und fürsorglicher Betreuung. Es steht dafür, auch wenn ich es schon getan habe, über Chappie Seilern und sein Wasserburg einige Worte zu verlieren.

Chappie war ein alter Freund unserer Familie, besonders meines Vaters, beide verband als erfolgreiche Züchter die Liebe zu Rennpferden. Auf der Fotografie nach dem Derby-Sieg des Meranischen Pferdes Priel 1926 in der Freudenau ist neben meinem Vater auch Chappie Seilern zu sehen. Chappie war ein großer Jäger und hervorragender Schütze. In den dreißiger Jahren jagte er viel in Ungarn, besonders in Doboz bei Wenckheim und in Franziskamajor bei Fritz Sylva-Tarouca. Er hatte die

Ungarn gern und hat nach dem Krieg, als er in sein zerstörtes und ausgeplündertes Heim zurückkehrte, vielen von ihnen generös und still geholfen. Seine legendären Jagden in Wasserburg, nach alter Art (mit Schußliste und höchstens acht Schützen), waren fast durchwegs „ungarische Angelegenheiten". Die verarmten Emigranten genossen es, durch diesen großzügigen Menschen einen Hauch alter Zeit zu genießen, und ich bin ihm unendlich dankbar, jahrzehntelang sein Gast gewesen zu sein. Denn dieser Mann, der auch selbst sehr gerne jagte, opferte mittelloser Flüchtlinge wegen, die sich nie revanchieren konnten, zahlreiche gute Jagden und bewies, daß echte „Gastfreundschaft" noch nicht ausgestorben ist. Freundschaft wurde von ihm auch höher bewertet als eine Gegeneinladung. Ich habe bei ihm bis zu seinem Tod jagen dürfen.

Zwei Jahre vor seiner Erkrankung ward ihm eine große Freude zuteil. Er fand irgendwo am Dachboden in einer Schachtel all die verloren geglaubten Schußlisten der Jagden, an denen er zwischen 1922 und 1938 teilgenommen hatte. Da waren unter anderem die großen bömischen Jagden bei Larisch und bei Rothschild. Ich habe stundenlang darin geschmökert. Wo mögen sie heute sein? Nach dem Begräbnis meines Freundes habe ich Wasserburg nie mehr wiedergesehen. Zum wievielten Mal in meinem Leben ist mir solches widerfahren? Wo sind all die vielen Jagdherrn, die mich alljährlich auf ihre schönen Jagden einluden? Heini Woracziczky, Vicky Lucchesi, Michel Trauttmansdorff, Ivi Batthyány, Nando Arco, Bruno Friesnigg, Hans Springschitz, Wilderich Spee, Walter Muhry, Fritz Ramsauer, Fritz Nitsche und die anderen? Sie sind hinübergegangen und mit ihnen ihre für mich durch nichts zu ersetzende Freundschaft.

In Wasserburg vergißt man, daß einem der Streß zweier Wettkampftage bevorsteht. Denn das olympische Wurftaubenschießen ist eine der schwersten, nerven- und konditionszehrendsten Sportarten. Es dauert nicht nur unendlich lange, sondern man muß die Konzentration während dieser Zeit ebenso konservieren können wie die Kondition.

Am Training nehme ich nicht teil. László sagt mir, daß Kern wieder in Superform schießt und daß diesmal mit ihm zu rechnen ist. Ich persönlich freue mich über den frühen Termin der Staatsmeisterschaft. Ein früher Termin ist für die „Natur- und

Minitrainings-Schützen“ günstig, ebenso für die Jäger unter den Schützen. Später tragen diesem Umstand diverse Planer und Funktionäre Rechnung. Dann werden die Staatsmeisterschaften durchwegs schon in die Jagdsaison verlegt, die „gelernten“ und „Nichtjäger“ sind dann mehr oder weniger unter sich.

Alle sind sie da: Meixner, Sarnitz, Pavlis, Strauß, Ecker, Pfeifer, Kern, Szápáry, Koller, Caska, Scharmer etc. 31 Schützen sind angetreten. Kein Wunder, denn damals gab es ja nur zwei Staatsmeisterschaften im Wurftaubenschießen, jene von Trap und jene von Skeet. Heute hat sich das auf ein Dutzend oder mehr „verbessert“.

Im herrlichen Bett in meinem Gastzimmer, genau vis-à-vis von der mit einem lautdämpfenden Teppich bezogenen Stiege, schlafe ich gut. Wie anders ist diese feudale Unterkunft als ein Dorfwirtshaus mit all seinen nächtlichen Lauten!

Ich habe vor Wettkämpfen schon in Wirtshäusern übernachtet, wo Polterabende oder Hausbälle stattgefunden haben. Einmal konnte ich nur mit Ohrschützern einschlafen. Da hatte es mein Schützenkamerad Ernst Herzstark besser. Er hat schon in den fünfziger Jahren einen Omnibus zum Salonwagen umgebaut und übernachtete immer unmittelbar neben dem Schießplatz, ohne Hetze und sich rechtzeitig akklimatisierend. Auch konnte er sich zwischen den einzelnen Rotten, in denen er schoß, besser regenerieren als unsereiner. Aber in Wasserburg ist es paradiesisch. Zehn Minuten zum Schießstand. Frühstück aufs Zimmer, Imbiß oder Mittagessen je nach Wunsch und zu jeder gewünschten Zeit. Ich selbst kann an Wettkampftagen nur Kuchen, Schokolade und Obst essen. Freitag, den 24. Mai 1968, ziehe ich beim Auslosen die Nummer 26.

Die Favoriten haben folgende Nummern gezogen: Meixner Nr. 8, Szápáry Nr. 11, Kern Nr. 15. Ich muß also in der vorletzten Rotte schießen, was ich nicht besonders liebe, denn ich sehe meinen Konkurrenten lieber entspannt (und das Resultat in der Tasche) bei ihrer letzten Serie zu, als umgekehrt. Ich will es verhältnismäßig kurz machen. Kern schoß am ersten Tag 96 (23, 25, 24, 24) und führte somit bei der Hälfte der Staatsmeisterschaften. Schon an zweiter Stelle rangierte ich mit 94 (23, 22, 25, 24), Sarnitz schoß 93 (22, 24, 24, 23), Szápáry 91, Meixner und Pavlis jun. je 92. Es war daher ein sehr gutes Ergebnis für mich, obgleich ich wußte, daß die Favoriten sich steigern konnten. Die Familie Seilern war ab Mittag am Schießplatz Ossarn und hielt uns die Daumen.

Abends sahen wir im Fernsehen Berichte über die Studentenkrawalle in Paris und anderswo. Ob das alles spontan ist? Damals war ich ja noch nicht alt. Aber ich brachte für diese Jugendkrawalle überhaupt kein Verständnis auf. Sicher war es so, daß die „Kriegsgeneration", die schon viele Demonstrationen in den dreißiger Jahren, den inneren und äußeren Unfrieden, der dann direkt zum Krieg führte, hautnah miterlebt hatte, solche Aktionen nicht sehr schätzte.

Auch schien mir zwischen dem arbeitslosen Arbeiter von 1934 und dem verwöhnten Studenten von 1968 ein gravierender, ja ein entscheidender Unterschied zu bestehen. Was gefällt denn diesen Muttersöhnchen mit ihren Sportautos nicht in ihrem Leben? So dachte ich, der Flüchtling, der Enteignete, der kleine Beamte. Und daß diese Jugend jetzt auf einmal wieder den abgetakelten Kommunismus entdeckte, das schien mir völlig paradox zu sein; angesichts der kriegsmäßigen Niederschlagung des ungarischen Freiheitskampfes und einer sich anbahnenden Einmischung in der CSSR. Denn dort blühte jetzt noch der „Prager Frühling", und die österreichischen Straßen waren voll mit tschechischen Autos.

Am Samstag, 25. Mai, begannen sowohl Kern als auch ich mit einer 23er Serie. Ich hatte 23 Tauben mit „Treffer eins" getroffen. Meine Fehlschüsse waren der erste und der letzte der Serie, was auf Nerven und Konditionsmängel schließen ließ. Dann unterlief dem Lokalmatador in der zweiten Serie ein kleiner Umfaller. Er traf nur 20 Tauben. Doch seine nächsten Serien waren wieder 25 und 23, und mit 187 Treffern konnte er sich bequem zurücklehnen. Die mußte erst einmal einer schießen!

Koller schoß an diesem Tag 96, Szápáry 95, Meixner 94, Sarnitz 93. Alle diese Schützen erreichten die 187 von Kern nicht, schossen „nur" 186. Und dann kam ich an die Reihe. Ich war konzentriert, vielleicht zu stark konzentriert, und nach etwa 17 Volltreffern passierte es dann. Vom Stand 5 auf den Stand 1 zurückgehend, vergaß ich den unteren Lauf zu laden. Zog verzweifelt am Züngel: Kein Schuß. Der Richter öffnete mein Gewehr. Sah, daß keine Patrone im „ersten" Lauf war: Fehler! Sofort

Bilder rechts: Oben: Höher geht's nimmer – Unten: Irgenwo hat es „gesteindelt"

Bild umseitig: Ob ich dem Platzbock gewachsen bin? Gemälde: Hubert Weidinger

fehlte ich aus Nervosität die nächste Taube. Die Seitenrichter waren Sarnitz und Muchitsch. Ich wankte. Doch dann, nach einer durch Glück getroffenen weiteren Taube, fing ich mich wieder und kam mit 23 Treffern auf das Tagesresultat von 93. Also auch 187. Ein großes Stechen wurde angesetzt. Die vier Schützen mit 186 und die zwei mit 187 schossen in einer Rotte. Im ersten Stechen auf 25 Tauben fielen Szápáry und Koller aus. Kern und ich erzielten gleichermaßen 23. Inzwischen hatten sich an die 300 Zuseher am Platz eingefunden, darunter wieder die Familie Seilern in drei Generationen.

Also wieder ein Stechen. Langsam wurde ich müde. Dazu kam, daß jene Zuseher, die den Lokalmatador Kern anfeuerten, in der Mehrzahl waren. Bei meinem Mißgeschick konnte man die Erleichterung seiner Fans direkt hören.

Im zweiten Stechen placierte sich Meixner an dritter und Sarnitz an vierter Stelle. Kern, der vor mir schoß, hatte 24 erreicht. Und da passierte mir das frühere Mißgeschick abermals. Ich hatte bei der letzten Taube nicht geladen. Fehler! Da es die einzige gefehlte Taube war, erreichte ich so ebenfalls 24. Und es wurde ein drittes Stechen auf 25 Tauben angesetzt. Diesmal nur Kern und ich.

Es war so still, daß man eine Stecknadel hätte fallen hören können, als wir nach 10 Minuten Pause antraten. Es war schon 18 Uhr 25. Und in diesem letzten Stichkampf fehlte Kern zwei Tauben, ich aber verfehlte keine mehr. So war der Staatsmeistertitel mein. Ich hatte ebenso wie mein Konkurrent an einem Tag 175 Wurftauben beschossen. Für den damals in Hochform schießenden Kern war es natürlich sehr traurig, denn er hatte noch keinen Staatsmeistertitel erreicht und wurde auch später nie mehr Staatsmeister. Die steirischen Schützenkameraden hoben mich auf ihre Schultern und trugen mich im Triumph zur Preisverleihung, wo die Prominenz bereits ungeduldig wartete. Und da oben, auf den Schultern von Caska und Pelzmann, wurde mir ein wenig schwindlig, so verausgabt hatte ich mich. Aber es war ja noch Samstag, und ich konnte bis in den Vormittag am Sonntag in Wasserburg schlafen.

Bild umseitig: Birkhahn auf der Aussichtswarte

Bild links: Ärgerlich, heute waren es nur Käfer . . .

Bei einer improvisierten Feier in Wasserburg wurde Champagner serviert, und Chappie Seilern überreichte mir mit lieben Worten ein Erinnerungsgeschenk. Meine Freunde hatten bei diesem überaus aufregenden dreimaligen Stichkampf um den Staatsmeistertitel vielleicht ihre Nerven mehr strapaziert als ich die meinen. Denn so nervös und fahrig ich manchmal auch bin, bei Stichkämpfen habe ich fast immer gewonnen. Aber nur fast. Denn sechs Jahre später sollte ich gegen den Weltmeister Rosatti in Voitsberg bei 195 Treffern im Stichkampf unterliegen. Damals war ein Maschinenbruch mein Mißgeschick.

Auf der Heimreise über St. Pölten ging ich in die Mariazeller Basilika und sagte dort der Gnadenmutter Dank für dieses große Glück, das ich erfahren hatte.

Eine Woche darauf wurde in Pörtschach am Wörthersee der „Große Preis von Österreich“ ausgetragen. An ihm nahmen 12 Italiener, acht Deutsche, zwei Schweizer, darunter der Schweizer Staatsmeister Hans Schwarz, ein Amerikaner und die österreichische Elite teil. Dieser „Grand Prix“ wird uns auch deswegen in Erinnerung bleiben, weil er das letztemal auf dem malerisch gelegenen Schießstand von Pörtschach stattfand, wo wir über zehn Jahre lang alljährlich zu Pfingsten unsere Klingen gekreuzt hatten. Er mußte der neu zu bauenden Wörthersee-Autobahn weichen.

Ich übernachtete auf Einladung von Onkel Tono Goëss im schönen Gradisch, wo ich ebenso wie in Wasserburg rührend umsorgt wurde. Die gewonnene Staatsmeisterschaft hob mein Selbstbewußtsein, doch war ich mir angesichts der wirklich prominenten Ausländer und des olympischen Fixstarters Meixner bewußt, hier nur mit großem Glück gewinnen zu können. Tono Goëss, mein lieber Onkel, ehemaliger Bundesschützenmeister, verstand viel von einem Wettkampf, war er ja jener Mann, der Sándor Lumniczer nach seinem Weltrekord-Weltmeistertitel 1933 in Wien den Preis überreichte. Lumniczer, Chirurg und echter Amateur, hatte auf dieser Weltmeisterschaft von 300 möglichen Tauben 298 getroffen.

Gleich von Beginn an spürte ich, daß ich in der Form meines Lebens war. Ich schoß mit der damals neu entwickelten schwarzen Légia-Star-Patrone mit dem flachen Plastikpropfen (der mit Sägespänen gefüllt war). Leider konnte ich mir aus Geldmangel nicht größere Mengen anschaffen. Bald wurde aber anstelle dieses Propfens, der meiner Flinte so gut „lag“, der Becherpropfen entwickelt, und dann riß bei mir der

Faden. Nun, ich schoß am ersten Tag 100 von 100 mit einer Leichtigkeit und Ruhe, wie sie eben nur dem Schützen in Hochform eigen ist. 100 von 100, mit nur acht Doubletten. Meixner hatte 98, Dal Cin 97 und Schwarz 95 erzielt. Strauß schoß ebenfalls 95, Nardi und Coletti 94. Der vielfache deutsche Staatsmeister Heinrich von der Mühle kam auf 93. Ich hatte in der ersten Rotte zu schießen und die Nummer 4 gezogen.

In Gradisch war es abends sehr gemütlich. Wir hatten noch Zeit, Bruder Max in seinem malerisch gelegenen Domizil zu besuchen. In der Früh waren zahlreiche Freunde und Verwandte am Stand, um sich den weiteren Verlauf des Schießens und die Entscheidung anzusehen. Der Stand von Pörtschach wurde von einem Hotel beliefert. In einem schönen runden Pavillon gab es alles, was das Herz begehrte, allerdings zu enorm hohen Preisen. Auch der „Mittersill-Club" war ab der Mittagszeit als Zuschauer anwesend. Ich begann mit einer fehlerlosen Serie, fehlte in der zweiten Rotte zwar keine Taube, doch passierte mir wieder das Mißgeschick mit dem Nichtladen: 24. Ich hatte 143 Wurftauben mit nur 11 Doubletten fehlerlos geschossen. (Niemals noch, weder vor diesen zwei Schießen noch nachher, habe ich diese bedauerlichen Fehler durch Nichtladen gemacht.)

Meixner fiel an diesem Tag ein wenig zurück, nach zwei 24er Serien schoß er zwei 22er, landete aber trotzdem am dritten Platz. Dal-Cin allerdings war an diesem Tag ein sehr ernst zu nehmender Konkurrent. Wir werden sehen, warum er dem Titel sehr nahe kam. In der vierten Serie machte ich endlich einen „normalen Fehler", den ersten. Ich fehlte die 17. Taube glatt. Aber es blieb dabei: 24. Dal-Cin hatte aufgeholt, er blieb fehlerlos und war sichtlich in sehr guter Form. Dann kam die letzte Serie. Alles, was in Kärnten Rang und Namen hatte, war auf den Schießplatz in Pörtschach gekommen.

Das Wetter war sonnig. Das ist auf diesem Platz jedoch wegen der vielen Schatten, in denen die Tauben zeitweise „verschwanden", immer ein Handicap gewesen, László Szápáry war Seitenrichter auf der rechten Seite, Robi Reithauser auf der linken. Bei der 21. Taube passierte mir „mein" Mißgeschick abermals. László pfiff mich energisch an und sagte, ich könne noch gewinnen. Das gab mir neue Kraft und Zuversicht. Ich konzentrierte mich jedoch mehr auf das Laden als auf die Tauben und verfehlte so die vorletzte Taube: 23. Insgesamt hatte ich – trotz zweimaligem Nichtladen – 196 erreicht.

Nun wußte ich, daß Dal-Cin, auch wenn seine letzte Serie fehlerlos war, nicht mehr gewinnen konnte. Doch dieser Könner ließ sich nicht beeindrucken. Er schoß abermals 25 und kam damit auf 195. Meine Serien waren: 25, 25, 25, 25, 25, 24, 24, 23, seine Serien: 25, 24, 23, 25, 24, 24, 25, 25. Es gab kein Stechen, da Meixner 190 erzielt hatte, und hinter ihm Schwarz und Nardi auf je 188 kamen. Ich war nicht müde und ganz locker, als Landesjägermeister Werner Knaus mir den großen Preis überreichte. Dann kamen die Gratulanten. Vom Millionär aus den USA bis zum Barmixer freuten sich alle über meinen Sieg.

Ein internationaler „Grand Prix“ mit guter Besetzung, der zählt schon etwas. Und in einigen Wochen würde die Olympiade sein. Könnte Österreich einen Schützen, derartig in Hochform, einfach nicht entsenden, wenn ohnehin zwei fahren dürfen? Sicherlich. Die Papierform schloß es aus. Denn ich hatte ja nicht alle Ausscheidungsschießen absolviert. Sie waren ja für mich damals weder zeitlich noch pekuniär zu bewältigen.

Beim Mannschaftskampf in Pörtschach gewann meine Mannschaft vor Italien und Deutschland I haushoch.

Unser einziger Vertreter in Mexico erreichte 187 und wurde damit 36igster. Gewonnen wurde die Olympiade mit 198 vom Engländer Braitwhite (er fehlte nur in der ersten Serie 2 Tauben), der zweite und dritte erzielte je 196. Der beste Italiener (Rossini) wurde 13ter, was überraschte.

Über das Jahr 1968 ist noch einiges zu vermerken. Bei uns war es die Zeit der ÖVP-Alleinregierung. Der sogenannte Warschauer Pakt – die kommunistischen Bruderstaaten – überfielen die reformkommunistische Tschechoslowakei, setzten deren Regierung ab und besetzten das Land dann 23 Jahre lang. (Erst im Juni 1991 hat der letzte Sowjetsoldat das Land verlassen.) Die Jugendrevolte gegen das Establishment setzte sich durch und wird von manchen bis heute nicht begriffen. Die Wiederaufbaugeneration, die Schöpfer des neuen Wohlstandes waren unvermutet Feindbilder einer ganz plötzlich auf die Bühne tretenden völlig anderen Generation geworden. Das Langhaar kam, die Popmusik, die Protest- und Klassenkampflieder. Frauen begannen auf der Straße zu rauchen (was früher „shocking" war), Kommunen entstanden, Aktionismus wurde gefeiert, und die innerkirchlichen Revolten nahmen ihren Anfang. Und all dies, während das führende sozialistische Land mit Panzern wieder einmal ein wehrloses Volk niederwalzte. Zwischen Ost- und Westjugend lagen Welten. Doch es kamen dann völlig andere Zeiten. Stürzte die westliche Jugend 1968 Ideale, Symbole und Werte einer allzu sicheren westlichen Welt, so stürzten 21 Jahre später tollkühne junge Menschen einen hermetisch abgeriegelten, von Panzern und Geheimpolizei geschützten Machtapparat einer Supermacht, die sich aber auf Pfeiler stützte, die schon lange morsch waren.

Ich hatte weder an der einen noch an der anderen Bewegung Anteil. Im Jahre 1968 war ich als aktiver Spitzensportler in Hochform. In meiner Erinnerung rangieren meine sportlichen Erfolge weit höher als die Taten jener politischen Akteure, die das Jahr 1968 so berühmt machten.

Auf Ringeltauben in Kirchberg

In der Steiermark ist auf den Feldern fast nur mehr Kukuruz zu sehen. Seit einigen Jahren hat sich die Landschaft grundlegend verändert. Soweit das Auge reicht, Maisfelder, die so hoch gewachsen sind, daß man die noch übriggebliebenen kümmerlichen Raine nicht mehr mit bloßem Auge sehen kann. Von Jahr zu Jahr sind Feldgehölze und Büsche weniger geworden, ja mancherorts ganz verschwunden. Es gibt Gegenden, wo sogar die Ränder größerer Waldungen gerodet werden, um daraus Maisfelder zu machen. Es sind häßliche, in vieler Hinsicht schädliche Monokulturen, undurchdringliche Maisdschungel, die nur durch große Mengen chemischer Düngemittel Jahr für Jahr – ohne die notwendige Fruchtfolge – wachsen. Brauchen wir die eigentlich in solchen Mengen? Wenn jemand mit dem Flugzeug über unsere Süd- und Oststeiermark hinwegfliegt, die größeren Flußebenen entlang, so sieht er längst keine lieblichen, abwechslungsreichen Streifenfelder mehr, nur ein riesengroßes Kukuruzmeer, mit einigen Inseln anderer Früchte darin.

Und wenn die Zeit der Ernte kommt, so wird innerhalb weniger Tage aus den Deckung bietenden, zusammenhängenden Feldern eine kahle Mondlandschaft, die bis zum nächsten Frühjahr nur sehr kärgliche Äsung bietet. Es darf uns wirklich nicht wundern, daß unsere autochtonen Niederwildarten, der Feldhase und das Rebhuhn, aus diesen Gebieten fast verschwunden sind. So paradox es auch klingt, ist es trotzdem wahr: Nur an den Rändern der Autobahnen und deren büschebewachsenen Inseln findet das Rebhuhn noch Unkrautsamen, der Fasan ein wenig Deckung und Schutz. Der Hase aber kann diese Remisen an den Autobahnknoten nicht aufsuchen, da gerade zu seinem Schutz (vor Überfahrungen) Wildzäune angelegt wurden. Stehen in Ortsnähe noch größere Wiesen, werden diese langsam, aber systematisch als Bauplätze für Fabriken und Industriebetriebe verkauft, und in den wenigen noch existierenden Auwäldern der mittleren und kleineren Flüsse entstehen meistens illegale Mülldeponien. Man spricht von obligatem Brachland in jedem Gemeindefeld, von alternativen Früchten, von der verpflichtenden Wechselfolge im Anbau. Dort, wo die große „Kukuruzorgie“ tobt, sieht man davon bisher relativ wenig.

Der Mensch selbst ist schuld daran, wenn die Natur kaputtgeht, wenn ihr Kreislauf unterbrochen wird. Auch Fortschritt kann zum Infarkt führen. Die durch ihn verursachten Schäden führen zum Widerstand, zur weltweit organisierten Auflehnung. Greenpeace, Grünbewegungen und ähnliche Organisationen werden nicht zufällig von Tag zu Tag stärker und effektiver. Viele kluge Alte haben aber schon viel früher gewarnt. Der ältere Mensch kann ja naturgemäß besser vergleichen, und wenn sein vergleichendes Urteil in mancher Hinsicht zuungunsten der Gegenwart ausfällt, sollte man ihn nicht gleich „rückständig" oder „reaktionär" nennen. Denn das sind nur Worthülsen, keine Argumente. Man sagt, für den Mais bekommt man mit der wenigsten Arbeit das meiste Geld. Liegt nicht hier überhaupt die Wurzel vielen Übels? Profitsucht, Materialismus, Geldgier? Sind das auch Worthülsen? Vielleicht. Vielleicht bin ich ungerecht.

Tatsache ist, daß wir sehenden Auges, und – bei Gott –, genügend aufgeklärt, was die Natur anbelangt, immer wieder das Falsche tun. Der in der Natur lebende Jäger, der ältere vor allem, kann das beurteilen, denn er sieht die Wirkung und kennt die Ursachen.

In der Hitze des Sommertages bot der Schatten des Trattenwaldes Kühle und Erholung. Zwischen den Bäumen roch es nach Pilzen, und die Gelsen warteten hungrig zwischen den mannshohen Himbeerstauden auf frisches Blut. Die Natur schien ihren Mittagschlaf zu halten, oblgeich es schon früher Nachmittag war. Solang die Welt existiert, hat es keine zwei gleiche Tage gegeben, doch der Unterschied zu gestern war enorm groß. Nach wochenlanger, trockener Hitze ging gestern abend eines jener berüchtigten oststeirischen Gewitter nieder, die dem einen Entspannung und Segen, dem anderen Enttäuschung und Unglück bringen.

Unweit von Feldbach war schwerer Hagel niedergegangen, hier bei Kirchberg aber nur Regen, langersehnter, von allen Poren begehrter Sommerregen. Und in der neuentstandenen, glänzenden Lacke im Hohlweg schwammen die Unken herum, als wäre hier immer Wasser gewesen. Im Schatten glänzten noch immer Wassertropfen. Der Regen hatte die reifen Himbeeren von den Zweigen geschlagen, wo sie am Boden, ungebraucht und ungenossen, verrotten würden.

Seit einer Viertelstunde stehe ich hier neben der kleinen Fichte und warte auf

Ringeltauben. Ich könnte ja sitzen, denn neben mir ist ein großer, von Moos überzogener Baumstamm. Aber das Moos ist noch naß und vollgesogen wie ein Schwamm, und so stehe ich lieber, auch wenn mir das nicht besonders angenehm ist. Dann und wann locke ich mit meinem Taubenlocker. Im Spätsommer balzen die Tauben jedoch erst gegen Abend und nach Sonnenaufgang. Plötzlich ist die erste Taube über mir. Ich hebe langsam die Flinte, denn ältere Tauben weichen gerne der Bewegung aus. Diese hält ihre Richtung, und voll getroffen fällt sie in die Himbeerstauden.

Sie liegt nicht weit weg, und ich kann sie leicht bergen. Jetzt fällt mir Wowo, die liebe Spanielhündin, ein, die schon seit acht Jahren tot ist. Mit meinem geistigen Auge sehe ich sie, die Taube im Fang, sich ein wenig zierend, stolz wedelnd. Heute bin ich allein.

Ich denke an Hubertus, den Jagdherrn von Kirchberg, der vor fünf Jahren gestorben ist. Er war ein Beispiel dafür, daß wahre Vornehmheit immer und ausschließlich mit Bescheidenheit und Zurückhaltung konform geht. Wie viel hatte dieser erfahrene Mann doch zu sagen und wie oft deutete er es nur durch ein Mienenspiel, eine Geste an. Laute Menschen mochte er nicht, ließ es sie aber niemals spüren. Gut erinnere ich mich an folgende Anekdote, deren Ohrenzeuge ich war.

Ein ausländischer Jäger, und als solcher neu ausstaffiert, mit Ferlacher Büchse und Zeißglas, wie eine Puppe aus dem Reklamekatalog, fragte in den ersten fünf Minuten nach seinem Erscheinen den alten Karpatenjäger im ungarischen Hirschrevier: „Wie lange jagen Sie schon, mein Herr?“ – „Sechsundsiebzig Jahre. Und Sie?“ – „Seit Jänner, aber ich habe schon einen Rehbock erlegt.“ – „Waidmannsheil!“ – Und er beendete das Gespräch.

Ich höre Schwingenschlag, und von rechts kommen drei Tauben recht hoch, umkreisen mich und wollen einfallen. Ich bin gut gedeckt, so daß sie den ersten Kreis vollführen, ohne mich zu eräugen, und kommen dann niedriger. Mir gelingt eine saubere Doublette. Nun suche ich länger, denn bei Doubletten vergißt man gerne den Platz, wo die erste gefallen ist. Bei Ringeltauben, die selten ohne Flattern herunterkommen, ist immer der Vorteil gegeben, daß man Federn findet. Eine habe ich schon, doch ist das die erste oder die zweite? Ich mache einen größeren Kreis, komme wieder auf Federn, doch in diesem Augenblick streicht eine Ringeltaube hoch über mich, sieht mich natürlich, weicht aus. Ein nachgeworfener Schuß geht fehl. Ich finde endlich die zweite Taube. Beide sind junge, heurige. Sie werden gut schmecken.

Abseits von meinem luftigen Plätzchen, haben mich die Gelsen ganz schön „bearbeitet". Ich beschmiere mich mit Gelsenöl, was einige Zeit nützt, auch wenn es fürchterlich stinkt.

Noch zweimal habe ich Anflug, doch beide Male sehen mich die Tauben rechtzeitig. Der Grund hiefür ist die Verlagerung des Schattens, ich stehe halb in der Sonne, und das war ein Fehler. Man lernt halt nie aus. Aber mir ist der ausgetretene, ebene und von Stauden gereinigte Platz lieber gewesen. In Ungarn gibt es jagdliche Tarnanzüge, ähnlich jenen der Soldaten. Ich habe mir so etwas nie angeschafft. Ich finde, man sollte dem Wild auch eine Chance geben, viele hat es ohnehin nicht mehr.

Nun übersiedle ich auf das Feld. Ich habe vor Tagen beobachtet, daß Ringeltauben auf einem Stoppelacker einfallen, der zwischen zwei Kukuruzfeldern liegt. Aber als ich hinkomme, sehe ich, daß die Stoppel bereits eingeackert sind. Nun schnell zum anderen. Dort sind sie noch vorhanden. Der Acker liegt mehr in der Senke und war anscheinend noch zu feucht zum Ackern. Ich stelle den Polo weit weg, im Schatten eines Maisfeldes ab und gehe, fünf Locktauben im grünen Nylonsack mittragend, vorsichtig zum Stoppelfeld. Aha, etwa 20 Tauben fliegen auf und entschwinden gegen die Au. Schnell stelle ich die Plastiktauben gegen den Wind auf, stelle mich etwa 25 Meter von ihnen, die Sonne im Rücken, in die erste Reihe eines Kukuruzfeldes. Doch es kommt anders, als ich denke. Von irgendwo her höre ich Krähen näherkommen. Ja, auch sie wollen auf das Stoppelfeld, viel Auswahl ist ja nicht. Und ich habe das Glück, daß ein ganzer Pulk von Nebelkrähen, ohne mich zu bemerken, aber in gewisser Distanz von den Locktauben, im Stoppelfeld einfällt. Nun muß ich sehr vorsichtig sein. Entfernung: etwa 35 Meter. Ich warte seit dem ersten Krähenschrei in der zweiten Reihe. Kann unbemerkt anschlagen, und sowie zwei Krähen knapp nebeneinander stehen, schieße ich. Beide liegen, im Aufstehen lade ich schnell nach und kann von den aufgeregt kreisenden noch zwei herunterschießen, ja sogar einen Nachzügler erlegen. Fünf Nebelkrähen in einer Minute. Ein Zufall, eines jener Glücksmomente, die der Waidmann eben braucht. Wie vielen Jungvögeln habe ich damit das Leben gerettet?

Schnell sammle ich die dunklen Gesellen ein, denn auf die Kannonade sind überall Tauben aufgeflogen und die sollen mich nicht sehen. Es vergeht eine gute Viertelstunde, bis ich den ersten Anflug habe. Sie kommen von rechts, bremsen, wollen einfallen. Es sind etwa zehn Stück. Die erste fällt, die zweite fehle ich aus Eile, doch mit schnellem Nachladen gelingt mir noch ein weiterer Schuß auf eine zurückkreisende. Scheinbar begünstigt mich das zwischen den zwei Maisfeldern entstandene Echo, denn auch die Krähen wußten nicht recht, von wo geschossen wurde. Die geschossenen Tauben werden sachgemäß gegen den Wind am Stoppel aufgestellt. Das ist wichtig, damit die Federn nicht vom Wind „gegen den Strich" aufgeblasen werden. Das würde mit Sicherheit Argwohn erregen. Ich bedauere, daß ich zu faul war, die Tauben vom Trattenwald nicht auch mitzunehmen. Nun kommt von hinten und niedrig eine Taube ganz nahe. Auf den ersten Schuß fehle ich sie glatt, der zweite wirft sie mitten unter die Locktauben, und zwar so günstig, daß ich sie nicht aufzustellen brauche. Das ist gut so, denn so sieht mich der große, von meinen Schüssen offenbar irregeführte Taubenpulk nicht, der in guter Schußhöhe, aber ohne die Absicht einzufallen, über mich streicht. Mir gelingt eine Doublette. Die erste aufs Feld fallende ist geflügelt, ich gebe ihr den Fangschuß. Die zweite muß ich länger suchen, bis ich sie, weit näher als geglaubt, im Kukuruz finde. Inzwischen hat sich eine über Graz und dem Gebirge aufgebaute Wolkenbank langsam in Bewegung gesetzt. Es scheint doch ein Gewitter zu kommen.

Da der Sommertag schon vorgeschritten ist und ich eine ansehnliche Strecke habe, beschließe ich, höchstens eine halbe Stunde noch, auf keinen Fall länger, zu bleiben. Über dem Schöckel zucken Blitze, besorgt registriere ich das Anschwellen des Windes. Ich habe mich vergafft. Eine Taube war wunderschön über mir, als ich gegen Westen sah, nun ist sie über dem Mais, und ich fehle sie, ohne korrigieren zu können.

Hohlbrummender, polternder Bergdonner zeigt den Weg des Gewitters an. Es scheint wieder einmal über Weiz und Umgebung zu kommen. Die Ränder der hagelschwangeren Wolken sind schwefelgelb, die Wolkenfetzen treiben in verschiedene Richtungen, sich oft überlappend. Irgendwo bei Gleisdorf entlädt sich der erste gefährliche Blitz, und schon bin ich draußen, um alles einzusammeln. Da ich in dem grünen Nylonsack für alle Fälle noch einen zweiten habe, ist die provisorische

Verstauung des Wildes kein großes Problem. Nun habe ich noch mit Flinte und zwei Säcken etwa 500 Meter zu gehen. Und es gelingt mir gerade noch, trocken beim Wagen anzukommen. Als ich den Motor anlasse und langsam losfahre, fallen die ersten Tropfen. Ein Platzregen rauscht herunter, wie ich ihn selten erlebt habe, aber – Gottlob – kein Hagel. Ich stelle mich beim nächsten Wirtshaus unter ein Dach, denn unter solchen Bedingungen wage ich es nicht, auf der Hauptstraße zu fahren. Der Scheibenwischer ist diesem starken Guß nicht gewachsen.

Es ist dunkel, kalt und düster geworden. Über den Kirchberger Teichen schwimmen die Nebelfetzen, um sich in den Randerlen zu verfangen. Enten, wohin das Auge reicht. Sie sind in ihrem Element.

Der Sommer holt nach, was der Winter schuldig geblieben ist. Es regnet fast eine Stunde lang, doch der Kern des Gewitters ist bereits im Osten. Als ich endlich abfahren kann, schwimmt die untergehende, groß und oval, stumpf und kirschenrot wirkende Sonnenscheibe über den dunstigen Teichen. Und hinter der Regenfront, unter dem grauvioletten Wolkenstreifen, blinkt der reine, grünblaue Sommerhimmel und verheißt eine klare, sternenglitzernde Nacht.

Alt, aber gut

Vor meiner Wohnung in der Elisabethstraße haben sich übermütige Halbwüchsige auf das Vorderteil meines Autos gesetzt, das jetzt, 1989 erzeugt, eine tiefe Delle aufweist. Reparaturkostenpunkt (denn bei der Massenware Auto gilt ja die Luxusmehrwertsteuer) etwa 3000,– öS. Vorige Woche hat einer der üblichen oststeirischen Hagelschläge Hunderten Autos das Dach- und das Kühler-Blech demoliert. Gab's so etwas vor zwanzig Jahren? Sind denn unsere Gebrauchsgegenstände bei allem Fortschritt und aller Technik nicht schlechter, anstatt besser, nicht unsicherer anstatt sicherer geworden? 1951 haben sich vier Leute auf das Dach eines Volkswagenkäfers – aus Nachkriegsmaterial gefertigt – stellen können. Heute ist das viel zu schnelle und (unnötig) computergesteuerte Auto trotz technischer Finessen zur Wegwerfware geworden. Muß denn ein Auto, darf denn ein Auto 180 km in der Stunde fahren, wenn auf Autobahnen höchstens 130 erlaubt sind? Ist das Risiko tödlicher Verletzungen nicht größer geworden anstatt kleiner, wenn bei den schnelleren Autos das Blech dünner wird, bei den von hasardierenden Jugendlichen gefahrenen Zweirädern die PS ins „Unendliche" wachsen, von allen Umweltbedenken einmal abgesehen?

Hat irgend jemand noch in Erinnerung, wie gut und stabil ein Horch, ein Tatraheck, ein Bugatti, ein Mercedes-Kompressor, ein Steyr in den dreißiger Jahren waren?

Doch ich will mich nicht in der Autofrage verlieren. Sprechen wir heute und hier von den Jagdwaffen. Hat sich seit 100 Jahren viel verändert, hat sich alles zum Besseren verändert? Ich stelle einmal die Standardfrage des konservativen Menschen: Muß man unbedingt etwas verändern, das sich ausgezeichnet bewährt hat? Sehen Sie einmal die Schrotflinten an. In den achtziger Jahren des vorigen Jahrhunderts gab es – besonders in England, aber auch bei uns – bereits hahnenlose Flinten. Ich besitze zwei Springer-Flinten aus dem Jahr 1902. Sie sind technisch perfekt, halten heute noch mehr aus als neue, ihr Material und ihre Schönheit sind optimal, vom Wert gar nicht zu reden. Hier hat sich unfaßbar wenig verändert, und wenn man was geändert hat, so nicht immer zum Besseren. Eine englische Markenflinte aus der Zeit vor dem Ersten Weltkrieg notiert nicht nur deswegen bei jeder Auktion höher als eine moderne, weil sie alt ist, sondern weil sie in den meisten Fällen ein besserer, robusterer und schönerer Gebrauchsgegenstand ist und genau so funktioniert, als wäre sie neu, trotz ihrer 80, 90 oder 100 Jahre. Ich muß mich wiederholen: Ein Besuch bei einem Büchsenmacher in der Zwischenkriegszeit war ein echtes Erlebnis. Da gab es wirkliche Auswahl.

Wie in so manchen Bereichen des modernen Lebens herrschen heute bezüglich der Jagdwaffen Standardisierung, Nivellierung und unerbittliche – dabei völlig sinnlose – Modetrends vor. Ich weiß, wovon ich rede, denn ich habe dreißig Jahre lang beim Wurftaubenschießen diese „Trends" hautnah miterlebt. Zuerst gab es die schmale Schiene, dann die langen Läufe und die breite Schiene, dann die halbbreite Schiene, schließlich wieder kurze, dann aber wieder etwas längere Läufe. Ich habe all die Jahre dieselbe Flinte benützt, kenne aber einen mittelmäßigen Wurftaubenschützen, der inzwischen mit dem Schießsport aufgehört hat, der alle drei Jahre eine oder zwei ganz neue Waffen kaufte – aber mit diesen nicht besser, sondern schlechter schoß.

Zweifellos ist viel perfektioniert und verbessert worden, das zeigen ja schließlich auch die Resultate. Doch der Meisterschütze Rosatti sagte einmal: „Eine neue Waffe bedeutet mindestens zwei Jahre Leistungsabfall, bis man eventuell besser wird." Und die Schrotpatronen. Was wird hier die Laborierung laufend geändert, auch abseits der ständig sich ändernden Gewichtslimits von 36, 34, 32 Gramm auf 28 Gramm? Solange bei Patronen kein Gewichtslimit bestand, änderte sich ein und dieselbe Markenpatrone in den meisten Fällen von Jahr zu Jahr. Für manche Waffen konnte und kann man wie durch einen Glücksfall einmal die optimal laborierte Patrone finden und damit auch optimal schießen. Doch wie der Mensch schon ist, wenn er gute Resultate erzielt, gibt er dafür den Grund sich und seinem Können, nicht begreifend, daß zu einem Großteil die Patrone dafür verantwortlich ist. Es gab Glücksserien, die für die meisten Flinten die besten Patronen brachten. Konnte man denn nicht dabei bleiben und das Gute bewahren, weil es gut war? Scheinbar nicht. Der Modeschrei „Neu, neu, neu", ursprünglich in der Werbung für die textile Mode ausgedacht, greift jetzt auch auf Waffen und Zubehör über und zeigt auch bei Jägern Wirkung. Gutes und Bewährtes wird aus der Produktion genommen, um der Schimäre zu dienen, die da heißt: neu, modern, letzter Schrei.

Gehen wir zu den Büchsen über. Ich weiß, welch herrliche Kipplauf-Luxuswaffen heutzutage hergestellt werden. Ich greife bewußt nur eine Repetierwaffe heraus, die sich jahrzehntelang bestens bewährt hat, die den Ruf Österreichs in die ganze Welt getragen hat. Es handelt sich um die „Mannlicher-Schönauer"-Repetierbüchse. Butterweich zu repetieren, die narrensichere Flügelsicherung, handlich, leicht und dennoch robust. Jeder Jäger, der etwas auf sich hielt und sich auskannte, erwarb sie, und es sind von ihnen noch einige in Gebrauch. Warum mußte man sie aus der Produktion nehmen? Ich bezeuge, daß man mit ihr bis auf 300 Meter sicher treffen konnte. Muß man weiter schießen? Paul Pálffy beschreibt ebenso wie Herbert Nadler noch weitere Schüsse mit der kleinen Schönauer. Ich erlebte sie bei meinem Großvater, der ausschließlich solche Waffen führte, und zwar seit ihrem Erscheinen bis zu seinem Tod im Jahr 1947.

Und dann die Kleinkaliberwaffen! Hat es jemals einen besseren Kleinkaliber-Repetierer gegeben als jenen legendären „Walther" aus Zella-Mehlis in Thüringen, der in der ganzen Welt „Furore" machte und nach dem Krieg verschwunden ist?

Wir hatten in Csákberény ein solches Walther-Büchslein. Es war unser großer Liebling und treuer Begleiter unserer Jugend. Lichter Schaft, Schiebe-Sicherung, gerillter Abzug. Die Walther konnte sowohl repetiert als auch vollautomatisch betätigt werden. Dazu mußte man nur den Repetierbügel waagrecht stellen. Ich sah einmal einen (heute noch lebenden lieben) Gast von uns, der drei fliegende Krähen auf drei Schuß mit unserer Walther vom Himmel holte. Wir benützten dazu die RWS-Munition in silberglänzender Hülse (im Gegensatz zur Kupferhülse), die etwas stärker war und bis auf 100 Meter unglaublich genau traf. Der berühmte Afrikajäger Zsigmond Széchenyi widmet der Walther in seinem Buch „Afrikanische Lagerfeuer" ein ganzes Kapitel. Eine Ehrerweisung an eine einmalig gute und bewährte Waffe, die man nie mehr nachgebaut hat und die schon in den dreißiger Jahren – ähnlich wie die Optik der berühmten Leica – meiner Ansicht nach besser war als alles, was nachher kam. Auch hier: Das Bewährte, Gute wurde nicht beibehalten, nicht „konserviert", sondern am Altar des Fortschrittes geopfert.

Zsiga Széchenyi schreibt, daß er mit der Walther sogar einmal ein Zebra erlegt hat und auf 270 Schritt eine Wildgans. Unter den von ihm mit dieser Kleinkaliber-Waffe erlegten Tieren rangieren ein Gepard und ein Karakal-Luchs, ein Rottier und ein Trapphahn. Freilich will ich nicht sagen, daß man nicht auch in späterer, sogar allerletzter Zeit Superwaffen entwickelt hat. Ich erwähne als Beispiel den Kal. 22 Magnum-Carabiner.

Heute ist ein Besuch bei einem Büchsenmacher zwar auch ein Erlebnis, denn man kann dort Bücher, Scheiben, Teller, Gläser, Kleider, Schuhe und Hüte kaufen. Die Auswahl bei den Waffen ist ja auch beachtlich, aber wie ich schon sagte, auch im Bereich der Jagdflinten vor allem nur im Kaliber 12 ausreichend. Wo bleiben heute Kaliber 28, Kaliber 24 oder gar Kaliber 32, wie sie in meiner Jugend bei jedem Provinzbüchsenmacher auf dem Regal standen? Dafür werden heute für die wenigen 20er Flinten superstarke und superlange Patronen fabriziert, als ob die normale Standardpatrone nicht ausreichen würde. Zsigmond Batthyány hat in Pusztaszer, der wohl berühmtesten Niederwildjagd neben Tótmegyer, ausschließlich mit Kaliber 20 geschossen. Mein Vater hat in Csákberény, Zámoly, Körösladány, Füzesabony und anderswo nur Kal. 20 verwendet. Großvater schoß seit seinem 60. Geburtstag ebenfalls nur mit Kal. 20.

Moritz Vetter von der Lilie schoß, auch auf großen böhmischen Jagden, mit einem Paar 28er. Bitte, zeigen Sie mir heute einen Büchsenmacher, wo Sie problemlos 28er-Patronen bekommen? Kaliber 16 war bis vor etwa 20 Jahren unter den Jägern das am meisten verbreitete, die englischen Flinten vielleicht ausgenommen. Heute kann es einem passieren, daß man von einer an sich gebräuchlichen Patronensorte nicht genügend 16er bekommt, von Kal. 20 gar nicht zu reden.

Wovon wenig verlangt wird, davon wird auch wenig erzeugt. Das Wurftaubenschießen – immer stärker verbreiteter Sportersatz für die Niederwildjagd – hat das Kaliber 12 populär gemacht und innerhalb von Kaliber 12 die 70 mm lange Hülse, die völlig überflüssig und auch beim Wurftaubenschießen (wo heute bei „Trap“ 28 Gramm Schrot vorgeschrieben sind) nicht mehr notwendig ist. Die allermeisten englischen Flinten sind überhaupt nur für 65 mm gebohrt, früher auch jene vom Kontinent. Und wenn sie in den zwanziger, dreißiger Jahren für die großen „Hasenschlachten“ und Fasanenjagden ausreichend, ja, ich behaupte, sogar besser, waren (weil sie nicht überladen waren und gut deckten), dann werden sie wohl auch heute noch entsprechen. Aber Mode geht vor Zweckmäßigkeit.

* * *

Mein Großvater besaß zum Beispiel ein Sakko aus Harris-Tweed, das er schon mit 20 Jahren von seinem Vater übernommen hatte. Mit 75 Jahren verwendete er es noch immer, und es war äußerlich wie neu. In Brandhof befinden sich Servietten aus dem Besitz Erzherzog Johanns mit den Initialen „J" und geschlossener Krone darüber, kunstvoll gestickt, etwa aus dem Jahr 1840. Es gibt welche darunter, die heute – 150 Jahre später – wie neu sind, niemals geflickt wurden und auch keine sonstigen Abnützungen aufweisen.

Emil Holubár, der Leibjäger Großvaters, zeigte uns 1940 Halbschuhe seines Herren, die aus dem Jahr 1895 stammten, allerdings handgearbeitet waren. Warum gibt es heute so unendlich mehr Müll als noch vor vierzig Jahren? Weil schon in der Fabrik die Wegwerfware geplant und erzeugt wird. Schauen Sie sich einmal eine der vielen „wilden" oder offiziellen Müllhalden von der Nähe an. Äußerlich intakte Fernseher, ein wenig altmodische Klomuscheln, absolut noch brauchbare Kleider und Schuhe, funktionierende Schreibmaschinen, die wesentlich jüngeren Datums sind als jene, die ich im Augenblick benütze, Fahrräder mit „Achter" in einem Rad, Möbel mit ganz kleinen Fehlern und so weiter. Dies nicht nur bei uns im satten, wohlstandsgeplagten Westen, nein, z. B. auch im armen Oststaat Ungarn. Vor kurzem konnte man an den Müllhalden Ungarns noch Sowjetsoldaten „stierln" sehen, Angehörige jener Macht, die immerhin den Zweiten Weltkrieg gewonnen hat. Man hat das Gefühl, viele Waren werden heutzutage absichtlich so erzeugt, daß sie bald verrotten, unbrauchbar werden oder noch schlimmer: nicht mehr der Mode entsprechen. Denn auch die Kleinkinder werden nach einer völlig überflüssigen, laufend wechselnden Mode gekleidet. Als es noch kinderreiche Familien gab, übernahm der jüngere jeweils die Kleider des älteren. Heute undenkbar, denn bis der Jüngere die gleiche Größe erreicht hat, ist das Kleidungsstück bereits aus der Mode gekommen.

Der Kreislauf der verschiedenen Modeformen schließt sich etwa nach vierzig

Jahren. Früher hätte man das abwarten können, und z. B. nach 40 Jahren die wieder brandmodisch wirkenden Schuhe aus dem Kasten nehmen können. Aber das ist heute unmöglich, denn die allermeisten Schuhe halten nur ein paar Jahre. Es gibt allerdings Waren, die – aus welchen Gründen auch immer – Dauerbrenner sind. Das sind die Jeans, zäh in ihrer Präsenz wie Cola oder der Benzinmotor. Da verdienen die ganz Großen daran, da ist möglicherweise eine Änderung unerwünscht.

Im Besitz unserer Familie existiert noch ein Sitzstock für Niederwildjagden, der sicher 120 Jahre alt ist und tadellos funktioniert, obgleich er aus Holz ist, das ja bekanntlich mit den Jahren verrotten soll. Ich selber habe in den letzten zwanzig Jahren sicher acht Sitzstöcke „kaputtgemacht". Waren sie aus Leichtmetall, sind sie gebrochen. Nähte haben sich gelöst, Schrauben fielen heraus, Textilteile rissen und so weiter. Bei aller äußerlichen Schönheit, praktischen Form und Zweckmäßigkeit eben nur Wegwerfware. Denn es liegt sicher nicht am Können der heutigen Erzeuger, bei Gott nicht. Was die Alten mit größerer Mühe und altmodischem Werkzeug für die Dauer herstellten, das könnten die heutigen Fabrikanten mit ihren viel besseren Möglichkeiten mit Sicherheit leichter. Es liegt nicht am Können, es liegt am Willen, der allerhand Einflüssen ausgesetzt ist.

Käufer, Konsument, Verbraucher fragen nicht nach dem Warum. Sie stellen nur fest: Früher waren diese und jene Gegenstände nicht nur besser, sie waren auch haltbarer, wesentlich längere Zeit brauchbar. Und diese Feststellung, dieser Vergleich stimmen traurig.

Wir kamen vom Osten . . ., in der Stadt sind wir sicher

Saujagd in Alirét

Jänner 1990. Die Welt hat sich verändert. Der Osten ist frei. Ceausescu ist tot. Honecker, Schiwkow verhaftet, Husak aus der Partei ausgeschlossen. Die Zeitungen des europäischen Ostens schreiben frei, derzeit freier als bei uns. Man demonstriert, man kritisiert, man streikt, man enthüllt. Die Vergangenheit wird bewältigt, aber wie! Ein Buch erscheint in Ungarn: „Kiskirályok mundérban" – Bonzen in Uniform – und wird Bestseller. Ein weiteres Buch verherrlicht den ungarischen Adel, übrigens erstmals seit 100 Jahren, und ist in zwei Tagen ausverkauft. Otto von Habsburg wird Ehrenbürger vieler ungarischer Städte, ist Kolumnist bei wichtigen Zeitungen, hält Vorträge dort, wo man vor 140 Jahren das Haus Habsburg abgesetzt hat. Der Hauptplatz in Esztergom heißt Kardinal-Mindszenty-Platz. Der rote Stern verschwindet, die kommunistische Partei zerfällt. Kein Visum, keine Schikanen mehr, die Polizei ist verunsichert, junge Männer verweigern ungestraft den Wehrdienst, die katholischen Orden bekommen ihre Klöster wieder, der Nuntius kehrt nach 44 Jahren nach Budapest zurück. Man könnte noch lange und vieles mehr aufzählen. Ist es eine Utopie, die ein ewiggestriger Emigrantenschreiber ersonnen hat, ist es ein Traum eines Flüchtlings, ist es bloß Wunschdenken konservativer Revanchisten? Nein, es ist Tatsache. Es ist die schlichte und nunmehr längere Zeit andauernde Wirklichkeit.

Was niemand für möglich gehalten hatte, ist Wahrheit geworden. „Radio Free Europe" etabliert ein Büro in Budapest. Die zu Tode verurteilten Freiheitskämpfer werden rehabilitiert. Sofern sie am Leben geblieben sind, kehren sie nach Ungarn zurück. Kommunistische Straßennamen werden (oft in adelige) umbenannt. Bauern werden Felder zurückgegeben, Exilungarn erwerben Grund und bauen Schlösser wieder auf. Alles ist wie ein einziger, rosaroter Wonnerausch. Bevor man sich an das Unglaubliche gewöhnt hat, entsteht Weiteres, noch viel Unglaublicheres!

Der Kommunismus – von allem Anfang an verhaßt und niemals durch freie Wahl, immer durch Gewalt an die Macht gekommen – bricht ohne Gewalt wie ein Kartenhaus zusammen.

Die privilegierte Nomenklatura, die mächtiger und reicher und vom Volk abgeschiedener als der alte Adel war und ihr parasitäres Luxusleben hinter hohen Mauern fernab vom Volk lebte, zittert entmachtet und versucht ihr Geld zu retten. Die Zeitungen dieser Tage sind voll von Enthüllungen: Viel ist vom Gulag und der AVO die Rede, von geheizten Hochständen und Jagdhubschraubern, von Jagdschlössern, und die ganze Bonzenherrlichkeit liegt offen da. Es staunt höchstens der Ausländer. Aber auch er hat bereits einiges geahnt, durfte er als zahlender Jagdgast die prunkvollen Jagdschlösser erst benützen, wenn die – nicht zahlenden – Parteibonzen ihre Jagden schon abgeschlossen hatten.

Doch nicht nur Jagdgäste haben in diesen Tagen Ungarn besucht. Es kommen auch jene Vorboten der westlichen Wohlstandskultur, die bei uns schon 1945 hinter der Fronttruppe der Alliierten als erste Fuß gefaßt hatten. Es wiederholt sich so manches. Cola und Nylon, Porno und Krimi, Jazz und Starkult waren es damals. Heute ist Cola wieder dabei, McDonalds folgt, Porno und Pop ist über die Television bereits ein wenig bekannt, statt der Nylonstrümpfe erobern heute der Computer und der Videorecorder diese Länder. Die feilgebotenen Kassetten reichen vom harten Gewaltporno bis zum – hier inzwischen völlig vergessenen – Nürnberger Prozeß.

Sprunghaft steigt die Kriminalität. Taschendiebe, Autoknacker, Einbrecher machen das Leben ausländischer Gäste unsicherer, als es früher war. Die schonungslose Veröffentlichung – im Gegensatz zum früheren „Totschweigen“ – stachelt die Phantasie an, gibt Anfängern praktische Tips. Man beteiligt sich am Lotto des westlichen Nachbarn. Durch die Reisefreiheit kann man vergleichen, und nachdem man verglichen hat, ist man verstimmt. Ein Berufsjäger in Ungarn verdient 6000,– Forint, einer bei uns etwa 15.000,– Schilling (90.000,– Forint). Im Jahr 1935 kostete in einem ungarischen Jagdgeschäft ein Schrotgewehr 100,– Pengö. Heute beträgt das Gehalt des Jungarztes 10.000,– Forint (etwa 1700,– öS) während ein neues Schrotgewehr 30.000,– Forint (etwa 5000,– öS) kostet. Im Gegensatz zur künstlich subventionierenden Kádárzeit bringt die neue Freiheit vorerst Warenmangel und überhöhte Preise. Wie paradox: Parallel mit der so herrlich errungenen Freiheit sinkt der Lebensstandard drastisch. Man steht wieder „Schlange“ wie in den fünfziger Jahren, und Unzufriedenheit keimt mitten in der Befreiungseuphorie auf. Denn man war ja „drüben“, und man weiß sehr gut, was gleich alte, gleich ausgebildete „dort“ verdienen. Und die Verstimmung wächst. Denn eine solche Freiheit hilft den drei Millionen, die unter der Armutsgrenze leben, nicht. Sie hilft vielleicht anderen: Geschäftemachern und jenen, die immer vor dem Kapitalismus warnten.

Für 15 Uhr sind wir in Heiligenkreuz verabredet: mein Bruder Max, Peter S., Hansi L., Hugo Sch., Dr. Sch. und ich. Diesmal werden wir südlich des Plattensees, im Komitat Somogy, unweit Zámardi, auf Sauen jagen. Es ist der 11. Jänner, das Wetter stabil. Wie schon in den beiden letzten Wintern gibt es keinen Schnee. Um 14 Uhr 30 bin ich als erster in Heiligenkreuz. Meinen Wagen stelle ich, wie so oft, am Parkplatz des Gasthofes Gibiser ab. Sehr bald nach mir erscheint Bruder Max mit seinem Fahrer Migsanig. Zuerst wird getankt, dann räume ich meine Habseligkeiten in den geräumigen Wagen meines Bruders. Bis alle eintreffen und die notwendigen Formalitäten erledigt sind, wird es 15 Uhr 30. An der Grenze ist man „gnädig". Hier verlieren wir wenig Zeit. Dann fahren wir in drei Wagen im Konvoi über Körmend, Zalaegerszeg, Balatonkeresztur nach Balatonfenyves. Im gut bekannten, schönen Fenyveser Jagdhaus treffen wir meinen Freund Attila Szöke, der diese Jagd organisiert hat. Kurze Besprechung, Beschreibung der Fahrtroute, und schon können wir weiter. Bei Balatonföldvár biegen wir rechts ab und sind in etwa 25 Minuten in Alirét, dem Jagdhaus, das mitten im Revier liegt und wo wir uns sofort heimisch und gemütlich fühlen.

Das Frühstück ist für 7 Uhr 30 angesagt, um 8 Uhr ist Aufbruch. Im Gegensatz zu manch anderen Revieren in Ostungarn, wo die westlichem Standard entsprechenden Unterkünfte weit entfernt liegen, ist dies eine wahre Wohltat. Während man dort oft schon um 5 Uhr geweckt wurde, um den langen Weg bis ins Revier rechtzeitig bewältigen zu können, wird hier die Weckstunde auf 7 Uhr angesetzt. Schon unser erstes Abendessen ist eine freudige Überraschung. Nicht zu viel, keine Nötigung, aber hervorragend zubereitet. Wir erfahren, daß auch dieses Jagdhaus früher für „Protokolljagden" herhalten mußte. Das bedeutete für die Veranstalter: Erfolgszwang, viel Geheimpolizei, jedoch keinen Groschen Geld.

Mit Max sitzen wir noch lange beim Fernsehen und erfreuen uns an einer Kabarettsendung aus Budapest. Im Gegensatz zu uns wird darin alles „Linke" angegriffen und lächerlich gemacht: feiner Humor, à la Karl Farkas, der den Wortwitz in den Vordergrund stellt, nicht Haß oder böse Untergriffe. Auch in dieser Hinsicht hat sich viel geändert. Man hat bei uns, so scheint mir, das Führen der „feinen Klinge“ verlernt. Alles muß laut und lärmend sein, alles grell wie die Discolichter. Von alledem findet sich hier wenig: man trifft trotzdem den Kern der Sache, nicht die Oberfläche. Wir haben schon lange nicht mehr so herzlich über Witze und Pointen gelacht wie hier im Aliréter Jagdhaus, mitten im 40.000 ha großen Revier von Zamárdi und Szántódpuszta.

Wohltuend war noch vor einigen Jahren das völlig ohne Werbung auskommende ungarische Fernsehen. Gegen dieses Markenzeichen westlicher Unfreiheit gibt es kein Aufmucken. Noch vor dem westlichen Wohlstand hat diese Welle leider auch Ungarn erreicht. Sogar um Kolchosen wird noch (oder bereits) geworben.

Ich habe Reinhard Spitzys neues Buch „So entkamen wir den Alliierten“ zur Abendlektüre mitgenommen. Nachdem ich alles für den nächsten Tag hergerichtet und griffbereit hingelegt habe, lese ich nur noch wenige Minuten, dann schlafe ich ein.

Ein kalter, etwas nebliger Tag mit Rauhreif, nicht nur auf den Ästen und Büschen, sondern auch am Boden, begrüßt uns. Herr Migsanig ist schon im Speisezimmer, als ich hinunterkomme. Die Hausbesorgerin und Betreuerin des Jagdhauses ist emsig dabei, ein opulentes Frühstück herzurichten. Es erscheint Attila Szöke, der noch junge Forstdirektor István Barkóczy und der Jagdleiter László Jakus. Wir sind von ihrer Freundlichkeit angenehm überrascht. Sie haben zwei Jagdtage für nur sechs Schützen organisiert, und das ist, wenn man die Unberechenbarkeit von Sauen ins Kalkül zieht, keine Kleinigkeit.

Der Forst- und Jagddirektor eines Staatsreviers von 40.000 ha ist hierzulande nicht irgendwer. Nach kurzer Begrüßung und den üblichen Ermahnungen setzen wir uns in zwei Geländewagen und fahren los. Unser Ziel ist der Rand des Staatsreviers und ein Teil der Genossenschaftsjagd Kövágóörs. Wir fangen im Nachbarrevier an und nähern uns dann dem Zentrum. Rechts und links von der recht guten Forststraße dick mit Rauhreif bedeckte Gräser, Disteln und Büsche. Wir passieren die kleine Waldsiedlung Szántódpuszta und nähern uns einem hügeligen, an Felder angrenzenden Gebiet. Zuerst wird Hugo abgesetzt. Dann ist allgemeiner Halt. Bruder Max und Peter gehen nach links, wir drei übrigen nach rechts. Zuerst Dr. Sch., dann Hansi, schließlich ich. Rechts von mir bleibt dann Pista, der Direktor. Attila hat, ohne viel zu fragen, meinen

Rucksack geschultert und begleitet mich. Wir stehen auf einem Waldweg, der gegen rechts leicht ansteigt. Vor uns stark bewachsene Gräben, einer hinter dem anderen, hinter uns Hochwald, dann gegen Hugo zu wieder Dickung. Da ich einer der letzten bin, der abgestellt wird, bin ich sofort aufmerksam und schußbereit.

Attila steht hinter mir. Sein schon von zahlreichen Schnepfenstrichen geschultes Supergehör wird mir Hilfe sein. Ich winke zuerst Hansi, dann Pista, und von da an sind wir ganz Auge und Ohr. Wir stehen so keine zehn Minuten, als ich vor mir eine Bewegung wahrnehme. Und schon verschwindet ein Fuchs in einem der Quergräben. Nur, wo wird er hervorkommen? Ich erwarte ihn vorne links, da er diese Richtung genommen hatte. Doch dann flüstert Attila: „Rechts höre ich etwas." Ich drehe mich ganz langsam nach rechts, und schon sehe ich durch das Rauhreifgestrüpp den langgezogenen Körper eines mittelgroßen Fuchses, der auf etwa 20 Meter rechts von mir passieren will. Ich bin im Anschlag. Bevor er aber den Weg betritt, verhofft er, und in diesem Augenblick wirft ihn mein Schuß ins Gras. Leise rieselt der Reif von den Ästen. Freude erfaßt mich. Das war ein guter Anfang. Und bald knallt es bei Peter, dann löst sich Hansi, mein linker Nachbar, zweimal, schließlich schießen Hugo und Dr. Sch. Sauen sind mir nicht gekommen.

Pista holt mich ab, und wir „rollen" Hansi und Dr. Sch. auf, bis wir zu den Wagen kommen. Hansi hat ein am Wechsel flüchtig und etwas verdeckt kommendes Schwein zweimal beschossen. Sein Begleiter, ein Mitarbeiter Attilas, hat alles auf Video gebannt. Dr. Sch. hatte auch kein Waidmannsheil, ihm kam ein kleiner Frischling, wie von Furien gehetzt, über das steile Gelände, wobei ihm der erste Schuß offensichtlich zu früh losging. Aber Peter hat Waidmannsheil gehabt: Eine starke gelte Bache, die ihn allein anlief. Er hat sie zuerst für einen Keiler gehalten, da sie ungewöhnlich starke Waffen besaß. Als wir dann beim Vorbeifahren Hugo aufnehmen, erzählt er zunächst, daß er einen Fuchs gefehlt hat. Dann berichtet er von zwei „eselsgroßen" Keilern, die nacheinander auf gute Distanz vorbeitrollten. Er schoß jedoch nicht, weil er dachte, man müsse den vollen Preis für sie bezahlen. Als er aufgeklärt wird, daß dies eine „pauschalierte Jagd" wäre, ist er verständlicherweise untröstlich. Ich merke es den Jagdleitern an, daß sie sich über eine solch vornehme „Zurückhaltung" nicht gerade freuen. Beide Keiler sollen kapital und bekannt gewesen sein, und wie es schon so ist, an keinem der zwei Tage kam ein annähernd starker zur Strecke.

Der nächste Trieb erinnert mich stark an ein Fasanentreiben in Békés: ein von dichtem Gestrüpp umgebener Teich, natürlich beinhart gefroren, und von uralten Eichenbäumen umstanden. Auf allen vier Seiten ist der Trieb von Äckern eingekreist, durch die ein Feldweg führt. Ich werde als erster links von diesem Weg abgestellt, rechts von mir Hansi, die anderen weiter weg rechts, links und auch an der Flanke. Max ist mein linker Nachbar. Hinter uns befindet sich eine Art Windschutzgürtel, an dessen Rand ein steifgefrorener, aber schlechter Feldweg entlangführt, und zwar auf unserer Seite. In Richtung Max hebt sich das Gelände ein wenig.

Die Treiber sind schon losgegangen, als der Freund Hansi begleitende Videomann, Csaba, zu uns herüberflüstert: „Fuchs!" Nur Attila konnte es hören, anscheinend kommt er direkt am Weg oder links von ihm. Ich richte mich. In diesem Augenblick erscheint knatternd und prustend ein Trabi, hält kurz an der Kreuzung zwischen Hansi und mir und fährt dann in Richtung von Hansis Nachbarn, Peter. Dort dreht er um und kommt denselben Weg wieder zurück. Die ungarischen Jäger schäumen vor Wut. Es sollen Zigeuner mit nicht ganz astreinen Absichten gewesen sein. Natürlich ist vom Fuchs nichts mehr zu sehen.

Dann kommen die Treiber und mit ihnen einige herrlich streichende Gockel. Außer Fasanen und dem Fuchs hat dieser Trieb nichts geboten. Wir fahren weiter zum Jagdfrühstück. Der Nebel hat sich nicht aufgelöst, auch nicht verzogen. Am Rande eines Schlages wird Fleisch, Käse, Speck und Tee serviert. Kein Alkohol, was ja in Ungarn bei der Jagd verboten ist. Dann geht es weiter in Richtung Zentrum. Max und ich haben noch keine Sau gesehen. Nach längerer Fahrt, während der wir die Siedlung durchqueren, halten wir unmittelbar an einer größeren Dickung, die sich am Rande eines Wildackers vom Talboden bis zur mäßigen Höhe des Geländerückens wie ein sehr breiter langer Gürtel hinzieht.

Ich werde nach links dirigiert, wobei mein Begleiter genaue Anweisungen hat, während alle anderen Schützen am vorderen Rande der Dickung in einem Hochwald angestellt werden, der aber viel Unterwuchs aufweist und daher ein eher nahes Aufstellen notwendig macht. Ich komme auf eine Allee mitten im Trieb. Überall Sauwechsel, kaum Einblick in die Dickung. Nach unten, zum Talboden hin, habe ich etwa 70 Meter, nach oben hin etwa 160 Meter, aber nur auf die eher schmale Allee

Ausschuß. Dieser Stand gefiele mir als Beobachtungsposten, nicht jedoch als Schießstand. Dabei soll er sehr gut sein. Es können Sauen vor den Treibern und auch am Rückwechsel kommen, wenn mich die Treiber schon passiert haben. Aber es kommen keine Sauen. Von allem Anfang an sehen wir – nicht freigegebenes – Dammwild. Die Tiere überfallen uns fast, kommen am Sauwechsel, verhoffen auf der Allee. Und schon lange bevor die Treiber uns erreichen, fängt es vorne lustig zu knallen an. Wir zählen schließlich 20 Schuß, als Pista uns endlich abholen kommt. Seinen Erzählungen nach waren viele Sauen im Trieb, es sind aber nur etwa vier gefallen. Max hat die zwei letzten Schüsse gemacht und eine mittlere Sau geschossen.

Lange wird hin und her beraten. Da die Sauen absolut nicht abzuspüren sind, beschließt man, als letzten Trieb einen Eichenhochwald zu nehmen, in dessen Kern eine Dickung ist. Man hofft, daß dort von den zwei großen Rotten des vorigen Triebes Reste sein könnten. Als erster geht Max mit seinem Fahrer, dann folgen Attila und ich, die anderen Schützen sind teils auf der Flanke, die zum selben Tal führt, wo der frühere Trieb war, und vorne am Ende des Eichenwaldes. Wir bilden also die erste – im Trieb befindliche – Schützenkette. Nach rechts gegen Max hebt sich das Gelände, nach links geht es bergab. Wir stehen in einem Seitental, sowohl nach vorne als auch nach hinten geht es eher steil hinauf. Ausschuß und Ausblick etwa 120 Meter, aber zwischen engstehenden Bäumen.

Kaum haben wir uns „häuslich" eingerichtet, als links unten Damwild antrollt. Dunkles Damwild? Im Schatten des Waldes sieht man nicht mehr gut, da nicht nur später Nachmittag, sondern auch ein besonders düsterer nebliger Tag ist. Ich schaue eher unbeteiligt zum Rudel hinüber, das am Rand einer kleinen Rinne kurz verhofft. Attila schaut nach rechts, wo er schon früher etwas gehört hat. Und dieses breite graue Stück? Ist es ein Hirsch? Nur die hintere Partie ist zu sehen. Noch bevor ich mich besinnen kann, ein Blaser, und ein Keiler – denn ein solcher hat dort unerkannt

Bild rechts: Seit Jahrtausenden die Heimat des Alpensteinbockes . . .

Bilder umseitig: Erinnerungen an die Hortobágy
Oben: Gänsestrich – Unten: Enteneinfall, Zeichnung: Gyula von Nagy

verhofft – stürmt wie der Teufel so schnell und verdeckt hinunter, gerade dorthin, wo kein Schütze steht. Ich konnte nicht mehr schießen. Hätte ich gewußt, daß es eine Sau ist, die mitten unter dem Damwild angeschlichen kam, ich hätte sie leicht erlegen können.

Das war die erste Sau, die ich heut gesehen habe. Doch nun beginnt es erst richtig. Attila signalisiert rechts bei Max eine größere Rotte, die anscheinend langsam bei ihm ankommt. Mein Bruder behält die Nerven und schießt einen Keiler und einen Überläufer aus der Rotte heraus, die nun auf Tempo „schaltet" und quer rechts von mir wirklich sehr schnell entschwinden will. Ich beziele ein größeres Stück aus der Rotte, es rolliert, ich repetiere. Aha, dort ist anscheinend ein Keiler, er zeichnet ungewöhnlich, indem er wie ein Hirsch vorne hochgeht. Und dann, bevor sie entschwinden, der dritte Schuß; ein Überläufer. Nun kracht es vorne auch, aber spärlich. Attila berührt mich. Hundegeläut ist vorne im Trieb zu hören. Zwischen Max und mir, von Max etwas überriegelt, erscheint eine im Wildpret starke Sau, offensichtlich ein Keiler, in gemächlichem Tempo. Ich muß warten, bis mich das Stück passiert. Eine ungewöhnlich starke Sau, aber ich sehe kaum Waffen. Als sie den Weg passiert, schieße ich, und sie fällt im Feuer.

Ich habe ihr das Kreuz zerschossen. Nun sind die Hunde über ihr, und sie schlägt ständig nach den immer dreister angreifenden Kötern, so daß ich Mühe habe, den Fangschuß anzubringen. Endlich gelingt es. Da erscheint halbrechts vor den bereits da und dort auftauchenden Treibern abermals ein Keiler, nimmt den Wechsel des ersten. Ich kann absolut nicht entgegenschießen, und schon ist er überriegelt. Den Revierjägern sage ich genau den Anschuß meiner Sauen an. Drei finden wir sofort, aber eine starke Sau schweißt, die Fährte führt zum Tal. Es ist Lungenschweiß.

Der schwer angeschossene Keiler, es ist jener, der wie ein Hirsch zeichnete, wird dann knapp vor dem Schützen Dr. Sch., der ebenso wie Hugo heute noch nichts geschossen hat, vom Jäger durch Fangschuß ausgemacht. Als der Trieb aus ist, zeigen die Uhrzeiger 16 Uhr 22, im Wald ist es sehr düster geworden.

Die Tagesstrecke wird im alten Meierhof der Puszta Szántód gelegt. Es liegen vier

Bild umseitig: Hier bin ich ungestört . . .

Bild links: Zumindest sollte man so tun, als wäre man emsig . . .

Keiler, sieben Bachen und zwei Überläufer, ein Fuchs. Nach den Waffen ist Maxens Keiler der stärkste, mein stärkerer hat ungleiche Waffen, die eine 17, die andere 15 cm lang, ist aber mit 120 kg aufgebrochen im Wildpret der stärkste. Max hat noch drei Sauen erlegt, Peter und Hansi zusammen fünf, ich vier. Zufrieden fahren wir zum Jagdhaus zurück.

Pista und Laci erzählen uns noch einiges über die Protokolljagden. Nach dem, was sie sagen, ging es dabei waidmännisch zu. Das gesamte Politbüro und fast alle Minister waren ja wirklich ausübende, nicht nur gelegentliche Jäger. Und der alte Kádár sorgte, wie allgemein bekannt, für Mäßigung. Die hemmungslosen Angriffe in den neuen, freien und den Boulevard-Zeitungen auf die „Privilegien" der Herrschenden bezüglich der Jagd nützen dem Waidwerk insgesamt bestimmt nicht. Warum schon wieder dieser Neid der grauen Besitzlosen? Wer denn, um Gottes willen, soll Privilegien haben, wenn nicht die Elite einer straff organisierten Diktatur? Für das Waidwerk waren die Privilegien der wie Herrscher des 18. Jahrhunderts regierenden Nomenklaturisten sicher weit besser und segensreicher als eine dem reinen Kommunismus der Jakobiner und Maoisten entsprechende „freie Jagd", wie wir sie heute noch im völlig wildarmen und ausgeschossenen Frankreich beobachten können. Bleiben wir bei den Tatsachen und der schlichten Wahrheit. Allein in der Zeit des sogenannten „Aufbruches", der keimenden Freiheit in den Oststaaten, sollen mehr Stück Wild gewildert worden sein, als in den vierzig Jahren der kommunistischen Diktatur. Und Wildern bedeutet Aasjägerei, Schießen von führenden und tragenden Muttertieren, zukunftsfrohen Jungböcken und Junghirschen, unerlaubtes Schießen.

Aber Zusammenbrüche von Herrschaftssystemen und Revolutionen, Anarchie und Autoritätsmangel schaden immer und überall zuerst den Wildbeständen. So war es schon 1789, später 1848, dann 1918 und schließlich 1945. Der Freiheitskampf von 1956 war eine Ausnahme. Er dauerte auch zu kurz, zudem hatten die meisten ungarischen Jagdgesellschaften für einen Schutz ihres Wildbestandes vorgesorgt. Außerdem spielte sich alles mehr in den Städten ab.

Auch an diesem Abend genießen wir mit Max das ungarische Fernsehprogramm. Zugegeben, es bietet altmodischen, im Westen längst nicht mehr üblichen Humor:

Epigonen des großen Karl Farkas. Und wie der Altmeister: niemals bösartig, politisch neutral, aber durch Andeutungen treffsicherer als die übliche Holzhammermethode.

Die Werbung preist, unverhältnismäßig häufiger als früher, auf kindische Weise das „bessere Neue“ an. Auch ein Trugschluß, dem sich die Macher der Werbung hingeben. Bald wird stumpfsinnig-brutale Werbung, wie der große Hans Weigel sagt, kontraproduktiv wirken. Man wird die Ware, um die geworben wird, einfach nicht mehr kaufen, wenn die Werbung so beleidigend blöde bleibt, wie sie in vielen Fällen heute ist.

Heute bin ich müde und gehe früher schlafen. Max harrt noch beim Fernseher aus.

In der Früh können wir uns Zeit lassen, denn der erste Trieb wird ganz in der Nähe des Jagdhauses abgehalten. Wir fahren auf der Waldstraße etwa zehn Minuten. Dann müssen Attila und ich aussteigen. Unser Stand ist ein lehmiger Hohlweg. Linker Hand sind zwei frisch benützte Wechsel zu sehen. Da unten will ich nicht bleiben. So stellen wir uns auf die Böschung triebseitig so auf, daß wir die Wechsel einigermaßen sehen können. Aussicht 30 Meter, Ausschuß höchstens 20 Meter. Mir scheint es vollkommen windstill zu sein, aber Attila meint, der Wind stünde nicht sehr gut. Unser Stand ist ein Flankenstand. Vor mir wurde Dr. Sch. „ausgeladen“. Er bezieht einen Hochstand mit guter Aussicht. Als nächster kommt Hugo, dann die anderen vorne und auf der drüberen Flanke. Attila erzählt, daß er einen etwa vierjährigen Keiler gesehen hat, als er in der Früh zum Jagdhaus gefahren ist, und zwar nicht weit von hier.

Bald höre ich die Treiber losgehen. Unmittelbar danach rumpelt es links vorne, und ein riesiges Leittier erscheint am näheren Wechsel, dahinter, dicht gedrängt, Kahlwild und geringe Hirsche. Das Leittier verhofft auf 10 Schritt einen Augenblick. Ich könnte jetzt schießen, will aber einesteils kein Leittier, anderseits nicht so schießen, daß ich mit meinem Schuß die aufrückenden Stücke gefährde. Aber schon hat mich das Tier weg, und mit noch größerem Gerumpel verschwindet das Rudel dorthin, von wo es gekommen ist.

Bald fallen die ersten Schüsse. Zuerst bei Hugo, dann weiter vorne, schließlich unten. Plötzlich erscheint etwas Rötliches, Zottiges, verhofft auf 15 Schritt, halb gedeckt. Ich zögere. Ist es ein Hund? Als es Wind bekommt und wegspringt, sehe ich, daß es ein semmelgelber Überläufer ist. Durch mein Zögern habe ich ihn verpaßt, ein

Nachschießen in die Dickung ist unmöglich. Wieder fallen Schüsse. Eine Pause folgt. Schon denke ich, weiter nach rechts und etwas nach vorne zu gehen, damit das Wild, das am Wechsel ankommt, keinen Wind bekommt. Aber es kommt nicht dazu.

Wir hören es knacken, und schon erscheint eine riesige, dunkle Bache, in ihrem Gefolge zwei starke Überläufer. Die Bache kommt bis auf fünf Schritt, stellt sich halbspitz und frei hin und verhofft windend zu den schon nicht sehr weiten Treibern. Natürlich schieße ich die Bache nicht. Als sie uns endlich merkt und seitlich wegprescht, kriege ich den einen, bisher gedeckten Überläufer frei, und er stürzt im Feuer. Der zweite Schuß, dem anderen Überläufer nachgeworfen, geht leider in einen Baum.

Schon wird abgeblasen. Es liegen zwei Kälber, ein Fuchs und drei Sauen. Peter hat ein Stück angeschossen und verfolgt die Schweißfährte mit einem Jäger.

Wir fahren zu einem Buchenwald. Max ist der unterste Schütze, dann folge ich, schließlich Hansi, Hugo, Dr. Sch. Für Peter, der noch nicht zurück ist, wird der oberste Platz freigehalten. In diesem Trieb fällt kein Schuß. Ein Rudel Hochwild bricht zurück, uns kommen mehrmals Rehe. Peter hat inzwischen seine Sau gefunden.

Da wir uns nahe des Jagdhauses befinden, wird nun das Mittagessen dort eingenommen. Schade um die Zeit, die wir an diesem kurzen Jagdtag im gut geheizten Speisesaal verplempern: mit drei Gängen, sogar Alkohol und Kaffee, zieht es sich und zieht es sich. Endlich zehn Minuten nach 14 Uhr brechen wir auf. Diesmal fahren wir länger, und zwar zu einer sehr langen, ein ganzes Tal und das darüber befindliche Plateau bedeckenden, idealen Dickung. Fast alle Schützen kommen auf je einen Hochstand, der auf der Kreuzung von zwei Alleen steht. Auf unserer Triebseite wird zuerst Dr. Sch. abgestellt, der noch nichts erlegt hat, dann komme ich, schließlich, der Treiberwehr am nächsten, Hugo.

Herrliche Aussicht. Von Rauhreif bedeckte dichte „Schnepfendickung". Mir gefallen solche Stände als Aussichtsposten zwar gut, weniger jedoch als Stände. Wer kann schon Schnappschüsse von über 100 Meter auf flüchtige Sauen abgeben, die man vorher nicht kommen sieht, sich daher nicht vorbereiten kann? Pista zeigt mir rechter Hand, knapp unter dem Plateau, etwa auf 130 Meter, den Hauptwechsel, dort sollte ich aufpassen. Leicht gesagt. Ich muß rundum aufpassen! Dann berichtet Pista mir, daß in diesem Trieb ein kapitaler Keiler „zuhause“ sei, den man schon sechsmal gefehlt hätte. Er ist mindestens acht Jahre alt und so schlau, daß man ihn bisher weder im Treiben noch im Ansitz bekommen hätte.

Es ist 15 Uhr, als endlich alle aufgestellt sind. Zehn Minuten später höre ich die Treiberwehr losgehen.

Da ich gut ungarisch spreche, verstehe ich alles, was sich die Treiber zurufen. Zuerst brechen zwei Hirsche zurück. Dann kommt der rechte Flügel auf eine Bache mit ganz kleinen Frischlingen, die sich nicht aus der Dickung heraustreiben lassen. Da und dort purren Fasanen auf. Oben auf der Flanke des Plateaus fallen Schüsse, schließlich schießt Dr. Sch. zweimal. Nun haben die Treiber Hugo fast erreicht, als großes Geschrei erklingt: „Hü, itt a nagy disznó“ – Da ist das Riesenschwein – „Jaj, visszatört“ – Es ist zurückgebrochen. Der sagenhafte Keiler? Auch Hugo hat nichts gesehen. Dann passieren uns die Treiber, richten sich schön auf der Allee aus. Sie schimpfen über die Dornen, umgehen natürlich die dichtesten Stellen. Es scheinen mir auch für diesen furchtbar breiten und so dichten Bestand zu wenig Treiber zu sein, und seit dem Mittagessen habe ich keinen Hund mehr gesehen oder gehört. Lautes Gerede auf der Allee, ich höre, daß dies der letzte Trieb ist. Als die Treiber auf ca. 80 Schritt in das Viereck zwischen mir und Dr. Sch. eingedrungen sind, plötzlich, gar nicht weit vom Weg, dort wo so lange palavert wurde, Riesengeschrei: „Visszatörnek a disznók“ – Die Sauen brechen zurück! Ich höre nichts, warte in der Höhe der Schreie im Halbanschlag auf das Erscheinen der Sauen auf der Allee. Aber sie nehmen einen anderen Weg, was ich nicht wissen kann. Sie flüchten zuerst steil links hinauf und just auf dem Hauptwechsel, wo ich sie nicht erwartet habe, stürmen vier Überläufer über die Allee. Was ich befürchtet habe, ist eingetroffen. Ich muß auf weite Distanz einen Schnappschuß abgeben. Knapp hinter dem letzten Überläufer zischt die Kugel in das hohe Gras. Es wäre ja wirklich ein Tausendguldenschuß gewesen. Ich sehe, wie Hugo in Erwartung erstarrt, doch kommen ihm die Sauen nicht. Sie haben sich offensichtlich zwischen uns abgestellt. Attila geht dann noch zum Anschuß, findet auch den Schußkanal im Boden und bringt mir den Stahlmantel meines Geschosses. Die Höhe war völlig richtig, doch wie schon gesagt, ging der Schuß 30 cm hinter die in voller Flucht auf 130 Meter die Allee überquerende, recht kleine Sau. Als wir zusammenkommen, ist es halb fünf, schon fast finster. Die Treiber erzählen vom sagenhaften Keiler, der, gar nicht schnell und von ihnen aus leicht treffbar, nach hinten gebrochen ist.

In diesem Trieb liegen vier Sauen, Dr. Sch. ist zu unserem Bedauern ohne Beute geblieben.

Während wir unsere Sachen packen und die liebe Hausfrau uns ein letztes Abendessen bereitet, wird – diesmal beim Jagdhaus – Strecke gelegt. Es liegen: acht Sauen, ein Fuchs und zwei Kälber. Insgesamt ergaben unsere zwei Tage mit sechs Schützen: 21 Sauen, 2 Füchse und 2 Stück Hochwild. Es war eine wunderschöne, gut organisierte Jagd, die uns viel Freude bereitet hat.

Nach einem angenehmen, in Ruhe eingenommenen Abendessen, verabschieden wir uns von den lieben Gastgebern, von Pista, Laci und Attila, und fahren los. Wie das Thermometer auf Maxens Audi anzeigt, hat es –4 Grad. Wir hören Nachrichten: Erstmals wird von der Wiedervereinigung Deutschlands gesprochen. Kein Wunder. Seit Wochen wird sie in der DDR in großen Demonstrationen verlangt. Aber schon werden Warnungen laut. England, Polen und Belgien malen die Errichtung eines „IV. Reiches" an die Wand. Von Grenzgarantien und – weiteren – Wiedergutmachungszahlungen ist die Rede. Ja, hat denn jemand vor einem Deutschland Angst, das in der Ausdehnung etwa so groß sein dürfte wie das heutige Polen? Das seit 45 Jahren umerzogen, schuldbewußt, komplexbeladen und friedlich ist? Will man nicht endlich, nach einem halben Jahrhundert, da zwei neue Generationen herangewachsen sind, Schluß mit Besetzungen, mit aufgezwungenen Staatsverträgen, mit Militärpakten machen? Nordirland ist ebenso besetzt, wie noch immer 380.000 Sowjetsoldaten in der DDR stehen.

Wir fahren an Gebieten vorbei, die noch vor einem Jahr gesperrt waren, von denen man erzählt, es wären dort erst vor 15 Jahren gegen den Westen gerichtetete Raketenstellungen gebaut worden.

Im Budapester Sender hören wir ein Interview mit Otto von Habsburg. Man teilt ihm mit, daß er laut Umfrage der beliebteste Politiker Ungarns ist. Man hat ihm die Präsidentschaft angeboten. Für diesen Mann sind der Wandel, der Aufbruch im Osten die Bestätigung seiner das ganze Leben lang dokumentierten Überzeugung und unbeirrt hochgehaltenen Ideale. Vor einem Jahr waren die Bonzen die Herrscher in diesem westlich orientierten und europäischen Staat. Heute sind die Bonzen verschwunden, und die Grenzen sind offen. Wer, so frage ich, wer in Europa hätte dies jemals für möglich gehalten? Wahrlich, die Zeiten haben sich geändert.

Wahltag zu Lätare

Der Schnepfenstrich ist einer der Höhepunkte des jagdlichen Jahres. Abgesehen von seinem unnachahmlichen Reiz, wird er immer mehr zum letzten Hort eines echten, unverfälschten Waidwerkes. Kein Füttern, keine künstliche Aufzucht, ja nicht einmal die winzigste Form einer Erfolgsgarantie machen diese Jagdart so reizvoll und so schön, weil sie von der Natur, vom Wetter und äußeren Umständen abhängt, auf die der Mensch auch heute keinerlei Einfluß hat. Die Schnepfen sind unberechenbar und verhalten sich bei fast gleichen Voraussetzungen garantiert verschieden. Ich betone das Wörtchen „fast", denn völlig gleiche Jagdverhältnisse gibt es wirklich niemals. Ungewiß ist die Zeit der Ankunft, unbekannt der Schwerpunkt des Zuges wie die Nuancen in der Zugrichtung und die Intervalle zwischen den einzelnen Schüben. Was nützt es da, wenn man über vierzig Jahre lang minuziös Aufzeichnungen führt und Statistiken anlegt, denn es kommt fast alles mit Sicherheit anders, als man es folgert, erhofft und ausdenkt?

Pläne sind zwar – vor allem für den „jagenden Beamten" – unerläßlich, doch führen sie nicht selten ins Leere. Meistens gehen diejenigen „Schnepfenprofessoren" mehr oder minder leer aus, denen der Frühjahrsschnepfenstrich Höhepunkt, nicht unwichtiges Nebenereignis ist, und das Füllhorn des Zufalles beschert jenen unfaßbares Waidmannsheil oder zumindest herrlichen Anblick, denen der Schnepfenstrich wenig, die Natur nur zeitweise etwas und die plappernde Begleitung das meiste bedeuten. Seit meinem zehnten Lebensjahr gehe ich bewaffnet auf Schnepfen. Wirklich viele Vögel sind mir aber – der jährlich bis zu achtzigmal auf Schnepfen unterwegs ist – niemals gekommen, Verwandten, Bekannten und Anfängern jedoch sehr wohl. Ich habe es erlebt, daß einer unweit von mir 16, 18, 22 Schuß an einem Abend gemacht hat. Fragen Sie mich nicht, was er erlegte. Mir gelang es in 55 Jahren, nie mehr als 9 Schuß zu machen, und ich war wirklich mit all meinen Sinnen, all meinem Wollen, all

Was der Mensch geschaffen, sollst du nicht verachten . . .

meiner Erfahrung und all meiner Schießfertigkeit „auf Lauer“. Doch so ist es eben, und die Unsicherheit, Zufälligkeit und Unberechenbarkeit machten für mich diese Art zu jagen so reizvoll.

Das Jahr 1990 brachte Osteuropas Völkern die Freiheit, jagdlich war es aber ähnlich wie das vorhergehende, ein Jahr „ohne Winter“. Das heißt: Es gab etwas Schnee, Kälte und Frost im November und Jänner, dann aber schmolz – auch in den Alpen – die weiße Pracht dahin, und der Februar und März waren wie in normalen Jahren der April und der Mai.

Als ich am 12. März abends beim Klingenbacher Jagdhaus des Jagdherrn Anton Tusch eintraf, sagte mir der Förster Willi Schwarz etwas resigniert, daß noch kein Schnepf im Revier gesichtet worden sei. Dementsprechend auch die Zahl der hoffnungsfrohen Schnepfenjäger, die sich eingefunden hatten: Willi Schwarz’ Vetter, der Fleischermeister von Siegendorf, Hubert Schwarz, sowie der Geschäftsführer der Eisenstädter VW-Vertretung, Robert Malicic. Am 12. sahen wir nichts, am 13. in der Früh war ich allein draußen und sah ebenfalls nichts. Am Abend schickte mich Förster Willi Schwarz auf den geheiligten Stand des Jagdherren Anton Tusch, wo ich aber schon in der Früh gestanden war, und ohne viel Hoffnung machte ich mich auf den Weg. Als ich bei der Kreuzung abbiegen wollte, holte mich Robert Malicic ein, und ich tauschte, da ich in der Früh nichts sah, meinen vorgesehenen Platz mit seinem. Ich sah nichts, er aber sah zwei – die allerersten –, hatte aber keinen Erfolg.

Am nächsten Tag ist es kalt und wolkenlos. Nun beseelt mich die Hoffnung auf Anblick, denn Malicic hat den Klingenbacher Reigen eröffnet. Der Grenzweg entlang des alten Stacheldrahtes, der zu verrottet ist, um ihn entfernen zu müssen, staubt wie ein Feldweg in der Pußta. Es ist der 14. März 1990 in der Früh, und um 4 Uhr 45 kraxle ich auf den niedrigen Hochstand, inmitten einer Lichtung mit schon fast zu hohen Föhren, den Tusch-Stand eben. Im Jahr 1988, dem Rekordjahr, hatte ich hier viel Waidmannsheil und Erfolg, obgleich ich nicht lange im Revier verblieb. Unweit dieses Standes verläuft der Klingenbachgraben, vom Marienschlag kommend bis zu den

Oben: Auf der „Sonnenseite“ – Unten: Hei, ist das Leben schön!

Siegendorfer Feldern, die Grenze zum Siegendorfer Revier. Dort, wo die Grenze verläuft, ist es auch heute bürstendick und feucht, wenn man letzteres heuer überhaupt behaupten kann. Wenn ich gegen die Siegendorfer Pußta blicke, verlaufen herrliche Dickungen vorne, rechts und auch links hinten. Die Lichtung ist auf den ersten Blick alles eher als „schnepfisch“: trockenes Gras, einzelne Föhren, anscheinend eine Balzroute, ein Balzareal. Auf nicht 200 Metern, auf dem Elisabethschlag, hat Freund Hubi Rothermann seinerzeit seine zwei letzten Schnepfen geschossen. Auch ihn hatte Freund Hans Springschitz auf mein Ersuchen gerne eingeladen. Seitdem heißt dieser Stand Hubistand.

Ich entdeckte die Hülsen von Robert Malicic. Es ist bereits 5 Uhr, aber noch sehr dunkel. Zuerst fängt die Klingenbacher, dann die Siegendorfer Kirche zum Morgenangelus zu läuten an. Unterwegs habe ich – hier bisher eine Seltenheit – zahlreiche Grenzsoldaten gesehen, die auf Rumänen warten, die – diesmal jedoch fälschlich – für diese Nacht angesagt waren. Ein Fasan fängt zaghaft zu gackern an, dann trillern mit großen Pausen, aber immer emsiger werdend, die Amseln. Es ist 6 Uhr 15 und bereits Schußlicht. Aber nichts rührt sich. Ich locke mit dem Schnepfenruf, eher lustlos, aber doch aufmerksam. Gefehlte Waldschnepfen streichen manchmal beim nächsten Strich nicht. Aber auch diese „Regel“ ist unhaltbar, denn ... da ist ja einer ..! Von vorne rechts kommt laut quorrend mit langsamem Schwingenschlag gegen das grüngelbe Morgenlicht ein Schnepf. Vorgehalten und weich fällt er mitten ins Gras. Eine kleine Federwolke sinkt langsam zu Boden, während ich nachlade und es mir vor Freude warm ums Herz wird. Der erste des Jahres! Ich schaue auf die Uhr. Es ist bereits 5 Uhr 20, und ganz langsam beginnen sich die Eichensträucher rötlich zu färben. Noch kann etwas kommen. Drüben in Ödenburg setzt der Straßenlärm voll ein. Autos hupen, Lastzüge brummen, Fabriksirenen jaulen. Das Leben geht weiter, mit oder ohne Kommunisten. Aber die Grenze ist offen, und hier, gerade hier, kamen vor nicht so langer Zeit Tausende Ostdeutsche über die Grenze, bis Ungarn einlenkte und die Grenze öffnete. Das war der Sieg der Revolution, einer unblutigen Revolution der Jugend, einer Abstimmung mit Füßen, Trabanten und Kinderwägen, und wie ein Kartenhaus fiel die blutige Honecker-Diktatur zusammen. Bald folgte die Tschechei mit ihrem sympathischen Turnpatschen-Präsidenten. Die Jugend hat den morschen

Bolschewismus besiegt. Eine lange Generation hindurch werden diese Menschen gegen dieses Gift immun bleiben, und das Wort Sozialismus wird nimmermehr ziehen, es sei denn im Westen, wo der Salon- und Künstlerbolschewismus unbeschadet und ungerührt von Weltereignissen reaktionäre Urständ feiert...

Von rechts kommt in sausender Fahrt, niedrig und nahe, ein Schnepf, lautlos... Bevor er gegen die dunklen Föhren verschwindet, erreicht ihn die Garbe meiner Webley, und ich höre ihn aufschlagen. Die Uhr zeigt 5 Uhr 30, nun ist es wirklich licht geworden. Fasanen purren auf, Ringeltauben melden, Ringdrosseln und Krammetsvögel singen. Und als die ersten Amseln anfangen hin und her zu schwirren, ist der Strich aus. Ich sammle meine beiden Schnepfen auf, und überglücklich begebe ich mich nach Hause. Bevor ich mit gesundem Hunger zum Frühstück in die Pension Christine gehe, wäge ich die beiden männlichen Schnepfen auf der Fleischereiwaage. Der erste ergibt 275, der zweite 290 Gramm. Sie sind eher mager.

Am Abend bin ich wieder am „Tusch-Stand". Nun sind etwas mehr Jäger bei der Hütte gewesen, etwas früher als gestern wird aufgebrochen. Es fallen auch mehrere Schüsse. Ich sinniere vor mich hin, als von links, eher hoch, plötzlich ein Schnepf erscheint. Der Vogel bemerkt meine überraschte, hastige Bewegung, läßt sich fallen, ich fehle ihn, dann ist er gedeckt, und als ich ihn wieder flach und weit wegstreichend sehe, fehle ich ihn auch das zweitemal. Das war nicht notwendig. Aber Ärger darf nicht aufkommen. Das Fehlen gehört zur Jagd, und dieser erfahrene Vogel hat einmal mich überlistet. Ich hätte ihn haben können, wäre ich aufmerksamer gewesen.

Am nächsten Morgen sehe ich nichts, aber der Schwiegersohn von Schwarz fehlt einen am „Hubistand". Ich verabschiede mich vom gastlichen Siegendorf und fahre nach Ungarn. Zwei Gründe habe ich für diese – wie sich später herausstellt – grobe Fehlentscheidung. Zuerst einmal sagt mir die Tatsache, nachdem hier die Schnepfen schon angekommen sind, daß südlich des Plattensees umso eher welche sein müssen. Zweitens verleitet mich die unglaublich fortgeschrittene Natur zu dem Fehlschluß, daß „dort unten" schon längst mehr Vögel sein müssen, wenn sie hier „oben" ankommen. Es blühen schon die Marillen, die Mandeln und der Schlehdorn, die Natur ist fünf Wochen „voraus". Auf der Fahrt nach Ungarn wird es immer extremer: Kirschen in voller Blüte, handgroße Kastanienblätter, in den Wäldern 20 cm hoher, frischer

Unterwuchs, Lungenkraut, Dotterblumen. Es ist der 15. März, und überall blüht der Löwenzahn!

An der Grenze gibt es erstmalig kein Begleitblatt, der Paß genügt. Der Grenzer sagt mir, daß man sich auch polizeilich nicht mehr anmelden müsse. Ich weiß, daß in zehn Tagen die erste Wahl im demokratisch gewordenen Ungarn stattfinden wird, erwarte riesengroße Wahlplakate, doch von all dem nichts. Man plakatiert diskret und klein. Das größte Plakat hat etwa 45 x 60 cm und zeigt einen gemein karikierten Russenschädel von hinten mit der Aufforderung: Genosse verschwinde! Die Plakate befinden sich ausschließlich an Bushaltestellen. Welch großer Unterschied zu unserem Wahlzirkus mit den metergroßen Plakaten, die Politikergesichter zeigen, retuschiert und verschönt.

Nun, hier in Ungarn gibt es seit fast einem Jahr eine freie Presse, eine sogar echte, naiv ehrliche, keine Tabus kennende Pressefreiheit. Das Fernsehen ist besser, kritischer, antikommunistischer als unseres. Die Journalisten sind die neuen Helden der Nation, da sie an der Demontage der Nomenklatura-Tyrannei nicht unbeteiligt waren. Unterschiede von immenser Größe zum Westen tun sich auf, und es scheint sich anstelle des abgerissenen Eisernen Vorhanges ein papierener zu bilden. Vergleicht man Zeitungen aus dem Westen mit solchen aus dem frisch befreiten Osten, erkennt man den gewaltigen Unterschied. Ja, der Kommunismus, den man im Westen diskret Stalinismus nennt, ist tot. Aber aus der faulenden Hülle schält sich eine neue, ebenso verlogene, doch jugendlich dynamische Giftschlange. Sie hat sich bloß gehäutet, ihren Namen geändert, doch im Wesen ist sie gleich geblieben. Schleicht sich da nicht eine neue Computer-Diktatur heran, ohne daß unser „ferngesteuertes Hirn" es bemerkt? Gleichschaltung, Nivellierung, „Zurechtstutzen" sind heute durchaus noch „in".

Ich bin lieber ein kleiner Busch im Schatten einer großen Eiche, wir existieren in Eintracht und Frieden nebeneinander. Natur bedeutet absolute Ungleichheit (denken wir nur an die Rehgehörne!). Eine Heckenschere aber wirkt unnatürlich, ebenso wie es Kommassierung, Kunstdünger oder Flußregulierung sind. Eiche und Busch sind mir lieber als Schere und Hecke, die Ungleichheit lieber als die Gleichschaltung!

Wie steht es denn mit uns, die wir den spontanen Aufstand unserer Nachbarn miterlebt haben, die unmittelbare Zeugen einer gigantischen Volksbewegung geworden sind, die zwischen Aktionismus und Opern-Demo unseren Wohlstand genießen und kaum etwas anderes begreifen? Wir demonstrieren gegen die Fremden, gegen Flüchtlinge und Asylwerber, sind im Grunde entgeistert, daß diese Billigländer und „Halbkolonien" jetzt auf einmal das gleiche wollen wie wir, nämlich Freiheit und Wohlstand und die Beendigung des für uns so praktisch scheinenden, unverschämten Unterschiedes im Lebensstandard. Und kommt es in diesen Ländern zu Bürgerkriegen, werden wir uns mit Spenden freizukaufen versuchen.

An all das und vieles mehr denke ich, während mich mein kleiner Polo Richtung Süden in die Gefilde des Plattensees führt. Die sanften Hügel des Zala-Tales sind grün, denn die Eichen- und Buchenwälder haben bereits zartes Laub angelegt, für Mitte März ein einmaliges Ereignis.

Bei Attila angekommen, erfahre ich, daß kaum irgendwo in der Umgebung Schnepfen gemeldet wurden. In Sellje nichts, in Sarvaly nichts, in Lábod nichts, in Hollád sind sie schon weg, und nur in Buzsák, ansonsten ein unscheinbares Revier mit Akazienremisen, sollen einige sein. Die ersten Tage bin ich im Jagdhaus Balatonfenyves einquartiert. Drei Tage gehe ich früh und abends hinaus, ohne einen Schnepfen zu sehen. Oh, wäre ich nur in Siegendorf geblieben! Das Wetter ist warm, trocken, der Balaton hat eine milchig-erbsgrüne Farbe, das Nordufer ist in Dunst gehüllt. So vergehen die ersten Tage mit Fotografieren, Zeitunglesen und Fernsehen.

Begreiflicherweise ist alles auf den Wahltag am 25. März ausgerichtet, den Sonntag von „Lätare", doch mißt man unverständlicherweise der Sache weit weniger Bedeutung zu als bei uns, obgleich die erste freie Wahl nach 45 Jahren das Ereignis des Jahrhunderts sein müßte. Ob die Wahl unter Woroschilows Patronanz 1945 wirklich frei war, bleibt heute eine rein theoretische Frage. Dennoch war sie frei genug, um den Kommunisten eine vernichtende Niederlage zu bescheren. Diese Wahlschlappe hinderte die Kommunisten jedoch nicht daran, die Macht in wenigen Jahren mit Hilfe der ÁVO, der Russen und sozialdemokratischen Mitläufer mit Gewalt zu erobern und bis 1989 eisern zu halten. Und jetzt, wo die Möglichkeit da ist, durch freie Wahlen den Kommunismus mitsamt seinen falschen Heiligen hinwegzufegen, zögert das Volk, bleibt mißtrauisch und apathisch. Was hat die Diktatur aus diesem freiheitsliebenden Volk gemacht, das sich 1956 noch mit bloßen Händen gegen die Kolonialpanzer stemmte!

Am 21. März in der Früh heißt es um 3 Uhr 15 aufstehen. Mit Attila Márton, einem Assistenten Szökes, fahre ich hinunter nach Ujvárfalva, zum neuen Revier, wo seit einigen Tagen Schnepfen sein sollen. Schon gestern abend war ich dort, habe aber nur einen einzigen weit weg gesehen.

Alles ist trocken, die schönsten Eichendickungen sind schnepfenleer, aber in Erlen- und Weidenbeständen, wo anscheinend etwas Feuchtigkeit vorhanden ist, streichen die Schnepfen. Der Oberjäger Imre hat schon sechs geschossen. Ich stehe auf einem staubigen Waldweg. Hinter mir eine niedrige Eichenkultur, vor mir eine etwas höhere und dichtere, links ein Erlenbestand, der wegen des hohen Grases aber gar nicht nach Schnepfen aussieht. Kurz nach 5 Uhr sehe ich, aus dem rechten Hochwald kommend, aber außer Schußweite, einen Schnepfen in die Erlen streichen. Anscheinend ist er eingefallen. Dann kommt nichts mehr. Als ich um 5 Uhr 32 bei fast völligem Tageslicht einige Schritte gegen meinen Kameraden Attila mache, erscheint plötzlich von hinten pfeilschnell und lautlos wie eine Bekassine ein Schnepf, sieht mich natürlich auf dem lichten Weg, macht eine schnelle Wendung, und ich fehle ihn beidläufig. Der zweite Schuß war zwar gezielt, aber schon weit in die dichteste Dickung gegangen, der erste war sicher drei Meter daneben. Ich lade etwas konsterniert nach, und schon erscheint aus der gleichen Richtung ein zweiter Schnepf, weicht ebenfalls aus, aber da bin ich schon alarmiert und gewappnet, und auf 30 Schritt schieße ich ihn elegant herunter. Auch er war höllisch schnell. Bald ist Attila bei mir, und er ist es auch, der den Schnepf findet. Mit ausgebreiteten Schwingen liegt er da. Auch er ist ein kleiner Schnepf, wiegt 295 Gramm. Auffallend ist seine außergewöhnlich „bunte“ Rückenfärbung.

Am Abend stehe ich auf dem selben Platz, ohne jedoch etwas zu sehen. Herr Bozóki aber hat fünf Schuß gemacht, und zwar in einem so trockenen Gebiet, daß dorthin noch niemand gegangen ist. Ihm kamen zwei Pärchen und ein einzelner, den er schoß.

Am nächsten Abend sind Gäste im Jagdhaus eingezogen. Ein alter Bekannter, Herr Boehringer, kommt extra auf Schnepfen. Diesmal führt uns ein Hilfsjäger in Richtung jenes Platzes, wo Herr Bozóki gestern so viel Anblick hatte. Wir finden aber den genauen Platz nicht, und so stelle ich mich – vor einer Föhrendickung mit einem alten Akazienwald im Rücken – mitten auf eine Wegkreuzung. Um 17 Uhr 45 kommt hoch und quorrend ein Schnepf von rechts vorne. Ich bin abermals unaufmerksam, fahre auf, und beide Schüsse gehen los. Aber der Schnepf fällt mausetot. Irgendwie muß ich in meiner Hast den Abzug zu weit oben berührt haben und damit gleichzeitig jenen des linken Laufes auch. Nach längerem Suchen finde ich den Schnepf in den Dornen. Der Jäger, der uns aufgestellt hat, macht sechs Schuß und schießt einen, der Oberjäger sieht sieben und erlegt einen, die beiden Gäste auf den „Ehrenplätzen" haben keinen Anblick.

Am Samstag, dem 24., erscheint mein Bruder Feri. Ihn hatten die Kommunisten 41 Jahre nicht ins Land gelassen, im vorigen Herbst war er das erstemal in Ungarn. Er kommt aus der Klachau, hat unterwegs in Balatonederics Bandi Nagy, seinen alten Freund aus Afrika, besucht. Er berichtet von vielen Schnepfen im Wörschacher Moos, was eine absolute Sensation ist, denn sonst sind im März die Alpen und auch die Täler noch tief verschneit. Heuer scheinen manche Schnepfen die „aperen" Alpen frontal zu überfliegen, was sicher auch einige Wirkung auf den westungarischen Zug hat, denn hier ist er schwächer als sonst, während in Oberösterreich und im Salzburgischen massenhaft Schnepfen streichen. Abends fahren wir bei endlich eintreffender Regenfront und Wind in das Revier Somogyvár, aber keiner von uns sieht etwas.

Inzwischen haben wir uns mit Feri in einer leerstehenden Villa einquartiert. Bei annehmbaren Preisen gibt es hier eine gut versperrbare Garage, eine volleingerichtete Küche und schöne Zimmer. Am nächsten Morgen sind wir in Rigóház, dem Hausrevier, aber es streicht nichts.

Nun planen wir wieder einen Ausflug nach Ujvárfalva, jetzt dürften die Gäste ja weggefahren sein. Es ist der Tag der Wahl, Sonntag, der 25. März 1990. Wir essen gut in der hiesigen Dépendance des Hofbräuhauses, das auch von den Ungarn stark frequentiert wird und das neuerlich einen privaten Pächter hat. Von der Wahl merken wir wenig. Morgen wird die von mir nicht geschätzte Sommerzeit eingeführt. Ich habe sie nie gemocht. Schon in meiner Schulzeit, als ich in Pécs durch sie eine Stunde früher aufstehen mußte, habe ich mich darüber beklagt. Jetzt, als Erwachsener, muß ich wieder eine Stunde früher aufstehen, also statt um halb sieben um halb sechs, und als Jäger muß ich eine Stunde länger am Hochstand sitzen, da die Natur sich nicht gängeln läßt. Jeder Mensch hat außerdem eine sehr genau eingestellte „innere Uhr". Nach ihr regelt sich Schlaf, Müdigkeit, Hunger und vieles andere. Jetzt esse ich statt um 12 Uhr um 11 Uhr zu Mittag. Die Umstellung an sich, als einmalige Sache, wäre ja nicht so schlimm, aber das ewige Wechseln empfinde ich als unangenehm. Ich könnte mir vorstellen, daß man bei der Sommerzeit bleibt. Gerade im Winter wäre sie nicht unpraktisch. Der Tag würde dann (statt bis 17) bis 18 Uhr dauern; wie angenehm bei den Winterjagden an den extrem kurzen Tagen. Man beginnt ja immer zu spät und muß dann um 16 Uhr die Jagd beenden, weil im Wald die Finsternis früh beginnt.

In Attila Mártons Wartburg fahren Feri, Szöke, Márton und ich am Wahlabend nach Ujvárfalva. Die beiden Herren aus dem Westen sind abgereist, zusammen erlegten sie drei Schnepfen.

Niemand spricht von den Wahlen. Das sensationelle Ereignis wird totgeschwiegen. Warum? Imres schöner Deutsch-Kurzhaar springt als „alter" Bekannter an mir hoch. Feri und ich denken dasselbe. Er ist das Ebenbild unseres Nachkriegs-Hundes Dipi, den wir bei der Flucht 1948 in Csákberény bei Frau Rideg lassen mußten.

Im Jeep werden wir zu jenem Platz gebracht, wo das letztemal der Jäger sechs Schuß gemacht hatte. Márton wird an Bozókis Platz ausgeladen, Attila Szöke wird in der Nähe meines gestrigen Platzes postiert, dann kommen wir auf eine längliche Wiese. Am unteren Ende steige ich aus, am oberen Feri. Wir sehen uns stehen, sind etwa 250 Meter voneinander entfernt. Vor mir eine nicht allzu dichte Eichenkultur, dahinter höhere Föhren. Hinter uns ein aus hohen Akazien und mit Brombeeren verfilzten Dornenbüschen bestandener Wald, da und dort unterbrochen von Wiesen und Lichtungen. Imre und der Hilfsjäger fahren weiter. Aus Neugierde suche ich meinen Platz nach Patronenhülsen ab und werde fündig. Hier liegen 12er und 16er Hülsen, fünf an der Zahl. Es ist durch den Regen etwas feuchter geworden, aber hier unten hat es weit weniger geregnet als am Balaton. Wie in den vergangenen Jahren auch, steigen knapp vor der Strichzeit Mig-Düsenjäger auf und verursachen großen Lärm. Es ist noch sehr licht und noch nicht an den Strich zu denken. Aber bei dieser Jagd gibt es keine festen Regeln. Ich schaue nach rechts und . . . wahrhaftiger Gott, ein Schnepf . . . Langsam und in voller Balz streicht er laut quorrend direkt auf meinen Bruder zu. Ich rufe „Tiro“, denke, er sieht ihn noch nicht, doch er geht bereits langsam in Anschlag, und voll getroffen fällt sein erster ungarischer Schnepf seit dem Jahr 1948 vor seine Füße mitten auf die Wiese. Ich kann mir ein „Bravo“ nicht verkneifen. Herrgott, war das schön. Mit einem Videogerät hätte man bei diesem Licht alles herrlich aufnehmen können.

1948, als wir ohne Waffenschein und mit den von Freund Zechner besorgten Jagdkarten eine Woche im Börzsönygebirge illegal auf unsere lieben Vögel waidwerkten, hatte Feri schon das alte 20er meines Vaters durch Kauf in Budapest wieder in seinen Besitz gebracht und eines Morgens bei Kosd seinen letzten Schuß für die kommenden 41 Jahre in Ungarn gemacht. Wir jagten damals bei Felsöpetény, jenem Schloß, wo Ungarns großer Sohn, Kardinal Mindszenty, später interniert war und von wo man ihn 1956 – für ganze vier Tage – befreite.

Ich habe keine Zeit zu grübeln und zu denken. Von halbrechts nähert sich, parallel mit dem Dickungsrand, ebenso langsam wie bei Feri, aber niedriger und eher weit, ein aufgeplusterter Schnepf mit langsamem Schwingenschlag. Auf meine langsame Bewegung mit der Flinte reagiert dieser Schnepf eigenartig. Er kommt etwas näher. Ich ziele vor den Kopf, und weich fällt er in die Eichen.

Noch immer ist es relativ früh, ich blicke auf die Uhr: nach alter Zeit ist es 18 Uhr 31. Schnell lade ich nach. Nun fallen Schüsse: zwei Doppelschüsse bei Szöke, ein Doppelschuß bei Márton. Und dann kommt mir wieder ein Schnepf. Von vorne, ein bißchen rechts, abermals quorrend und abermals langsam. Am Rande der Dickung fällt er vor mich. Bald nähern sich die Scheinwerfer des Jeeps. Nun werden die Schnepfen nachgesucht, dann nehmen wir die Freunde auf. Leider haben beide gefehlt.

Mich persönlich zieht es nun zum Fernseher, der mitten im luxuriösen Speisezimmer des Jagdhauses steht. Aber keinerlei Wahlresultat steht fest. Nicht nur das Regime war veraltert, auch die Zählung der Stimmen ist problematisch, und Hochrechnungen kennt man hierzulande nicht. Hochbefriedigt fahren wir nach Hause.

Am nächsten Tag bleibt Feri, der etwas Kopfweh hat, liegen, und ich bin wieder erfolglos im Rigóház. Wir messen die Schnepfen. Feris Schnepf wiegt 365 Gramm und ist damit der bisher schwerste. Meine sind etwas leichter, 330 und 342 Gramm. Was aber auffällt: ihre Brüste sind rund, sie sind gut genährt. Was ein stärkerer Regen doch ausmacht! Während es uns absolut nicht möglich ist, Wahlresultate zu bekommen, und dieser Zustand noch drei Tage anhalten wird, fahren wir nachmittags wohlgemut wieder nach Uvárfalva, wo ja noch die meisten Schnepfen registriert wurden. Ich selbst habe ja dort schon vier geschossen. Nun wird Feri auf Attilas Stand, Márton auf der großen Lichtung angestellt, und ich beziehe wieder meinen Stand von gestern.

Es ist ein wenig dunstiger und wärmer als gestern. Oberjäger Imre ist auf Sauenanstand, denn für eine Hochzeit muß unbedingt Fleisch beschafft werden. Das aufwendige Jagdhaus hat der Jagdgenossenschaft Schulden eingebracht, nun wird der schöne Saal um Geld für Veranstaltungen vermietet. Ganz unvorgesehen erscheint links von mir, aus dem Eichenbestand kommend, vorerst niedrig, dann vor den Akazien steigend, ein Zwick (der erste und einzige, den ich in diesem Jahr in Anblick bekomme). Gaukelnd steigen sie und sind, als ich anschlage, schon hinter den Ästen. Einen Schuß bringe ich an und sehe den Schnepf fallen. Auf den zweiten komme ich nicht zu Schuß. Es fallen wieder fünf Schüsse. Feri hat einen, Márton zwei Schnepfen erlegt. Die Suche dauert lange. Ich nütze die Wartezeit, um mit meiner Lampe in den Dornen nach dem erlegten Schnepf zu suchen. Aber vergeblich. Zu dicht, zu dornig ist der Unterwuchs. Als endlich die Freunde mit dem Hund kommen, dauert es zwei Minuten, und ich halte ihn in meinen Händen. Wie immer hat das gute Datum des 26. März meinen Freunden und mir Waidmannsheil gebracht.

Am nächsten Morgen sind wir, nachdem wir lange herumtelefoniert haben, in Keresztur, unweit des Tals „der Könige“, wo ich vor drei Jahren fünf Schnepfen erlegt habe. Feri wird am oberen Waldrand angestellt, macht auch im Finstern einen Schuß auf einen Schnepf, mir kommt nichts. Am Abend fährt Feri in die Jagd von Nagy Bandi nach Uzsa, wo er fünf Schnepfen sieht und einen schießt. Ich bin wieder einmal in Ujvárfalva, aber diesmal kommt mir nichts. Feri verabschiedet sich und fährt ostwärts weiter, will auch nach Csákberény, um dort auf den Strich zu gehen. Ich selbst habe nichts dergleichen vor. So sehr ich die Csákberényer liebe, bin ich der Ansicht, daß ein Land, das wie Österreich, aber ohne Neutralitätsvorbehalte, in die EG will, sich zumindest Gedanken darüber machen sollte, wie es als werdender

Rechtsstaat die ausgeplünderten und restlos enteigneten, ihrer Existenz total beraubten Menschen wieder entschädigen könnte, wenn diese – was schon eher selten ist – noch am Leben sind. Da gibt es die derzeit defizitären, verstaatlichten Wälder. Da gibt es die sehr lukrativ genützten Jagden, da gibt es Gebäude, Gärten, Obstplantagen, Weinkulturen, Parks etc. Überhaupt nicht darüber reden? In einem Rechtsstaat? Das geht wohl nicht. Wie ich höre, hat der ungarische Staat einige Schlösser an deutsche Unternehmer verkauft, die „de jure" einem noch lebenden ungarischen Aristokraten gehören. Dort soll für den Fremdenverkehr ein Hotel, für neureiche Touristen natürlich, ein „Schloßhotel" mit allen Schikanen, errichtet werden. Nach meinem Rechtsempfinden geht das aber nicht, und der Aristokrat wäre gut beraten, wenn er – hier im Westen natürlich, denn der Neobesitzer ist ja Westler – Schritte unternähme. Noch bleibt im Westen Recht immer noch Recht. Und die vielen Parzellen, Gründe – alles fein säuberlich im Grundbuch verzeichnet? Denkt man an keinerlei Geste? Ich persönlich hätte auf meine alten Tage sicher meine Freude, wenn man mir eines unserer Häuser zurückgäbe, damit ich mich dann und wann in meiner Heimat aufhalten könnte. Ein kleiner Garten wäre auch nicht schlecht. Was hat das mit der seinerzeit verfügten und sicherlich notwendigen Bodenreform zu tun? Hat man dem sogenannten Landproletariat, das angeblich so arm war, die neu zugeteilten Felder belassen? Das nicht. Ungarn ist heute eine einzige riesengroße „Tafel", es gibt keine Parzellen, keine Raine, anstelle der Gutsbesitzer und Bauern – und letztere hatten insgesamt nicht wenig Eigentum – sind einfach Kolchosen mit neuen Herren, den Kolchosenführern, gekommen. Das zaristische Rußland, Ungarn, Rumänien waren große Agrarexporteure. Durch den Kommunismus sind sie Importeure geworden. Und ein paar Farmer in den USA produzieren heute mehr Getreide als der ganze Ostblock zusammen. Von Mangelwaren und Hunger mitten in Europa des 20. Jahrhunderts wollen wir ja gar nicht sprechen.

Doch wie heißen die alten Sprüche: „Recht muß Recht bleiben" und „Vor dem Gesetz sind alle gleich". Gelten sie auch für uns Enteignete? Daß unser armes Ungarn in der jetzigen tristen Lage nicht belastet werden soll, das ist klar. Aber eine Parzelle, ein altes Winzerhaus, Jagderlaubnis am ehemaligen Besitz, das würde ja nichts kosten. Es wäre schon angebracht, diesen trotz aller Ungerechtigkeit noch nach 50 Jahren heimattreuen Menschen gegenüber eine Geste zu setzen.

So ist die Lage und so sind meine Träume. Vor gar nicht langer Zeit war Ungarn noch ein Einparteienstaat, diktatorisch regiert, von der Geheimpolizei kontrolliert. Heute müssen Ausländer nicht einmal ein Anmeldeformular ausfüllen. Seien wir also zufrieden und (wie bisher) weiter geduldig. Danken wir Gott, daß wir das erleben durften!

Am Morgen sind wir im Disznóskert des Berek. Die Anreise war auf der glitschigen, lehmigen Straße mit dem Wartburg nicht leicht. Ich gehe hinunter zur „Hollerdikkung", und Márton steht auf der Allee am Rand zu den oberen Feldern.

Um 5 Uhr 58 kommt, schnell wie der Wind, von den Feldern her ein Schnepf, umgaukelt mich mit schmetterlingsgleicher Behendigkeit. Der erste Schuß geht ganz daneben, auf den zweiten, gut gezielten, läßt sich der Vogel, sichtlich getroffen, fallen. Gut. Ein Schuß bei Márton. Ich warte, bis es ganz licht ist, dann gehe ich mit entsicherter Flinte so leise wie möglich dorthin, wo der Schnepf niederging. Und näher als erwartet, purrt er auf, niedrig, nicht höher als einen Meter, und verschwindet sofort hinter den Hollerbüschen. Ich werfe trotzdem einen Schuß nach, und zu meiner großen Freude sehe ich den Vogel mausetot fallen. Dieser Schnepf ist groß. Obgleich nicht sehr gut im Fleisch, wiegt er auf der elektrischen Waage unseres Nachbarn 380 Gramm, was für diese Jahreszeit viel ist. Am Abend kommt im Disznóskert nichts.

Der nächste Morgen ist ein trüber Tag. Szöke geht mit seinem Labrador „Bruno" ins Tal der Könige. Ich stelle mich im Revier Keresztúr auf den Oberen Schlag, wo heuer noch niemand stand. Der Schlag besteht aus hochgeschossenen Akazien und niedrigen Eichen und Buchen. Vor mir, auf etwa 25 Meter, ist dann dieselbe Eichendickung mit Dornenbüchsen, wie sie auch im „Tal der Könige" zu finden ist, wohin Attila Szöke, wohlgemut und bewaffnet mit meiner Webley Nr. 1, gegangen ist. Bald höre ich ihn auch schon doublieren. Dann um 6 Uhr 05 erscheint von links, beim blühenden Kirschbaum, aus der Eichendickung ein quorrender Schnepf. Weit ausholend mit seinen Schwingen, ähnlich einer verliebten Eule, ist er so schnell bei mir, daß ich ihn passieren lassen muß. Erst als er auf 20 Meter wieder gerade streicht, erfassen ihn meine Schrote. Ein wenig Routine ist bisweilen gut. Groß ist die Freude, als auch Attila mit einem Schnepf daherkommt. Mein Stand ist eine „Erfindung" aus dem Vorjahr. Hier schoß ich an einem Abend drei und bekam vier in Anblick.

Am selben Abend gehen Attila und ich wieder auf diesen Platz. Szöke will diesmal bei mir stehenbleiben, ich kann ihn nicht davon abhalten. Und er verhilft mir tatsächlich zu einem Schnepf. Ich schaue natürlich nach vorne, zum Dickungsrand. Einmal hört Attila einen Puitzer – dann lange nichts. Und plötzlich zischt er: „Da, hinten!“, und ich sehe gerade noch einen Schnepf gegen das Dunkel verschwinden. Der erste Schuß geht ins Ungewisse, dann – tatsächlich – sehe ich ihn gegen den lichten Schlag auftauchen. Ich halte vor, und es scheint mir, daß er auch fällt. Attila schlägt mir auf den Rücken, läuft sofort hin und mißt zurück eine Distanz von 71 Schritt. Der Schnepf lag überdies mitten am Waldweg. Und dieser Schnepf wiegt unglaubliche 402 Gramm. Laut Attila wäre der Vogel plötzlich und schnell ganz niedrig hinter uns aufgetaucht – ich hätte ihn nie bemerkt.

Es kommt der erste April. Es ist sommerlich warm. Im Keszthelyer Park blühen schon die Kastanien, auch die Störche sind schon lange da. Heute habe ich die erste Schwalbe gesehen, auch ein Kuckuck war zu hören. Was haben da die Schnepfen noch zu suchen? Schlagartig hört der Strich in dieser Region auf. Die Zeitungen bringen endlich das Endergebnis der ersten Wahl: Demokratisches Forum 24,7 Prozent, Liberale 21,4 Prozent, Kleinlandwirte 11,7 Prozent, Reformkommunisten/Sozialisten 10,9 Prozent, Sozialdemokraten 3,5 Prozent und so weiter. Die Grünen haben 0,36 Prozent erreicht. Nirgends irgendeine Reaktion. Unfaßbar: Mehr als 30 Prozent haben gar nicht und 172.000 haben ungültig gewählt. In acht Tagen gibt es die Stichwahl. (Dann werden fast 60 Prozent nicht wählen.) Die Zeitungen berichten von der Abmontierung verschiedener Lenin- und Kún-Denkmäler. Die Statue von Münnich, der 1956 mit Kádár zu den Russen überlief, wird abgetragen. Die Demokratie als Alternative zum Kommunismus will (noch) nicht recht greifen, statt dessen wuchern Intoleranz, Nationalismus und kleinlicher Machtkampf. Und die Russen stehen noch im Lande. Geheimpolizei, Arbeitermiliz, Parteikader, von Moskau geschultes Offizierskorps, das alles ist 1990 noch im Lande. Die Zeiten sind nur scheinbar so rosig. Schon melden baltische und andere Sowjetrepubliken ihre Unabhängigkeit an. Wir leben in einer Zeit schneller und unvorgesehener Änderungen. Was wird der Morgen bringen? Sogar das Wetter spielt verrückt. Die Natur, die uns jetzt einen Scheinsommer vorgaukelt, wird uns hilflosen Menschen mit Sicherheit einen kalten und verregneten Sommer bescheren. Was können wir schon gegen das Wetter tun?

Ich stehe auf dem Fonyóder Berg und schaue auf den Balaton hinunter. Heute ist seine Farbe milchig-türkis, leichte Kräuselwellen spielen im Sonnenlicht. Die japanischen Kirschbäume sind schon welk, überall fängt der Flieder zu knospen an, der Löwenzahn ist abgeblüht, da und dort blühen schon Apfelbäume. Der laue Frühlingswind weht von den Alpen in die ungarische Pußta hinein. Gott allein weiß, was er diesem Land bringen wird . . .

Der Pantoffelbock

Bei strahlendem Wetter fahre ich durch die Millionenstadt Budapest. Es ist der 29. April 1990. Oft bin ich schon am Vorabend des 1. Mai über die Rákóczy-Straße gefahren. Noch im Vorjahr war Budapest ein rotes Flaggenmeer. Heute durchfahre ich die ganze Stadt von der Wiener bis zur Miskolcer Autobahn und sehe keine einzige rote Fahne! Nicht auf den Hauptstraßen, nicht in den Nebenstraßen, nicht einmal zufällig auf einem Haus. Der Kommunismus scheint nach 45 Jahren hinweggefegt worden zu sein, als hätte es ihn nie gegeben. Und bei uns im ach so demokratischen Westen? Wien, Stockholm, Paris, Bologna, Madrid, Lissabon, hier hat sich wohl nichts geändert. Der Tag der Arbeit wird im Westen traditionsgemäß mit roten Fahnen gefeiert. Nichts von alledem in Budapest, das nominell noch eine kommunistische Regierung hat.

In wenigen Tagen wird sich das neue Parlament, hervorgegangen aus freien Wahlen, konstituieren. Ehrengäste sind Otto von Habsburg, Präsident der Paneuropa-Union, Varga Béla, emigrierter Präsident des Parlamentes von 1946, und zahlreiche, jahrelang eingesperrte Fahnenträger der Freiheit, Opfer des Kommunismus, der korrupten Nomenklatura, der ferngelenkten Geheimpolizei. Gestern noch war ich bei Freunden in Vasvár und habe dort das ungarische Fernsehen bis spät in die Nacht genossen. Drei Filme hintereinander handelten von den Greueltaten der Russen und der Korruption der unbeschränkt herrschenden Spitzenfunktionäre. Die Nachrichten über Litauen sind weit schärfer und mitfühlender als bei uns. Thema einer Fernsehdiskussion ist im übrigen „die historische Schuld von Lenin“. Ja, Lenin. Schon kann ich mit eigenen Augen deutlich sehen, wie seine Denkmäler überall verschwinden. Wunder an der Donau, wie weit hast du uns vorsichtige Taktierer bereits überholt. Und auch die Straßennamen! Still, aber nicht heimlich, sind viele Namen kommunistischer Funktionäre verschwunden; da und dort auch solche von Okkupanten. In der Fernsehdiskussion wurde von einem jungen Teilnehmer der 4. April – bisher Nationalfeiertag, heuer als solcher abgesetzt – als Tag der Kolonisation bezeichnet. Man hält es nicht für wahr, man greift sich an den Kopf. Für „antisowjetische Propaganda“

hat es früher mindestens zehn Jahre Arbeitslager gegeben. Heute spricht man nicht nur über die Sowjetunion, sondern kritisiert sie sogar angesichts finster blickender (aber immerhin zur Diskussion erschienener) Generäle, die sich in krankhafter Anstrengung, demokratisch zu erscheinen, schier die Zungen blutig beißen.

Aber ihre Augen blicken emotionslos, in ihrer Mimik spiegelt sich Unnachgiebigkeit. Hat man nicht über das Ziel geschossen? Hat man sich nicht übernommen? Kann eine osteuropäische Macht diese jugendliche Ungeduld überhaupt verkraften? Ist das auf einmal nicht zu viel für die Marschälle? Ich kann bei aller Euphorie ein schlechtes Gefühl nicht ganz unterdrücken. China fällt mir ein, der Milliardenstaat, der Platz des himmlischen Friedens, die Fleisch zermalmenden Panzer und unsere Schutzmacht Amerika, die, anstatt die um Hilfe flehenden Litauer zu unterstützen, ihren „Bombensieg" im Irak feiert.

Ich fahre, wie alle Jahre, in „mein" Rehrevier nach Visznek. Ich bin ein wenig neugierig, denn der Präsident der Jagdgenossenschaft, Lajos Tóth, war jahrelang Parteisekretär und mein Herbergsvater József Horváth überzeugter Kommunist. Als ich mich bei Tóth Lajos melde, ist aber anscheinend alles beim alten. Nur mit einem Nebensatz bemerkt er, daß er die „Partei" aufgelöst hat. Jóska aber, dessen Wohnung nach wie vor mit Auszeichnungs-Dokumenten vollbehangen ist, versehen mit der Unterschrift Kádárs und einem weit leuchtenden roten Stern, Jóska, den ich jahrelang als anständigen, netten Menschen kennengelernt habe, sagt mir: „So lange wird es keine Ordnung geben, bis Habsburg Ottó nicht Präsident ist." Tempora mutantur et nos mutamur in illis.

Hier in meinem stillen Quartier, Freiheitsstraße 114, habe ich jahrelang lupenreine kommunistische Bücher gelesen, nicht uninteressant, wie gekonnt man Geschichte verdrehen, wie hemmungslos man in Druckwerken lügen kann. Heute aber entdecke ich auch hier das Buch: „Kiskirályok mundérban" von Bokor („Kleinkönige in

Bild rechts: Ein seltenes Zusammentreffen

Bild umseitig:
Der Schnee verrät mehr, als er deckt...

Uniform"), ein berühmtes Buch, in dem die Korruption gewisser hoher Militärs, auch in bezug auf die Jagd, anprangert wird, ferner Oltványi Ottó: „Das Ende" (Ceausescus) und ein vernichtendes Buch über Rákosi.

Jóska hat die (ehemalige) Parteizeitung Népszabadság zwar noch abonniert, doch wie hat sich diese geändert! Früher stand als Untertitel: „Proletarier aller Länder vereinigt euch". Heute schlicht: „demokratische Tageszeitung". Doch auch der Inhalt ist völlig anders. Sachlich, fairer Gegnern gegenüber, interessant gestaltet. Weit besser als jene Zeitungen, die in übertriebener westlicher Manier Sensationen boulevardisieren. Kein Wunder: Etliche Wochenzeitungen gehören zu einem Teil schon westlichen Zeitungskonzernen . . .

Am ersten Abend fahren wir ins Revier, ohne die unbedingte Absicht zu schießen. Nach dem dritten schneelosen Winter „en suite" ist das Getreide bereits abnormal hoch. Die Wintergerste über einen Meter. Und gerade in ihr ist einer der starken Böcke zu suchen. In 90 Hektar! In einem anderen Feld – es ist ein sehr hoher Weizen – hat ein alter, sehr hoher Sechser seinen Einstand. Nach langem Suchen mit dem Glas erspähen wir endlich sein schneeweißes Gehörn. Es ragt, wenn er sich im Bett befindet, so hervor, daß man die Lauscher nicht sehen kann. Mit Lajos stehe ich in einem trockenen, eher kleinen Graben und warte. Der Bock ist nicht weiter als 90 Meter. Der Wind ist schlecht. Der Bock rührt sich aber nicht. Nach einer Stunde anstrengendem Stehen, wobei ich, an meinem Zielstock in Halbanschlag die Büchse anlehnend, warte, entschließt sich Lajos, im Graben vorzugehen und den Bock – dann nicht weiter als 40 Meter – durch akustische Geräusche hochzumachen. Es ist bereits 19 Uhr 30.

Lajos geht langsam in gebückter Haltung vor, bis er etwa die Höhe des Bockes erreicht. Sofort nach seinem Abgehen habe ich an der Stellung des Gehörnes erkannt, daß der Bock mit diesem Manöver völlig vertraut ist. Je näher Lajos dem Bock

Bilder umseitig:
Oben: Manchmal bin ich auch Sittenwächter – Unten: Wenn die „Halbstarken" schmusen

Bild links: Bald kommt die Brunft, da muß ich fit sein . . .

kommt, desto tiefer zieht dieser sein Haupt hinunter. Nun sehe ich nur noch die Spitzen der Enden. Mit Lajos mitzugehen wäre falsch gewesen, denn von dort aus müßte man in Richtung der Ortschaft Nagyfüged schießen, die auf ca. 4 km liegt. Nun hat Lajos schon allerhand Geräusche verursacht. Bricht Äste, trampelt, als flüchteten Rehe vorbei, endlich pfeift er. Jetzt ist das Gehörn ganz verschwunden. Und zuletzt entschließt sich mein Begleiter, ein Stück Erde in Richtung des Bockes zu werfen. Kaum ist diese zu Boden gefallen, springt der Bock auf und flüchtet, ohne anzuhalten, mindestens zwei Kilometer weit weg, bis er unseren Augen – in einem großen Graben – entschwindet.

Wir fahren nach Hause. Im Fernsehen wird Ceausescus Prozeß und Hinrichtung gesendet und diskutiert. Obgleich beides schon fast ein halbes Jahr zurückliegt, erschüttert es mich furchtbar. Denn wer immer dieser Mann gewesen sein mag, die Hinrichtung zusammen mit seiner Frau, fein säuberlich auf Video gebannt, die Zuckungen und das fließende Blut in Großaufnahme, das ist barbarisch, das ist schrecklich. Kein Wunder, daß dieses nun aufgetauchte Band von unserem TV nicht gesendet wurde.

Im Bett der guten Stube unter den Heiligenbildern (diesmal ohne kommunistische „Heilige“) schlafe ich herrlich. Der Dackel „Söszi“ fehlt mir sehr. Er wurde ebenso wie sein Vorgänger überfahren. Voriges Jahr begleitete er mich noch bis zum Jäger Ignác, dem ich beim Auskochen assistierte.

Früh bin ich auf und begebe mich sofort in den hinteren Hof zu den Tieren. Die Hühner und auch die Schweine sind völlig zahm, lassen sich kraulen. Letzteren verfüttere ich Reste meiner gestrigen Jause. Sie grunzen wohlgefällig, ahnen nicht, daß sie ebenfalls einer Hinrichtung entgegensehen, dem Mittelpunkt des Jahres eines jeden ungarischen Landmenschen: dem Schweineschlachten mit all seinen Ritualen. Vormittag ist Messe. Mit Freuden habe ich schon gestern festgestellt, daß der Turm der Viszneker Kirche, vor Jahren durch Blitzschlag beschädigt und nur provisorisch abgedeckt, herrlich renoviert wird. Er bekommt seine ursprüngliche spitze Form, und teuere Kupferplatten liegen bereit. Ich darf der Klosterschwester, die hier die Agenden des Kantors verrichtet, eine Spende überreichen. Daß sie weitere Wünsche hat, ist nicht verwunderlich. Ich werde mich dafür einsetzen, sie zu erfüllen.

Noch vor dem Essen erscheint Lojzi der Jäger und meldet, ein starker fremder Bock wäre unweit des Tómellék aufgetaucht, und da er das Alter sicher hätte, sollten wir es sofort auf ihn versuchen. Tómellék ist bei weitem das größte deckungslose Gebiet dieses schmalen Reviers. Nur von einzelnen Gräben durchfurcht, vereinzelte Schlehdornbüsche, zwei stehengelassene Bäume, kleine Zick-Inseln (unfruchtbare Salzerde, aber von den Rehen bevorzugt) – das ist alles. Bald entdecken wir auf etwa 500 Meter den Bock, als er bereits flüchtet. Eine Alt- und eine Schmalgais sind bei ihm. Sie nehmen Richtung gegen die Grenze. Das müssen, das wollen wir verhindern. Lajos läßt mich bei einem der Bäume aussteigen, und der Geländewagen der Type UAZ versucht, einen großen Kreis vollführend, den Rehen das Überflüchten der Grenze zu vereiteln. Immer wieder werden andere Rehe hoch. Der Wagen scheint „unsere" Rehe nicht sehr zu beeindrucken, sie lassen sich von ihrer Richtung kaum abbringen, werden noch flüchtiger. Doch da geschieht das Entscheidende. Ein starker junger Bock, etwa vierjährig , wird hoch und flüchtet genau gegen meinen Baum. Der Alte mit den zwei Gaisen stoppt, verhofft kurz, und dann verfolgt er in rasendem Tempo den Jungen, kommt mir dabei näher. Der Junge hat dunkle, geperlte Stangen, trägt sein Haupt hoch, der Alte, mit tief angesetzten Augenden, ist fast ein Kreuzbock, hat Dachrosen und ist im Wildpret äußerst stark. Spielerisch leicht, fast hüpfend, flüchtet der Zukunftsbock, treibt den Alten zur Raserei, dieser wird schneller, erreicht in der Beschleunigung fast den Jungen, der macht jedoch einen Haken, und der Alte scheint jetzt völlig den Kopf zu verlieren. Zu meinem nicht geringen Glück und meiner steigenden Aufregung nähert sich die wilde Jagd meinem Baum. Ich habe mich entschlossen, mit dem Rücken an den Baum gelehnt, den Zielstock fest in der linken Hand, den Lauf meiner Mannlicher wie beim Blatten darandrückend, die Bewegungen der beiden Böcke „mitzumachen". Der Junge will rechts von mir vorbeiflüchten, die Entfernung beträgt nur mehr 100 Meter. Da kommt er in meinen Wind, stoppt plötzlich, der Alte nähert sich ihm, und da rechts das Dorf und links der Geländewagen sind, wendet der Junge. Dies mißversteht der Alte, der noch nicht Wind hat, vollends und verhofft ebenfalls für eine Sekunde. Doch da ist er schon auf 80 Schritt, steht völlig breit, seine Rückenlinie ist gut aus dem hohen Weizen sichtbar. Im Schuß zeichnet er, der Junge verhofft, der tödlich Getroffene versucht, ihn noch zu verfolgen, doch nach 40 Schritt knicken seine Läufe ein, und verendet liegt er im Getreide. Da kommt schon der UAZ quer über das Feld, und als er eintrifft, stehe ich schon vor dem Bock, der ein wirklich kapitaler ist . . . Es ist 13 Uhr, als wir, wie angesagt, zum Essen eintreffen. Vorher habe ich lange fotografiert und vermessen. Die Höhe dieses Kapitalen, dessen Hauptmerkmale die vorderen und hinteren herrlichen, langen, spitzen Enden sind, beträgt 27,5 cm, was man eben der Enden wegen nicht sofort sieht. Die Ungarn schätzen ihn auf acht, ich auf sichere sechs Jahre.

Nachmittags fahren wir um 18 Uhr zum Revierteil „Patikás“, südlich der Ortschaft und des Meierhofs, wo es penetrant nach Dünger stinkt und wo im Sumpf und an den Teichrändern Uferschnepfen, Strandläufer, Bekassinen und Knäckenten hochwerden. Vor uns die schon erwähnte 90 ha große Tafel mit 1 Meter hoher, bereits gelbliche Ähren zeigender Wintergerste. Zwischen den Teichen und der Gerste ist ein Pappelwäldchen mit hohem schilfartigem Gras.

Leider kommen wir zu spät, die Rehe sind aus der Gerste bereits in das Wäldchen gezogen, sehen uns und flüchten sofort in die schützende Tafel zurück. Wir haben keine Chance mehr, können nur noch das Gehörn des Bockes bewundern. Er ist sehr gut geperlt, ein typischer Viszneker Bock. Wir beschließen, es am nächsten Tag etwas früher durch Ansitz zu versuchen, da es so scheint, daß der Bock abends zur Äsung in das Pappelwäldchen zieht.

Die ungarische Television bringt eine Direktübertragung aus dem Parlament, wo sich die neu gewählten Parteien vorstellen werden. Namentlich werden die einzelnen Abgeordneten vom 89jährigen Altpräsidenten und seinen zwei jugendlichen Assistenten aufgerufen. Es geht dem Alphabet nach. Ich höre die Namen Bethlen, Kállay, jenen des legendären Armeeführers der Revolution, Béla Király, der von Kádár zum Tod verurteilt wurde. In der Ehrenloge der zu Lebenslang verurteilte, später nach Kanada emigrierte Dr. Sándor Kopácsi, ehemaliger zum Volk übergetretener Polizeidirektor von Budapest, in Großaufnahme Otto von Habsburg, den die Reporter geradezu beknien. Dann die gewählten Reformkommunisten Pozsgay, Németh, Horn. Den neuen Ministerpräsidenten József Antall bewundern sowohl Józsi als ich. Bei der Pressekonferenz antwortet er ruhig und gemessen, kein einziges Wort muß korrigiert oder ersetzt werden.

Am Vormittag fahren wir im Revier herum, sehen ein paar gute, doch zu junge Böcke. Plötzlich sehe ich unter den zahlreichen Hasen und Fasanen fast völlig verdeckt einen Fuchs. Während das Auto weiterfährt, stehe ich neben einem Akazienbaum, der die Feldstraße mit vielen anderen säumt, und warte auf das Wiedererscheinen des Fuchses. Meine Rechnung geht auf. Keine fünf Meter von einem nichts ahnenden und wie toll verliebten Hasen sehe ich den Kopf des Fuchses. Da mein Fuchs nicht weiter als 40 Meter steht, gelingt mir ein Trägerschuß. Er ist ein kapitaler Rüde, und über ihn freue ich mich fast mehr als über einen mittleren Bock.

Zum Essen gibt es Topfennudeln mit Rahm und Grammeln. Auf ein Hendl – das mir angeboten wird – verzichte ich angesichts der Zutraulichkeit dieser Tiere. Ich sitze öfters im hinteren Garten, der gegen den vorderen Blumen- und den feldseitigen Gemüsegarten abgeschlossen ist, auf einem Schammerl, und die Hühner zupfen an meinen Schuhen, eines fliegt mir sogar auf den Schoß. Vom nahen Dorfweiher hört man die Frösche quaken. Erinnerungen werden wach, wie ähnlich sind doch diese Laute jenen im alten, versunkenen Csákberény!

Um 16 Uhr 30 erscheint vor dem Tor der alte UAZ-Geländewagen, mit dem ich schon so viele Pirschen unternommen habe. Jäger Lojzi am Volant, Tóth Lajos am Verdeck. Unterwegs steigt ein neuer Jungjäger zu, der den 60jährigen und in Pension gehenden Ignác ersetzen soll. Er war beauftragt, bei der Gerste zu beobachten, kann aber nichts vermelden. In zehn Minuten sind wir vor Ort. Dort, wo früher ein Raupenfahrzeug Erdreich zusammengeschoben hat, lassen wir uns mit Lajos an der höchsten Stelle nieder, während Lojzi und der Jungjäger mit dem Wagen auf die andere Seite der riesengroßen Gerste fahren. Wir haben hier auf der Ostseite guten Wind. Plötzlich hat Lajos das Gehörn des Bockes entdeckt. Halb links vor uns scheint der Bock zu stehen. Dann, nach einer Viertelstunde, etwas weiter links das Haupt einer Gais. Sie zieht in Zeitlupentempo zum Rand des Feldes hin, wo, abgegrenzt durch einen breiten Weg, das Pappelwäldchen beginnt. Vom Bock keine Spur mehr. Doch nach 40 Minuten entdecken wir eine zweite Gais, die weiter rechts hochgeworden ist. „Dort war der Bock“, sagt Lajos, „er wird gleich hochwerden.“ Und nach weiteren zehn Minuten sehe ich auch plötzlich das Haupt des Bockes. Die andere Gais hat inzwischen den Weg erreicht und äst hingebungsvoll. Es ist eine hochbeschlagene

Altgais. Die Schmalgais und der Bock lassen sich Zeit. Gestern waren sie um diese Zeit schon im Wäldchen. Immer wieder verschwinden die Häupter, dann tun sich beide anscheinend nieder, denn wir sehen ungefähr zwanzig Minuten nichts mehr. Etwa 60 Meter vom Feldrand führt eine alte Traktorspur. Wenn sie dort durchziehen, dürfte man etwas vom Wildpret erspähen.

Endlich zieht die Gais zügig nach links, hinter ihr auf etwa fünf Meter erblicken wir das Haupt des Bockes. Die Gais überquert die alte Spur. Ich habe es braun leuchten gesehen, konnte auch die Rückenlinie erkennen. Nun folgt der Bock. Aber im Gegensatz zur Gais schwenkt er auf die rechte Radspur ein und zieht nun weg von mir. Ich sehe den Spiegel, den Träger und das Haupt. Längst habe ich eingestochen. Als der Bock verhofft, trage ich ihm die Kugel auf den Halsansatz an, und im Feuer verschwindet er. Es war nicht weit, ich bin mir meiner Sache recht sicher. Lajos fürchtet, daß der Schuß zu hoch gegangen sein könnte. Aber das halte ich für ausgeschlossen. Bald bin ich beim Bock. Es ist ein braver, etwa 26 cm hoher, bis oben geperlter, ca. fünf- bis sechsjähriger, ein wenig eng gestellter Bock. Ich weiß aus Erfahrung, daß so stark geperlte Böcke sehr oft weniger wiegen, als es den Anschein hat. Ein Beispiel ist mein Viszneker Lebensbock aus dem Jahr 1987: 28 cm hoch, bis hinauf dick und geperlt, mit kleiner Hirnschale, aber laut offiziellem Trophäenbuch „nur" 540 Gramm und 152,3 Punkte. Allerdings war er in jenem Jahr der siebentbeste Ungarns.

Wir fahren nach Hause. Vorher besichtige ich den gestrigen Bock bei Ignác. Frisch und naß hat er 630 Gramm. Das wird ein Gewicht unter 500 Gramm geben. Am Abend ist Kabarett im Fernsehen. Ziel der satirischen Pointen sind die Russen und ihr bevorstehender, hier noch immer bezweifelter Abzug. Der jahrelang dem Volk aufgezwungene marxistische Parteijargon wird auf die Schaufel genommen, wie es Kishon nicht besser könnte und wie es Karl Kraus (allerdings gegen die ganze Welt) mit unnachahmlicher Schärfe vorexerziert hat. Ein ganzes Jahr lang, etwa seit der Massendemonstration im Juni 1989, werden die Russen und Kommunisten schon lächerlich gemacht, mit gekonnter Ironie zerpflückt. Ja, es ist eine Revolution im Gange. Statt der Guillotine tödliche Ironie, statt fließenden Blutes vernichtende Satire. Und trotzdem wurde in kurzer Zeit erreicht, was die Gegenseite nur mit

Terror, Blut, KZ und ÁVO hätte erreichen können: die totale Demontage des Gegners, die geistige Zerquetschung einer Ideologie (in unserem Fall der des Marxismus). Welch ein triumphaler Sieg, welch ein unerwartetes Wunder! Denn jeder, der behauptet, daß all dies voraussehbar war, der lügt. Vor einem Jahr war die alleinherrschende Partei noch allmächtig, das ganze Land sozusagen ihr Eigentum. Aber die Jugend von heute fürchtet sich nicht mehr: Bis unter die Gürtellinie mit Orden bedeckte, träge Nomenklaturisten sind seit Honeckers, Schiwkows und Ceausescus Sturz für das Volk heute nur noch Witzfiguren. Auch wenn 5 Millionen Sowjetsoldaten unter Waffen stehen, auch wenn 100.000 Panzer in den Remisen auf ihren Einsatz warten. Und ist es nicht schön, daß diese Befreiung ohne Haß und ohne Rachedurst vonstatten ging? Vor *einem* Jahr – nicht vor 45 Jahren – herrschte hier düsterer Stalinismus. Welch ein Unterschied zu einer anderswo so gängigen Mentalität, wo noch nach zwei Generationen Rachegedanken gegenwärtig sind.

Am nächsten Tag erscheint mein Freund Attila Szöke, um mich nach Nordostungarn ins schöne Komitat Zemplén abzuholen. Mit seinem neuen Toyota fahren wir über Heves, Füzesabony, Mezökövesd, Emöd nach Miskolc, von wo wir in das Tal des Hernád einbiegen und an der Strecke nach Kaschau, an der Straße Nr. 3 in Forró, haltmachen. Hier steht ein in Privatbesitz befindliches kleines Hotel, die Pension Mondschein (Holdwilág), unser Quartier für zwei Nächte. Die Umgebung ist eher trostlos. Um das Gebäude parken polnische, tschechische und ungarische Autobusse und auch einige Wägen von Jagdvermittlern.

Der Jagdleiter der hiesigen Jagdgenossenschaft und der sympathische Berufsjäger Gyula stellen sich uns vor. Man ist voller Versprechungen und positiver Prognosen. Das Wetter aber wird immer schlechter. Nach einigen heißen Tagen nähert sich eine kalte Nordfront, und als wir um 17 Uhr 30 starten, weht schon ein beißend kalter Nordwind, der durch warme Pullover und Mäntel dringt. Wir setzen uns unweit der Straße Nr. 3 an, mit gutem Wind in einem Pappelwald. Vor uns ein hier noch sehr niedriger Weizen. Wenn wir nach Norden schauen, ist rechter Hand ein Wäldchen, darin einige Schilfflecken, zwischen Weizen und Wald ein Kanal. Hier soll ein kapitaler Bock hausen, der niemals vor 8 Uhr 30, und dann nur ganz kurz, öfters auszieht und meistens einen jüngeren Bock vertreibt. Ich habe optimistische Prognosen lieber als pessimistische, aber bei diesem eiskalten Orkan scheinen mir die Aussichten sehr fraglich. Und es folgen drei Stunden des Ansitzes, während denen ich erbärmlich friere, mehr als in den letzten fünf Wintern. Natürlich kommt der Bock nicht, dennoch sehen wir einige Rehe, die im Windschatten einer Schlehdornhecke ganz kurz austreten. Ein Abschußbock ist dabei, aber nichts für uns.

Am Abend, nach einem heißen Bad, sehen wir uns am TV-Apparat Videobänder der Fußballweltmeisterschaft von Bern aus dem Jahr 1954 an. Wir sehen das erste Match Ungarn gegen die BRD (8:2), Österreich gegen Uruguay (3:1) und das für die Wunderstürmer um Major Puskás so mißglückte Endspiel, das den Deutschen mit 3:2 den Weltmeistertitel brachte. Ich kann mich gut daran erinnern. Damals führte ich bei der Wurftaubenstaatsmeisterschaft mit einigen Tauben. Als ich die letzten Minuten des dramatischen Endspieles knapp vor meiner letzten Serie im Autoradio mithörte und als das letzte Ausgleichtor von Puskás aberkannt wurde, war ich so zerstreut, daß ich meinen Vorsprung durch blöde Fehler leichtfertig einbüßte und sogar dritter wurde. Mir fehlte allerdings damals die Routine zur absoluten Konzentration, denn es war erst mein zweites Wurftaubenjahr.

Die Frühpirsch – nach einer schlechten Nacht im überheizten Zimmer – bringt nichts ein. In dieser Pension ist eine Fußbodenheizung installiert, die man nicht abschalten kann. Vor meinem Fenster bellt die ganze Nacht hindurch ein alter Wolfshund. Ich habe meine Toilettentasche in Viszneck vergessen und muß mir nun einen Rasierapparat kaufen. Am frühen Nachmittag machen wir eine Rundfahrt im malerischen Augelände des Hernád und sehen auch viele Rehe. Ich kann viel und erfolgreich fotografieren. Ich widerstehe allen Aufforderungen, schwache Böcke zu erlegen, da ich ja hergekommen bin, um einen starken alten Bock zu schießen. Einen, nicht mehrere!

Der Abendansitz ist bei weniger windigem Wetter angenehmer, aber einen starken Bock sehen wir trotz der Behauptung von Gyula, einen jenseits der Grenze gesehen zu

Bild rechts: Frisch verfegt, im späten Schnee . . .

Bild umseitig: Im Herbstwald gibt es Leckerbissen . . .

haben, nicht. Inzwischen ist ein kleiner Franzose angekommen, der ausschließlich Abschußböcke schießen will. Auch ein Chinese ist da mit einem recht überheblichen ungarischen Dolmetscher. Jene Österreicher, die vor uns dagewesen sind, haben es auf einen urigen Bock gebracht, der 480 Gramm wog. Es sind Wiener in der üblichen Standardausstattung, wie aus dem Kettnerkatalog, aber sehr nett. Unsere letzte Pirsch wird um 14 Uhr 30 begonnen, und diesmal kommt auch der Jägermeister mit.

Wir fahren zuerst auf unseren alten Aussichtsplatz bei der Straße. Ein Expreßzug nach Krakau braust vorbei. Wir sehen einen jüngeren Bock, und ich werde gefragt, ob ich ihn schießen will. Ich lehne jedoch ab. Dann erblickt der Jägermeister hinten im Eck beim Schilf einen besseren Bock, von dem er behauptet, er wäre der Starke. Nun schnell ins Auto. Der Kanäle wegen umfahren wir den Wald über riesige Umwege und kommen dort an, wo auf der anderen Seite der Bock hätte austreten sollen; etwa 800 Meter in Luftlinie von unserem alten Aussichtsplatz. Wir sehen nichts. Gyula und ich steigen aus und spähen vorsichtig durch die Verlängerung des Schlehdornbusches. Nichts. Nun pirschen wir mit gutem Wind – es ist fast windstill – ich mit einem Pirschstock ausgerüstet, an der Südseite des Windschutzgürtels entlang, um dort, wo eine kleine Unterbrechung ist, auf die kleine Lichtung beim Schilf auszublicken. Und hier sehen wir das Haupt einer Gais. Wir stehen zehn Minuten, bis ich plötzlich auch das Haupt eines Bockes erkenne. Im gleichen Augenblick sagt Gyula: „Dort ist er, der Starke, mein Gott ist er stark.“ Mir scheint dies nicht so zu sein, aber man ist geneigt, dem Revierjäger Glauben zu schenken. Die Rehe scheinen in einer Senke – einem ehemaligen, heute ausgetrockneten Teich – zu stehen. Man sieht hin und wieder die Rückenlinie der Gais oder des Bockes. Zwischen den Rehen und uns liegt tief gestapelt eine hohe „Distelkultur“. Ein Durchschießen wäre absolut unverantwortlich. Ich frage wiederholt, weil ich skeptisch bin: „Ist das der starke Bock?“. Gyula bejaht das entschieden. Und nun beginne ich über den Stock dorthin zu zielen, wo der Bock vor einiger Zeit verschwunden ist. Rechts Gyula, mit dem Glas schon fast im

Bild umseitig: Und plötzlich erscheint der Keiler am Wechsel . . .

Bild links: Turnier der roten Ritter . . .

Schlehdornbusch stehend. Manchmal sehe ich das Gehörn des träge herumäsenden, dann wieder sich niedertuenden Bockes. Er scheint mir nicht allzu kapital zu sein. So stehen wir eine ganze Stunde! Plötzlich verspüre ich, zuerst ganz zart, dann aber immer stärker, einen Luftzug im Genick. Fast im gleichen Augenblick werden drüben drei, vier Gaisen und der Bock hoch und flüchten hinaus in den Weizen. Der Wind hat also auf Süd gedreht. Als der Bock sich auf etwa 160 Meter querstellt und zurückverhofft, schieße ich sofort, und er fällt im Feuer. Ich habe hellen Kugelschlag gehört. Und dann kommt auch schon der Geländewagen des Jägermeisters, der bereits ungeduldig zu werden begann, und gemeinsam gehen wir zum Bock. Er ist, wie ich ihn durch das Fernrohr angesprochen habe. Stark, aber nichts Besonderes. Ein eher dicker, etwa 24 cm hoher, schönendiger, dunkler, mittelalter Bock. Von einem Kapitalen keine Rede. Knappe Silbermedaille. Doch ich bin zufrieden, von diesem schönen Revier wenigstens eine Trophäe trotz nicht sehr günstiger Umstände und schlechtem Wetter heimzubringen. Die Sonne vergoldet die taunassen Büsche, über den spitzen Bergen der Karpatenausläufer schwimmen zarte, rotumrandete Wölkchen wie Barockengel, hell erleuchtet das Morgenlicht die herrliche Burg von Bodrogkövár. Wie ein Kranz, von Zuckerbäckerhand geschaffen, umrandet den höchsten Berggipfel die Ruine von Arka. Geschichtsträchtige, romantische Landschaft, unberührt von Fortschrittseuphorie, tausendjähriges Ungarn diesseits und jenseits der Trianongrenze, Gotteslob in ewiger Schönheit!

Und dann fahren wir zur Pension zurück. Unweit der Hundehütte sind zwei Rehe gestreckt worden. Der kleine Franzose hat sie heute morgen geschossen. Ein junger, langendiger Zukunftsbock der eine und ein alter, endenloser kinderarmdicker Hochkapitaler der andere. Ein Bock, dem ich gut und gerne 600 Gramm und 165 Punkte gebe.

Mit Attilas Wagen geht es nach Visznek zurück. Hier hat es geregnet, und das Getreide scheint um eine weitere Spanne gewachsen zu sein. Es ist etwa 16 Uhr, als ich mich bei der Jagdleitung melde. Doch Jäger Lojzi ist dienstlich im Revier, der Chef Tóth Lajos in seiner Dienststelle in der Kolchose. Jóska springt ein, bietet seinen Wagen für eine Pirschfahrt an, schließlich kommt auch Lajos. Er hat lange Hosen, ich – in der Eile unbemerkt – Pantoffeln an. Ein wenig schlittert der rote Wartburg über die lehmigen Wege, über Gras zu fahren ist leichter. Karosseriemäßig ist dieser Wartburg eigentlich tadellos für die Jagd geeignet. Er ist hoch, sein Kofferraum groß genug für einen Hirsch, er hat vier Türen.

Wir fahren ins Tómellék, um den Bock vom ersten Tag, jenen mit den hohen und lichten Stangen, anzutreffen. Wir machen eine Runde, eine zweite und sehen andere Rehe, nicht jedoch den gesuchten. Ein Einstangler ist dabei, der eine dünne Pendelstange hat. Aber man wimmelt mich ab. Er würde zu wenig Gewicht einbringen, und solch ein Abschußbock ist gerade das Richtige für einen einheimischen Jäger. Sie sind ja wirklich arm, die ungarischen Jäger, besonders hierzulande, wo es keine Sauen gibt. Die Hasen werden eingefangen und nach Frankreich oder Italien verkauft, Fasanen und Wildtauben schießen Ausländer. Und Rehböcke über 300 Gramm sind für sie tabu. Was haben sie schon von „ihrer" Jagd?

Unweit des langgezogenen Schlehdornbusches steigen wir aus dem Wagen und schicken ihn weg. Hier ist laut Lajos die Heimat des „weißen Mörders". Sachkundig untersucht er im hoch gewordenen Weizen einige Lager. Da der Bock bereits lange Durchfall hat, ist sein Hauptquartier leicht auszumachen. Doch wo ist er jetzt? Meter um Meter wird das große Feld abgesucht. Endlich, als die Sonne im Westen aus den Wolken kommt, werden wir „fündig". Auf etwa 180–200 Meter vom Busch sehen wir die typischen weißen Stangen aus dem Weizen ragen. Er ist es, kein Zweifel. Aber, wann wird er hoch werden? Zuerst einmal richte ich mir am Ostrand des Dornenbusches einen Platz, von dem aus ich im Notfall schießen kann. Ein halbwegs dicker, doch ein wenig federnder Ast soll als Auflage dienen, der rechte Ellenbogen kommt auf dorniges Buschwerk. Lajos stellt sich neben mich. Und nun warten wir eine volle Stunde lang. Andere Rehe werden hoch, ziehen zur Äsung. Mücken peinigen uns, der Rücken schmerzt. Ich fühle die Müdigkeit, denn ich bin um 4 Uhr aufgestanden. Ganz weit im Nordosten taucht eine einzelne Gestalt auf und kommt näher. Es ist einer der emsigen Schneckensucher. Durch einen Rucksack voller Weinbergschnecken kann man hierzulande mehr verdienen, als ein Monatsgehalt ausmacht. Links, auf etwa 4 km, liegt die Ortschaft Nagyfüged, etwas weiter südlich Zsadány. Dazwischen der Bock. Wenn er hoch wird, könnte man schießen. Aber jetzt kommt dieser Mann und wird vor uns (etwa 300 Meter hinter dem Bock) am Rande eines Grabens vorbeisuchen. Schon ist er parallel mit uns und nähert sich der ideellen Schußlinie. „Wenn der Bock jetzt hoch wird, können wir nicht schießen“, unterbricht Lajos meine Gedanken.

Und zwei Minuten später wird er hoch, gerade als der Mann in seine Richtung kommt. Er dehnt und reckt sich gemütlich, verhofft aber nicht auf den Mann, sondern auf uns. „Du mußt noch mindestens 100 Meter warten, bis der Mann aus der Schußlinie verschwindet.“ Der Bock steht wie ein Monument. Waagrecht der Träger, müde und nachdenklich scheint er zu sein. Endlich, endlich, als der Mann die 100 Meter aus der Linie gegangen ist, sagt Lajos, wie es seine Art ist, leise und ruhig: „Und jetzt kannst du dich fertigmachen.“ Mit meinen steifen Gliedern gehe ich langsam in Anschlag. Der Bock ist bis 5 cm unter der Rückenlinie zu sehen, steht breit. Ich steche ein. In diesem Augenblick läßt er sich fallen. Und wie schon früher sehen wir jetzt eine Stunde lang nur die hohen Stangen, sonst nichts. Also das auch noch! Beide müssen wir lachen. Dieser Bock ist wirklich ein Profi. In der Ferne verschwindet der Mann. Von links kommen aber zwei Lastautos mit Anhängern. Sie transportieren Steine für die Straße. Mit Gerumpel kommen sie auf etwa 400 Meter, laden dann mit großem Geschrei und Lärm aus. Unsere Hoffnung, daß der Bock dadurch hoch wird, schwindet langsam, und als die Lastwägen wieder wegfahren, ist alles beim alten.

Nun fällt uns Jóska und sein Wartburg ein. Lajos gibt ihm Zeichen, die er nicht gleich, aber dann doch versteht. Er soll über den Feldweg hinter dem Bock einmal vorbeifahren. Doch obgleich näher als der Mann beim Graben, stört die Fahrt des Wartburg unseren Bock nicht. Jóska nähert sich jetzt von rechts und hält hinter dem Dornenbusch, wo wir nunmehr fast zwei Stunden lang in voller Anspannung stehen. Es ist 19 Uhr 55, als Lajos sich entschließt, den Bock von links durch den Weizen anzugehen. Ich soll hier stehen bleiben. Es wird schon dunkler, und da die Sonne weg ist, verliere ich immer wieder die weißen Stangen. Wenn ich sie mit dem Glas finde, brauche ich wieder Zeit, um sie ins Fernrohr zu bekommen. Nun ist Józsi neben mir und hält die Stangen des Bockes mit seinem Glas ständig im Auge. Ganz langsam nähert sich Lajos von links, hat zwei Äste in den Händen und schlägt sie dann und wann zusammen. Und wieder verschwinden die Stangen. Nun werden andere Rehe hoch, passieren den Bock nicht weiter als 20 Meter, aber er bleibt eisern im Bett. Nun muß Lajos stehenbleiben, damit ich im Fall des Falles auf den Bock, ohne ihn zu gefährden, schießen kann. So steht er zehn Minuten, während es immer dunkler wird. Endlich dreht er sich um und scheint das Manöver aufzugeben. Ich schaue schnell zu ihm hinüber. Jawohl, er geht wieder denselben Weg nach links, den er gekommen ist. „Der Bock ist hochgeworden!" flüstert Jóska. Ja, nun steht er tatsächlich und äugt Lajos nach. Doch da habe ich ihn schon im Fernrohr, und von unten fahre ich ohne Hast hinauf. Der Zielstachel bleibt stehen, geht dann etwas hinunter, und ganz ruhig lasse ich nach über zwei Stunden anstrengender Haltung fliegen. Ich höre nur den hellen Kugelschlag und sehe nichts mehr. Jóska aber schlägt mir auf die Schulter: „Ich gratuliere", ist das einzige, was er sagt. Lajos ist früher beim Bock als ich. Dann schauen wir uns an. Bis an den Hosenbund sind wir naß, Lajos' Bürohose verliert ihre Form, meine Schnürlsamt-Pantoffel sind durchtränkt wie Badeschwämme.

Der Schuß sitzt hochblatt. Mit Blitzlicht fotografiere ich den „Pantoffelbock" mit den beiden Freunden, denen die Waidmannsfreude aus den Augen lacht. Der alte Mörder ist etwas dicker, als wir angenommen haben, und wiegt mit der Kleinen knapp 400 Gramm. Seine Höhe haben wir mit 28,5 richtig eingeschätzt.

Dann folgt der Tag des Abschiedes. Budapest, noch im rotweißgrünen Flaggenmeer, empfängt heute den Prince of Wales. Dies ist die erste offizielle Tätigkeit des neuen Staatspräsidenten. Ob er auch Wien besuchen wird? Ich kaufe in Györ das neu erschienene Buch „Die Goldmedaillentrophäen Ungarns 1970–1988", tanke dortselbst bleifreies Benzin, und über Pápa, Jánosháza Vasvár fahre ich – einen Tag früher als geplant – nach Hause. Ich habe es immer gern, wenn ich noch Zeit für meine Post habe. Und diesmal birgt sie eine Sensation.

Aus Csákberény wird mir geschrieben: Auf Antrag des Kirchenrates und der Gemeinde wird in Kürze an der Csákberényer Kirche im Gedenken an meinem verstorbenen Vater eine Marmortafel angebracht mit dem Text: „Unserem Wohltäter in Dankbarkeit, die Csákberényer Gläubigen". Und für später ist die Errichtung eines Meran-Museums in Aussicht genommen. Der Platz, wo das Schloß stand, soll Meran-Platz benannt werden. Am 19. Mai 1990 ist der 40. Todestag meines Vaters, was die Csákberényer genau wissen. Genau an diesem Tag wird der 90. Geburtstag meiner Mutter gefeiert und der sechzigste Geburtstag der Zwillinge Max und Lori. Ich werde diese Nachricht während der Feier verkünden; als Überraschung sozusagen, als Geburtstagsgeschenk. (Zwischen dieser Ankündigung und der Herausgabe dieses Buches sind zwei Jahre vergangen. Über die Enthüllung der Gedenktafel noch im selben Jahr berichte ich im Kapitel: Wir alle sechs in Csákberény. Die offizielle Benennung des Befreiungsplatzes in Meran-Platz erfolgte im Frühjahr 1991. Die Einrichtung des Museums wird, so Gott es will, 1992 oder 1993 erfolgen.)

Die letzten Jahre waren voller unerwarteter Ereignisse, voll unfaßbarer Sensationen gewesen. Die Großdemonstration beim Begräbnis der Kaiserin, Ottos historische Rede vom Zerfall des Kommunismus in Budapest. Die Befreiung der Ostländer, Havel als Präsident begrüßt den Papst in Prag. Freie Wahlen, die endlich zeigen, wohin der Marxismus in Wirklichkeit führt, demokratischer Beginn in der Sowjetunion. Licht aus dem Osten, aus den Seelen der geknechteten Völker, aufkeimende Freiheit, Durchbruch der Wahrheit.

Es ist für einen alten Schriftsteller schon ein Glücksgefühl, wenn all das, was er jahrelang gepredigt und niedergeschrieben hat, den – angeblichen – Zeitgeist mißachtend, nun auf wunderbare Weise bestätigt wird. Was noch vor einem Jahr eine Utopie, ein unrealistischer Wunschtraum gewesen wäre, ist heute ins Reich der Möglichkeit gerückt. Sowie ein gigantisches Lügengebäude zu Staub zerfällt, schwimmen aus fernem Morgenrot die zarten Wölkchen der Wahrheit heran. Die Geschichte kann man auf Dauer nicht betrügen. Moden und Ideologien vergehen wie der Aprilschnee, aus dem Leid und der Erfahrung aber wächst die Erkenntnis der Völker, die Berge versetzen kann.

Wir leben in einer Zeit großer Umwälzungen. Kein Mensch kann heute voraussagen, wohin unsere Welt steuert.

Nur das Land, die Berge, die Wälder und der Wind, das Licht und die Sonne sind die gleichen geblieben.

Die Gerüche und Bilder aus fernen Kindestagen formen in mir das Bild einer Heimat, die einmalig und ewig ist, in der sich Vergangenheit und Gegenwart treffen.

Ein kapitaler Gabler

Vor über vierzig Jahren war ich durch die Gastfreundschaft der Familie Purkarthofer Stammgast in den damals etwa 3000 ha großen Revieren um das sogenannte Schemmerl bei Laßnitzhöhe geworden. Im Laufe der Jahre, nicht zuletzt durch den Tod der Purkarthofers, verlor ich dieses schöne Niederwildrevier aus den Augen. Neue Pächter, neue Jagdleiter kamen. Aus dem jungen, bettelarmen Flüchtling wurde ein alter, am Wohlstand mitnaschender Beamter. Und parallel mit unserem Altern änderte sich auch die Welt, in der wir einst lebten. Aber auch die Menschen, seinerzeit durch Leid und Krieg solidarisch und unendlich hilfsbereit, änderten sich nicht unwesentlich. Aufbauarbeit, Verschleiß und endlich erkämpfter Wohlstand ließen sie vieles um sich vergessen, nicht zuletzt die Probleme ihre inzwischen erwachsen gewordenen Kinder. Es kam der Beatles-Taumel, die Hippie-Welle mit der Langhaarmode. Fassungslos staunten die Alten. Hatten sie etwas falsch gemacht? Während sie, Kriegs- und Nachkriegsgreuel im Kopf, Vergleiche zu der von ihnen erkämpften und erarbeiteten „besseren Welt“ zogen, gab es für die Kinder solche Vergleiche nicht. Sie witterten Lieblosigkeit dort, wo Zeitmangel herrschte, sie fühlten sich verlassen und unverstanden, wenn ihre Eltern glaubten, für ihre Kinder ein Paradies geschaffen zu haben. Da Zeitgeist und öffentliche Meinungsbildung die Jugend vor patriotischen oder autoritätsbewundernden Idealen schützen zu müssen glaubten, griff dieselbe Jugend in den Topf von vorgestern und bewunderte plötzlich – scheinbar aus Protest – den bereits damals längst abgewirtschafteten Marxismus. Die kommunistischen Revolutionäre, Mao-Zedong und Fidel Castro wurden plötzlich zu Jugendidolen des Westens, eine grelle, aufputschende, elektronische Musik wurde Mode und sofort von der Riesengeschäfte witternden Wirtschaftswelt und Werbungsbranche verbreitet. Parolen wurden lanciert wie: „Traue keinem über 30“. Alles, alles wurde exakt geplant und industriell geändert. Die Jugend war plötzlich „in“ und die reifen Leute „out“, dabei hatten Kapital und Planwirtschaft längst die Fäden in der Hand – und nicht die Jugend.

Nun, die Welt hatte sich gründlich verändert, als Oberjäger Karner anrief und mir die Einladung des Pächters Dr. Wisiak auf einen alten Rehbock am Schemmerl übermittelte. Karner war noch derselbe Jäger, der seinerzeit diese Jagd betreute. Wir trafen uns bei seinem Haus und sprachen von alten Zeiten. Schon zweimal hatten mich die Pächter zur schönen Fasanenjagd eingeladen. Nun sollte ein alter, zurückgesetzter Gabler, ein „ganz heimlicher Teufel“, meine Beute sein. Während der Fahrt gehen mir verschiedene Gedanken durch den Kopf.

Seit dem Jahr 1949 sind 41 Jahre vergangen, fast ein Menschenalter. Unter den vielen Wahrheiten, die einem die Alten einst sagten und die wir nicht glauben wollten, ist wohl jene die unumstößlichste: „Das Leben ist viel kürzer, als man glaubt.“ Der Lauf des Lebens erscheint mir wie ein Stein, der einen hohen Berg hinunterrollt. Sein Weg ist zuerst langsam und zögernd, hüpfend und immer wieder aufschlagend, später schneller und ungebremster, aber auch unaufhaltsam. Das von oben so fern scheinende Tal ist schnell erreicht, und niemand weiß, ob es das Haupttal oder ein weit näheres Nebental ist.

Oft ordne ich die Papiere meines im Jahre 1950 verstorbenen Vaters. Er hatte Pläne, seine Arbeit war auf lange Sicht vorbereitet. Dann kam der Tod und damit ein plötzlicher Schlußpunkt. Im selben Jahr brach der Koreakrieg aus. Heute ist der Koreakrieg schon in weiter nebliger Ferne, für die nächste Generation wird es der Vietnamkrieg sein. Die Toten, waren sie zu Lebzeiten noch so tätig und fortschrittlich, planend und vorausschauend, sind in Vergessenheit geraten, und dieses Schicksal trifft jeden, sei er ein Weltveränderer oder ein Sandler, ein Arbeitsmensch oder ein Tagträumer, ein Säufer oder ein Abstinenzler, ein Reicher oder ein Armer. Es gibt Menschen, die nur vorausschauen, sich immer modern geben, immer am Drücker sind. Andere wiederum versuchen wenigstens, ihr kurzes Leben zu kennen, zu erforschen, sie blicken dann und wann in die Vergangenheit, denn auch diese gehört zu ihrem Leben, das völlig zu verstehen dem Menschen nicht gegeben ist.

Bilder rechts:
Oben: Auweh, da steht ja einer! – Unten: Hier vermutet mich jetzt niemand

Bild umseitig: Die Heimat des kapitalen Keilers, Gemälde: Hubert Weidinger

Die Vergangenheit ist wie das Abendrot, das langsam im Dunkel versinkt, sie ist wie der Morgennebel, der durch den neuen Tag, das neue Sonnenlicht, verdrängt wird. Ein guter Fotograf muß sie festhalten, so lange sie sichtbar ist, der Zeitzeuge muß die Vergangenheit beschreiben, solange er sich erinnern kann. Wie viele Menschen fotografieren den Morgennebel und die Dämmerung, wie viele Zeitzeugen sind in der Lage, das wirklich Erlebte wahr zu beschreiben? Zu wenig Wahres dringt durch zur nächsten Generation, die dem Alter – auch nicht zufällig – ohnehin skeptisch gegenübersteht.

Als ich Oberjäger Josef Karner kennenlernte, war ich 22 Jahre alt. Er dürfte damals 35 Jahre alt gewesen sein. Wie hatte uns doch alle der eben erst überstandene Krieg zusammengeschweißt, wie nahe waren wir uns doch alle in der Armut gekommen, die verlorener Krieg, Russeninvasion und ständige Lebensgefahr so mit sich bringen? Wie froh und zufrieden waren wir doch alle, frei zu sein, Frieden zu haben und wieder jagen zu dürfen? Denn auch das war keine Selbstverständlichkeit. Zweieinhalb Monate sowjetische Besatzungszeit waren uns Steirern schon mehr als genug. Die Niederösterreicher und Burgenländer und ein Teil der Oberösterreicher mußten diesen Zustand zehn Jahre lang ertragen. Die Jagderlaubnis bescherte uns unbürokratisch und schnell die britische Militärverwaltung, ob Schrot- oder Kugelgewehre, das war ihnen völlig egal. Nur die mißtrauischen Russen verboten „gezogene" Läufe in ihrer Zone. Solange sie in der Steiermark weilten, vom 9. Mai bis zum 28. Juli 1945, war jede bei einem Zivilisten gefundene Waffe mit der Todesstrafe zu ahnden.

Vom Wiesental fahren wir aufs Schemmerl hinauf, am wohlbekannten Höchschmid vorbei zum Trummer, dessen Wirtin eine Tochter von Karner ist. Und dann fahren wir vom Trummerwirt nach Südosten. Unterwegs besuchen wir den Jagdherrn Dr. Wisiak in seiner Villa. Er beschreibt uns den Bock genau, sagt, daß er

Bilder umseitig:
Oben: Brunftritual – Unten: Warum kommt Mutti jetzt so selten?

Bild links: Das kam doch genau von hier . . .

heimlich und unberechenbar sei und daß sein Einstand von fünf Seiten durch neu entstandene und zum Großteil bebaute Grundstücke umgeben ist.

Nun, nicht nur wir sind älter geworden, auch dieses herrliche, bäuerliche Hügelgelände meiner Erinnerung hat sich gründlich verändert: statt der anmutigen, in unberührter Landschaft versteckten Bauernhäuser überall protzige Villen und Wohnhäuser mit englischem Rasen, Zäunen und Garagen. Zu jedem Gehöft, zu jeder Villa führt ein asphaltierter Zufahrtsweg.

In einem kleinen Wald, der einen südlichen Abhang bedeckt, parken wir den Wagen und gehen dann in nördlicher Richtung zu einer Leiter. Es ist 17 Uhr 30 und der Tag noch lang. Ein frischer Wind bläst uns ins Gesicht. Vor uns ist ein kleiner Kessel, rechter Hand vorne eine Nadelholzkultur, links eine Wiese, die zur Straße hinaufreicht, über die wir gekommen sind. Von diesem Platz aus sehe ich drei verschiedene Häuser und höre die Geräusche von sechs. Der Hang gegenüber ist steil, es ist guter Kugelfang gegeben. Hundegebell von allen Seiten, Kindergeschrei, Geklopfe, Autolärm und hin und wieder das Gedröhne rasanter und sündteurer Motorräder. Ja, wie ist es möglich, daß Halbwüchsige solche 150.000,– öS Luxusräder erwerben können, daß ein mir bekannter 20jähriger Lehrling schon sein drittes Auto zuschanden gefahren hat? Ich war 15 Jahre lang bereits Beamter und konnte mir noch keinen Roller, eine damals heiß begehrte „Vespa“, kaufen. Mit meinem alten Fahrrad, der von Ungarn auf der Flucht mitgenommenen „Rosita“, fuhr ich täglich ins Büro nach Eggenberg. Und schneller als heute mit dem Auto.

Wir sitzen und sitzen. Beide sind wir alt genug, um Geduld zu haben. Trotzdem dauert es lange, bis so eine Stunde vergeht. Und dabei werden wir heute hier vier Stunden sitzen. Um uns herum ist aber auch nichts, was zur Langeweile führen würde. Links oben sind Kirschbäume mit fast reifen Früchten, etwas tiefer ist ein Kürbisfeld, das dauernd Krähen, Elstern und Ringeltauben anlockt. Da und dort stolziert ein Fasanhahn, zwei Hasen hetzen sich, ein weiterer sitzt unter unserem Hochstand und scheint philosophischen Gedanken nachzuhängen. Die Krähen wechseln ihren Standort ständig zwischen Kirschbaum und Feld; je nachdem, aus welcher Richtung ein Fahrzeug naht. Die Ringeltauben gurren, und der Pirol über uns gibt überhaupt keine Ruhe. Frühsommerliche Stimmung, in der Ferne drohende Gewitter, kesselnde

Luftströmungen, menschlicher Lärm, undefinierbare Düfte und trotzdem Erwartung, Waldeinsamkeit, Aufmerksamkeit. Eine semmelgelbe Katze, fast so groß wie ein Puma, streift lässig und lautlos den ganzen Kessel systematisch ab. Das Gewitter nähert sich bedrohlich, über dem Schöckel, zur Weizer Ebene hin, zuckt Blitz auf Blitz, die uralte Gewitterroute einhaltend. Wir kriegen nur ein kleines Rieseln, das fünf Minuten dauert, ab, dennoch hat sich die Natur schlagartig verändert: Heugeruch und Rindenduft, dampfende Erde, glitzernde Halme, tropfende Blätter. Als die Sonnenstrahlen über die Gräser gleiten, der Wind aufhört und kurze Zeit auch der Menschenlärm verstummt, zwitschert, gurrt, pfeift und singt die Vogelwelt dem Universum die uralte Freude verkündend: „Alles ist schön und alles ist gut." Und dort droben, keine drei Meter unterhalb der Asphaltstraße, ist aus einem stehen gebliebenen Wiesenstreifen ein Bock hochgeworden und zieht im Zeitlupentempo nach rechts. Wir haben die Gläser hochgenommen. Ein enger, hoher Sechser, aber jung, blutjung, mit spitzem Haupt und dünnem hochgehaltenen Träger. Nicht unserer. Wir sitzen, bis es dunkel wird und man zwar noch schießen, aber nicht mehr ansprechen kann. Als ich Karner nach Hause fahre, vereinbaren wir unsere nächste Pirsch.

Dreimal fahre ich dann im Abstand von zwei bis drei Tagen in das schöne Revier, ohne den Bock auch nur zu sehen. Ich finde auch keine Pirschzeichen oder Fegestellen in der Nähe unseres Ansitzes, aber Karner ist unerschütterlich, und so setzen wir uns immer wieder auf dieselbe Leiter – übrigens die einzige Stelle, von der man ungestört und ungefährlich schießen könnte. Einmal sehen wir zwei Gaisen, einmal drei Katzen. Die Ringeltauben des ersten Tages sind verschwunden, dafür gibt es von Mal zu Mal mehr Elstern und Krähen. Am 12. Juni regnet es nachmittags, aber nicht so stark, daß man zu Hause bleiben müßte. Da die Straße vom Trummer herunter aus irgendeinem Grund gesperrt ist, fahren wir vom Wiesental über die Fernitz nach Vasoldsberg und von dort aus von Süden zu unserem Hochstand.

Als wir die kleine Siedlung südlich „unseres" Waldes durchfahren und die letzte Kurve vor diesem nehmen, sehen wir plötzlich – es ist 17 Uhr 45 – „unseren" Bock auf zehn Meter von der Straße mitten in einem Garten, der von einem Tujenzaun waldseitig abgeschirmt ist, friedlich äsen. Ein hoher, ganz enger, bei den Spitzen fast zusammenragender, im übrigen semmelgelber, alter Bock. Das ist mein Eindruck, als ich in der Kurve unwillkürlich etwas abbremse und der Bock aufwirft. Ich fahre weiter, denn meine Waffe steckt wohlverwahrt im Futteral in der Tiefe des Kofferraumes. Oben, an der Stelle, wo ich das Auto immer abstelle, parke ich auch jetzt, lade in Windeseile meine Büchse und eile den Weg hinunter, wo ich, auf leisen Pirschschuhen schleichend, auch rechtzeitig – wie mir scheint – eintreffe: Nur der Bock ist nicht mehr da. Es wäre ja zu schön gewesen.

Dann pirschen wir ganz langsam und vorsichtig durch den Wald zu unserem Stand, sehen auch ein Reh bei der Salzlecke, das sofort in die Kultur springt. Ich glaube, es war aber eine Schmalgais. Noch kurz vor dem Dunkelwerden erblicke ich rechts hinten, so weit ich überhaupt in den Wald hinein blicken kann, an der Kante, eine Rehgais, die aber schon zu uns herauf verhofft. Kein Wunder, denn wir müssen uns von dort aus herrlich als Silhouetten gegen den blauvioletten Abendhimmel abheben. Regungsloses Verharren, Scheinäsen, endlich nach zehn Minuten eine lässige Wende, und sie entschwindet hinunter.

Der Bock aber ist nicht mehr aufgetaucht. Trotzdem war ich elektrisiert von seinem Anblick, und wir vereinbaren für nächsten Tag, Mittwoch, den 13. Juni, eine weitere Pirsch. Karner bittet mich schon um vier Uhr bei ihm zu sein, damit wir noch vor dem Ansitz das ganze Gelände inspizieren können, ob irgendwo anders ein geeigneter Platz zum Sitzen wäre.

Aber am nächsten Tag regnet es in Strömen. Um 15 Uhr rufe ich Karner an, ob es wohl sinnvoll wäre, heute hinauszugehen. Der alte Jäger klingt fast vorwurfsvoll, als er sagt, bald würde der Regen aufhören und wir würden endlich Waidmannsheil haben. Diesmal fahre ich nicht über die Autobahn, sondern über die Ries und Laßnitzhöhe zum Schemmerl, und bin schon um 15 Uhr 45 bei Karner. Große Begrüßung durch den jungen Haushund „Bauzi“. Karner ist gestiefelt und gespornt. Ich nehme Plastik-Überhosen und einen Wettermantel mit. Dann fahren wir wie gestern über Vasoldsberg ins Revier. Unterwegs hört der Regen fast auf, und wir sehen auch einige Rehe.

Unsere „Inspektion“ rund um den Einstand, zwecks Suche eines neuen Ansitzplatzes, verläuft negativ. Überall Zäune, Häuser, beobachtende Menschen, kein geeigneter Hintergrund, alles wäre wie in einer Arena offen, fremden Augen ausgesetzt.

Unser Schluß: Der einzige mögliche Platz, diesen Bock zu erlegen, ist der Stand, auf dem wir schon seit dem ersten Juni sitzen.

Als wir auf die Leiter hinaufturnen, sehe ich rechts vom großen – wunderschön blühenden – Holunderbusch ein starkes Reh abspringen. Karner hat es nicht gesehen, weil er noch im „Aufsteigen" begriffen war. Als wir uns setzen, blicke ich auf die Uhr: 16 Uhr 35 ist es, und die Sonne dringt langsam durch die Wolken. Nach einem Regen sollte der allgemeinen Leseart zufolge das Rehwild austreten, auch unabhängig von der Äsungszeit. Aber dem ist nicht so. Außer Hasen sehen wir nichts. Ich habe ausgiebig Muße nachzudenken, während die Sanduhr der Zeit langsam und unaufhörlich rieselt und im Gleichklang, doch in lockeren Abständen, die Tropfen von den Bäumen fallen, auf uns, auf die Büchse, auf den Boden. Es riecht jetzt so ähnlich, wie in meiner Kindheit in Brandhof der Wald roch: nach tagelangem Regen bei Spaziergängen mit Gouvernante und Pilzkörbchen. Ja, die Vergangenheit gehört genau so zu uns wie die oft langweilig zur Routine entartete Gegenwart.

Vor zwei Wochen war ich in Csákberény. Man stelle sich das nur einmal vor: Der als Jüngling „entschwundene" Mensch kehrt als alter Mann zurück. Über die Schicksale, die bösen und guten Erinnerungen legt sich so oft die Decke des Vergessens. Doch wenn sich der Mensch plötzlich mit sich selbst konfrontiert sieht, wenn er seine Wiege, seinen Ursprung nach fast einem halben Jahrhundert wiedersieht, seine Spielkameraden von dazumal runzlige Mümmelmänner geworden sind, dann zeigen sich Lücken in dieser Decke, dann erinnert man sich an längst Vergessenes, und das alte Herz krampft sich in Wehmut zusammen. Ja, ich kann sie verstehen, die Übriggebliebenen des mörderischen Geschehens; ich fühle ähnlich, auch ich kann nicht vergessen, auch wenn ich mich noch so bemühe.

Menschen, die Schweres erlebt haben, sollten niemals an Rache denken. Nur wer vergeben kann, ist berechtigt, die Zukunft zu gestalten. Und heißt es nicht: Liebet Eure Feinde – Ausnahmen sind nicht genannt.

Das Leben ist so kurz, daß weder ein Einzelner noch eine Gemeinschaft sich Haß und Unversöhnlichkeit leisten sollten. Die Blumenkinder der sechziger Jahre waren auf dem richtigen Weg, als sie die Liebe predigten. „C'est la charité seule qui conte“, sagte die heilige Therese von Lisieux. (Es ist nur die Liebe, die wichtig ist.) – Menschen, Mächte, Kulturen vergehen, allein das Gute hat Ewigkeitswert.

... Karner hat sein Glas gehoben. Im gleichen Augenblick sehe auch ich etwas Rotes, das vorher nicht da war. Es ist 19 Uhr 10, als ich nun selber mein Glas hebe. Der Bock, unser Bock! Auf etwa 150 Meter, an der weitesten Stelle von hier aus gesehen, ist er hochgeworden und zieht langsam den Hang hinauf. Nun zeigt er seinen Spiegel, von hinten kann man das extrem enge, hohe Gehörn gut erkennen. Ich bin in Anschlag gegangen, entsichere und steche ein. Nun verhofft der Bock – er steht fast breit, aber Vorschlag und Blatt sind schon von den hohen Büschen verdeckt. Nun darf es kein Zaudern geben. Genau eine Spanne hinter dem Blatt sitzt der Zielstachel, als ich – obgleich der Bock halb verdeckt ist – in aller Ruhe – abdrücke. Dumpfer Kugelschlag. Der Bock fällt, überschlägt sich, bleibt regungslos liegen. Links taucht die gute, breite Hand meines alten Freundes Karner auf. Ich drücke sie ihm innig und fest. Dieser Mann hat alles dafür getan, daß ich diesen Bock schießen konnte. Ich weiß, daß er sich ebenso freut wie ich – wenn nicht mehr. Und dann baumen wir ab und gehen zum Bock.

Da liegt er. Das Haupt ist beim Sturz unter den Wildkörper geraten. Eine Sekunde durchzuckt mich der Schreck. Aber dann hebe ich das Haupt hervor und erkenne den Bock. Es ist ein Gabler, mit starken Stangen, ganz kapitalen Rosen und 26,5 cm hoch. Oben, wo die Spitzen der beiden Stangen fast zusammenragen, beträgt die Entfernung eine Daumenbreite. Solch ein Bock ist selten und daher auch eine größere Freude für den Erleger als irgendein Null-acht-fünfzehn-Sechser. Und er ist uralt dazu! Ein starker Abschußbock, über den man sich restlos freuen kann.

Das Wunder von Hainfeld

Vor etwa zwanzig Jahren hat die Besitzerin des Schlosses Hainfeld, die vielseitige und bedeutende Künstlerin der Steiermark, Cleo Hammer-Purgstall, die Umgebung vom oststeirischen Feldbach durch die Errichtung eines großen Fischteiches wesentlich bereichert. Der Teich ist so groß, daß sich das zahlreiche Wasserwild auf ihm relativ sicher fühlen kann und seine Bejagung recht schwer ist. Er hat sich im Laufe der Jahre zu einer Vogelzug-Station entwickelt und ist aus der Region nicht wegzudenken. Alle Arten von Reihern, Kormorane, Wildgänse, diverse Entensorten, zahlreiche Limicolen (Sumpf- und Strandschnepfen) machen hier auf ihrem zweimaligen Jahreszug halt. Ja, es wurden schon Brandenten, nicht selten Fischadler gesichtet.

Zwischen September und November, Schußzeitbeginn und Teichauslassen, wird einmal, höchstens zweimal gejagt. Das selten aufgescheuchte Wasserwild genießt hier eine paradiesische Ruhe. Der Hainfelder Teich ist zu einem der Wahrzeichen der Oststeiermark geworden und wird auch weder von Badegästen noch von Bootsfahrern beunruhigt. Er liegt natürlich eingebettet in die abgerundete, kleine Eigenjagd, die vom Kogel bis weit über die Raab reicht. Allerdings ist die Jagdgrenze an einer Stelle nur hundert Meter vom Schloß entfernt. Dank einer jahrelangen Schonung der Fasane und Hasen können sich in diesem Gebiet die Bestände immer wieder regenerieren, wovon natürlich die Nachbarn kräftig profitieren.

In der Eigenjagd Hainfeld lebt eine Rehpopulation, die sowohl wildpretmäßig als auch im Gehörn als überdurchschnittlich zu bezeichnen ist, was wiederum der Hege und Betreuung durch den rührigen Aufsichtsjäger und Hegemeister Hans Kofler zuzuschreiben ist. Ich hatte dreimal die Gelegenheit, hier Rehböcke zu erlegen, und möchte nun im folgenden von zweien erzählen.

Im Juni 1988 lud mich die Jagdherrin auf einen Rehbock nach Hainfeld ein. Etwa zweimal in der Woche nahm ich mir Zeit, nach Hainfeld zu fahren und mich irgendwo anzusetzen. Andere Einladungen in der Steiermark hatte ich keine, so konnte ich mich auf dieses Revier konzentrieren. Bei meiner ersten Pirsch war der allgegenwärtige Mais noch einen halben Meter hoch. Zur Not konnte man damals noch die Häupter von Rehen darin sehen. Bald darauf stellt sich das Rehwild um. Beim drittenmal ging mir der Mais schon bis an den Kopf, und später näherte er sich einer Höhe von 2,80 m.

Das erstemal war ich mit Kofler durch das Revier gefahren, und zwar überall dorthin, von wo man am meisten Ausblick hatte. Richtig angelegte Beobachtungshochstände boten eine gute Aussicht auf die reich angelegten Äsungsflächen inmitten einer steilen, felsigen Szenerie. Denn der Kogel ist steil und mutet an manchen Stellen gebirgig an. Da hier für die Herstellung von Zement das notwendige Trassit abgebaut wird und wurde, gibt es überwucherte Geröllhalden, verwachsene Steinbrüche, wieder mit Buschwerk und Bäumen angepflanzte Steilflächen, bemooste Felsenbrocken. Alles in allem recht romantisch.

Kofler nimmt sich die Mühe, allerhand Leckerbissen für die Rehe anzupflanzen, wobei die Vielseitigkeit der Äsung auffällt. Da im Juni und Anfang Juli in der Oststeiermark fast täglich Gewitter niedergehen, sind gut und haltbar gedeckte Beobachtungshochstände ideal. Ich bin dreimal fast am höchsten Punkt des Reviers, nur um einen passenden Bock einmal festzustellen. Dabei bietet sich mir ein herrlicher Ausblick. Weit unter mir die viereckige, wie ein riesenhafter Vierkanthof anmutende ehemalige Wasserburg Hainfeld, daneben der Teich mit seinem Schilf und den beiden dicht bewachsenen Inseln. Im Hintergrund die herrliche Riegersburg von der Abendsonne beleuchtet, der historische und auch optische Mittelpunkt der Oststeiermark.

Zwei gute Rehböcke kann ich hier bestätigen, doch inmitten des Reviers habe ich kein Herz, sie zu erlegen. Schon beim erstenmal fällt mir die besondere Stärke des Rehwildes auf, wenn man Waldviertler Rehböcke mit einem Gewicht von etwa 16 Kilogramm gewohnt ist; ein ins Auge stechender Unterschied.

Ich sehe relativ viele Hasen, uralte Fasanhähne. Hier wurde auf Niederwild schon 15 Jahre lang nicht gejagt. Tauben flattern vor mir und delektieren sich an allerhand Köstlichkeiten, die die vielen gepflanzten Büsche bieten. Dann bin ich einige Male am unteren Rand des Kogelwaldes, am Rande einer schmalen Wiese, die zwischen Hochwald und Kukuruzmeer wie eine kleine Oase wirkt. Vom komfortablen, aber niedrigen Hochstand aus kann ich die gegen den Teich zu abfallende Wiese nicht restlos einsehen. Jetzt beim zweitenmal, fällt mir auf, daß hier das Rehwild eine gewisse Unrast und Ängstlichkeit zeigt, die aber nichts mit der normalen Furcht vor dem Menschen zu tun hat. Besonders junge Böcke werfen immer wieder auf, äugen rechts hinunter, wo die herrschaftliche Allee vom Schloß bis hin zum alten Eiskeller führt, wo übrigens auch eine kleine Wiese sich bis hin zur Grenze nach Leitersdorf erstreckt. Auch zieht das junge „Gemüse“ besonders frühzeitig zur Äsung aus, was ein Zeichen dafür ist, daß sich hier ein alter, unleidlicher Bock herumtreibt. So folgere ich wenigstens aus den verschiedenen Zeichen.

Die Zeit vertreibe ich mir durch Fotografieren des noch in der Sonne ausgezogenen Rehwildes. Das ist durch die Hochstandsfenster leicht, denn so hört das Wild das metallische Klicken meiner Kamera nicht und bleibt auf der Wiese. Einmal ist es mir, als ob ich ganz unten am Rande der Allee einen Bock über den Weg ziehen sehe, aber bis ich das Glas am Kopf habe, ist er schon im Kukuruzmeer verschwunden. Überhaupt, der Kukuruz! Die ganze Gegend ist in einen eigenartigen, für den Mais typischen Geruch getaucht, das Auge tränt, die Nase rinnt infolge der Blütenpollen. Wenn der Wind über die Felder streicht, rauschen die Maisstengel und Maisblätter, was das Rehwild an und für sich nicht gerne hat. Aber hierzulande ist der Wind eine Seltenheit und der Mais die sicherste Deckung für das Wild. Man hat schon Sauen und Rotwild hier gefährtet. Das Rehwild hat in den riesigen Feldern einen sicheren Einstand, weit sicherer als in jedem noch so dichten Wald. Denn dort tummeln sich Schwammerlsucher, Beerenbrocker, Ausflügler, mit oder ohne Hunde. Vor einigen Jahren biwakierten auf der kleinen Wiese dort bei der Grenze Pfadfinder. Auch jetzt sehe ich zwei Jogger die Allee entlang rennen. Ich höre ihr Keuchen bis hier herauf.

Es ist beinahe 21 Uhr abends, eine Zeit, zu der das Wild schon längst ausgezogen sein sollte. Beim Hinuntergehen – es ist der 9. Juli, 21 Uhr 10 und noch Schußlicht – prescht unweit meines abgestellten Autos ein Bock an mir vorbei. Es ist ein Junger, sein Lecker hängt heraus, er ist in Panik. Und dann erscheint wie ein Schemen ein riesenhaftes, semmelgelbes Reh, offensichtlich ein Bock, und treibt den Jungen noch lange durch den Mais, daß es nur so rauscht. Mir kommt es vor, als hörte ich keuchende, fast pfeifende Laute. Später fangen einige Rehe im Mais zu schrecken an.

Ich warte, daß der alte Bock zurückkommt, aber bei Schußlicht tut er es nicht.

Nun habe ich ein Ziel. Diesen oder keinen! Am Rande der Allee, schon gegen den Wald zu, ist ein origineller, kleiner Hochstand. Man überblickt von ihm aus die Grenzwiese und den Wildacker, der an die Wiese anschließt, wo ich heute gesessen bin.

Ich sitze auch am 13. Juli auf diesem Hochstand, aber zur besten Zeit kommen wieder die Jogger und vom Wald her ein Mann mit einem – allerdings angehängten – Hund. Er bemerkt mich nicht. Überhaupt habe ich immer und immer wieder festgestellt, wie wenig geschult die Augen von „Nichtjägern" sind. Wenn man sich regungslos verhält, sehen sie einen nicht. Auch beim Überfahren von Rehwild und Hasen wird es sich ähnlich verhalten. Die meisten Leute haben kein Auge für die Natur und das Wildtier, wenn sie noch so viel in unseren Wäldern umherlaufen. Dasselbe stelle ich im Wildpark Eggenberg fest. Die Leute kaufen sich und ihren Kindern Futter. Sie verhalten sich aber oft so, daß die Tiere nicht näherkommen: Sie vollführen hastige Bewegungen, sprechen viel zu laut und ohne das weiche „Timbre" in der Stimme, das den Tieren sagt, hier meint es einer gut mit euch. Wenn nun das gekaufte Futter nicht angenommen wird bzw. die Enten, Gänse und Pfaue nicht zum Weg kommen, um es „entgegenzunehmen", dann preschen Erwachsene wie Kinder in die Wiesen, in die spärlichen Deckungen hinein, um das Wild noch mehr abzuschrecken. Der Elefant im Porzellanladen verhält sich vorsichtiger und verständnisvoller. Das ist nicht böser Wille, sondern Mangel an Gefühl für das Wild, für das Tier.

Am 17. Juli 1989 sitze ich schon um 18 Uhr auf diesem kleinen Hochstand. Heute ist einer der wenigen Tage, die man sommerlich nennen kann. Kein Gewitter, kein Regen. Das Gras in der Allee ist frisch gemäht worden, auf der Grenzwiese, die linker Hand von Herrschaftsfeldern und vorne von bäuerlichen Maisfeldern umgeben ist, zehn Finger hohes Grummet, also ideale Äsung. Die Zeit unmittelbar vor der Brunft ist im allgemeinen nicht günstig, aber da der Bock körperlich voll auf die Brunft vorbereitet ist, kann auch der Eifersuchtsfaktor, speziell bei unleidlichen Platzböcken, zum Tragen kommen. Irgendwie bin ich schon traurig, daß man mich hier in der Steiermark so selten auf Rehböcke einlädt. Als ich unlängst sagte, ich möchte zwei Böcke „kaufen", damit ich so oft wie möglich – nach der Arbeit – ins Revier kann, war die Antwort: „An Freunde verkaufen wir nicht". Punktum. Aber einladen auch nicht.

Wichtig ist heute das gesellschaftliche Drumherum und die Gegeneinladung. Die Schickeria ist schon ein hohles Monstrum, ein zwar glänzendes, aber schon lang angefaultes Fallobst, ein rostiger Magnet, ein wurmiges, von den Motten des Zeitgeistes angefressenes, nach außen glitzerndes Angeberparadies!

Zwei Hunde nähern sich von links aus dem Kukuruz. Der eine ist ein Collie, der andere ein Bastard mit aufgeringeltem Schweif. Sie kommen direkt auf mich zu. Es ist noch nicht 19 Uhr. Wütend steige ich vom Hochstand herunter, werde sofort angebellt. Als ich mich laufend und brüllend den zähnefletschenden Hunden nähere und einen trockenen Ast nach ihnen werfe, ziehen sie endlich ihre Schwänze ein und verschwinden gegen Leitersdorf. Was hätte ich tun sollen? Ich habe jetzt nicht mehr viel Hoffnung, harre aber aus. Man muß heutzutage die Böcke nicht erlaufen, sondern ersitzen.

Über die Straße Feldbach–Fehring rollt eine Verkehrslawine, die man hier in „Steirisch-Ostafrika“ nicht erwartet hätte. Ein Zeichen von Wohlstand und Aufschwung, an sich erfreulich, aber der Lärm, viele Stunden lang ohne Unterbrechung, nervt natürlich nicht nur den Jäger. Wir schreiben das Jahr 1988. Von der Ostrevolution ist noch nichts zu merken, die Trabi-Invasion steht noch bevor. Was weiß man schon von der Zukunft? Politologen, Meinungsforscher und Futurologen reden seit Jahrzehnten mehr oder minder gescheites Zeug. Vom Wunder im Osten haben diese Leute keine Ahnung gehabt. Auch wir nicht, auch die Amerikaner nicht, keine Linken und keine Rechten. Übrigens, Ökologen, Biologen und Umweltschützer lernen auch ständig dazu. Zuerst waren der Saure Regen, dann die Stickoxide, heute ist das Ozon schuld am Niedergang unserer Wälder. Werden vielleicht morgen Vitamine krebsfördernd und Cholesterin gesund sein? Wer weiß es wirklich? Alles geht wellenmäßig auf und ab, alles ist in Bewegung, pendelt mal nach links, mal nach rechts. Wir leben in einem Zeitalter der Extreme und der Schwarz-Weiß-Malerei, die aber Spiegelbild der Einstellung ist. Es gibt nichts, was es nicht geben darf. Auch das Wetter ist extremer und rhapsodischer geworden. Nach einigen schönen Tagen und Wochen kommt mit Sicherheit ein Unwetter mit Hagel und Überschwemmungen. Zwei ganz harten Wintern folgen drei schneearme, ja fast schneelose Winter.

Ein junger Bock ist rechts oben aus dem Korn herausgekommen und äst gegen den

Wald zu. Hinter mir, beim Wildacker, sehe ich drei bis vier Rehe. Ein mittlerer Bock ist darunter. Es ist 21 Uhr, und auf meiner Grenzwiese tut sich nichts. Ich denke, daß die Witterung der Hunde einer der Gründe dafür ist.

Nun wird es doch langsam düster. Ein Glück, daß das Licht der Abenddämmerung hinter mir ist. Über dem Hainfelder Teich beginnt der Abendstrich. Es sind auch einige Jungenten dabei, die ihre Künste erproben. Da und dort gibt es schon Stoppelfelder, dorthin werden sie wahrscheinlich streichen. Und wieder wende ich mich gegen den Wildacker um. Er liegt etwa auf 200 Meter. Wo der Hafer lichten Hintergrund bietet, kann ich zur Not die Rehe ansprechen, aber nur, ob es ein Bock oder eine Gais ist. Ich drehe mich wieder um, was auf diesem Spezialhochstand nicht ganz leicht ist. Und da steht gerade vor mir etwa 5 Meter vor dem Maisacker auf der Wiese ein riesenhaftes Reh. Der Bock, mein Bock! Nun setzt er sich in Bewegung, und zwar schräg nach rechts gegen den Wald, gegen den Eiskeller, zu. Dabei nähert er sich mir, und ich kann ihn gut ansprechen. Doch er wird immer schneller. Ich greife nach der Büchse. Schon vorher habe ich mir einen Wettermantel auf die Brüstung gelegt. Mein rechter Ellenbogen liegt seitlich auf. Ich pfeife den Bock an. Er steht wie angewurzelt. Der dicke und oben stumpfe Zielstachel meines Diavari steht mitten im Blatt. Ruhig, aber doch nicht allzu langsam ziehe ich ab. Im Feuerstrahl sehe ich nichts, höre aber den Kugelschlag. Zuerst schaue ich auf die Uhr: Es ist 21 Uhr 22. Dann mit dem Glas auf die Wiese. Regungslos liegt dort der Bock, noch im Tod groß wie ein kleiner Hirsch. Er ist im Feuer gefallen.

Nach fünf Minuten steige ich hinunter und gehe gemächlich zu meiner Beute. Meine Freude ist groß. Ein abnormer Sechser mit ganz dicken Rosenstöcken und auf der rechten Seite mit einer ganz großen, herunterhängenden Rose. Die Stangen sind besonders stark, aber nicht sehr hoch. Dann – während ich meine Beute langsam über die Wiese ziehe – erscheint Hans Kofler und begutachtet den Bock. Es ist ein alter Kapitalbock mit 500 Gramm Geweihgewicht, 27 kg Wildpretgewicht, aufgebrochen. Bei der Trophäenschau bekommt er den zweiten Preis des Bezirkes, die Silbermedaille.

Lange fotografiere ich dieses Riesenreh mit dem starken Träger und das dadurch kurz wirkende Haupt. Wie alt der Bock ist? Ich kann es wirklich nicht sagen. Daß er stark zurückgesetzt hat, sieht man aber. Die ganze Stärke ist unten. Kein Wunder, daß sich alle Böcke der Umgebung vor diesem alten Herrn gefürchtet haben. Er ist das Gegenteil eines Blenders. Die riesig starken Rosen hat man zwar erahnt, aber nicht in dieser Form.

Zwei Jahre später werde ich von der Jagdherrin wieder eingeladen. Es ist das Jahr 1990. Was alles hat sich auf der Welt inzwischen geändert. Aufatmen in Ost und West, freie Grenzen, Demokratien, freie Wahlen, aufkommende Fremdenfeindlichkeit. Denn der aufopfernden Hilfe folgt bald der Unmut. Ich denke da ganz anders. Ich selbst war ja Flüchtling und kann es gut nachfühlen, was diese Menschen nach Jahren kommunistischer Herrschaft und russischer Ausbeutung fühlen. Die heutigen Flüchtlinge haben 45 Jahre Sowjetsystem hinter sich. Ganze, ehemals reiche, aufstrebende Länder mit ihren freien oder zumindest halbfreien Einwohnern wurden zu Bettlern gemacht. Und über ihr Schicksal klagte keine Weltpresse, ihnen half kein Amerika. Sie haben von sich aus die Freiheit errungen. Als ich 1990 die erste Pirsch bei der Jagdherrin Cleo Hammer-Purgstall antrete, ahnt man in Europa noch nichts von der im August auf die Welt hereinbrechenden schrecklichen Krise in der Golfregion. Euphorisch freut sich die freie Welt über die Weisheit jenes Mannes, dessen Stirn das Feuermal zeichnet. Was kann der Welt schon passieren ... wenn sich Ost- und West einig sind ... wenn Deutschland angesichts der vielen Skeptiker, Feinde und Zweifler ohne einen Schwertstreich zusammenwächst ... wenn die ersehnte Einigung des gesamten Europas möglich ist ... wenn auf diesem Erdteil der Krieg unwahrscheinlich geworden ist? Aber die Welt besteht eben nicht nur aus Ost und West und schon gar nicht nur aus Europa allein! Während ich hier meine erste Pirsch unternehme, gibt es noch keinen Golfkrieg, ist die Krise in Jugoslawien noch nicht entfacht, und eine Wiederkehr des Panzerkommunismus – angesichts des Wunders in Osteuropa – undenkbar. Doch wie man so schön sagt, so scheint es auch zu sein: Der Teufel schläft nicht.

Es ist Ende Juni, als ich wieder einmal im schönen Hainfeld zu Besuch bin. Es ist noch etwas Zeit, und ich bewundere die neuen Werke der großen Künstlerin, die unermüdlich arbeitet. Sie malt, modelliert, restauriert, hat immer wieder neue Ideen. Etwa 50 Objekte hat sie bereits für das Jagdmuseum geschaffen. Hat man dieser Frau, die seit Jahrzehnten schafft und künstlerisch tätig ist, irgendwann von offizieller Stelle gedankt? Ich fürchte nein. Andere rühren sich, wenn sie eine Auszeichnung anstreben, wieder andere „fallen den Mächtigen auf“ durch ununterbrochene Anwesenheit, durch Schmeichelei und politische Mitarbeit. Nicht Cleo Hammer-Purgstall. Sie arbeitet ohne Ergeiz, aber auch nicht im stillen, denn wer so viel geschaffen hat und dessen Werke allein im Jagdmuseum schon Hunderttausende gesehen haben, der muß einfach bekannt sein. Hier, auf Koflers neuem Hochstand mit Namen „Seeblick“, beschließe ich, die Sache, so gut ich es kann, in die Hände zu nehmen. So gut ich kann, denn auch ich bevorzuge die Einsamkeit und pflege nicht an Empfängen teilzunehmen. Ist es unumgänglich, wähle ich den allen Bürgern zugänglichen Weg: Ich werde einen Brief schicken. Im Spätsommer 1990 erhält die Künstlerin ihre erste Landesauszeichnung.

Bald nachdem ich mich hier oben gemütlich eingerichtet habe, fängt es zu regnen an. Ich unternehme heute den dritten Versuch, einen Bock, von dem ich annehme, daß er das notwendige Alter hat, auf dem kleinen Plateau unter mir anzusprechen. Abermals muß ich anerkennend die neuen Anpflanzungen des idealistischen Aufsichtsjägers bewundern. Topinambur, Luzerne, Weiß- und Rotklee, Lupinen, Staudenroggen usf. Die vor zwei Jahren noch felsige Lehne hinter mir ist völlig bewachsen und grün, bereits auch ein guter Einstand für das hiesige „Bergrehwild“.

Kaum sitze ich eine Viertelstunde im leichten Regen, als unter mir der Rehbock hoch wird und langsam zum diesseitigen Rand des kleinen Plateaus äst. Ich kann ihn gut mit dem Swarowski-Spektiv ansprechen. Ein gut mittlerer Sechser, nicht schlecht, geperlt, ganz gute Enden, nicht sehr hoch, etwa 4 bis 5jährig. Ich entschließe mich, ihn am Leben zu lassen. Der Bock ist stark im Wildpret und hat eine semmelgelbe Farbe.

Als der Regen aufhört, beschließe ich, einen kleinen Pirschgang zu unternehmen. Heute ist Sonntag, die Schranken sind zu, und im Steinbruch wird nicht gearbeitet. Leider habe ich keinen Bergstock mitgenommen. Ganz leise und langsam pirsche ich den Waldweg entlang. Rechts weiterhin eine steile Lehne, links rückt nach einem kleinen Seitental eine Geländenase ganz nahe heran, so daß ich eine Art Naturtor passieren muß. Dahinter fällt das Gelände wieder ab. Bewachsenes Steingeröll. Der Weg, auf dem ich entlangpirsche, gabelt sich weiter unten, die steile Lehne, die bis hinauf zur Höhe, wo die Grenze ist, reicht, macht auch einen Knick. Als ich zu diesem größeren „Panorama“ gelange, werde ich, da ich offen am Weg gehe, ganz vorsichtig und bleibe schließlich stehen. Im richtigen Moment, denn linker Hand auf etwa 30 Schritt sehe ich eine Gais äsen. Sie hat mich nicht wahrgenommen, und ich stehe lange Minuten, bis ihr endlich doch etwas unheimlich wird und sie abspringt. Sie überquert den Weg vor mir und zieht dann, immer vertrauter werdend, nach rechts zur Reviergrenze. Im gleichen Augenblick wird ein Bock hoch, sieht verwirrt um sich, schüttelt sich und verhofft zur Gais. Schon habe ich ihn im Glas. Ein Abnormer! Und ganz so jung scheint er auch nicht zu sein. Jedenfalls hebe ich vorsichtig die Büchse. Die Entfernung beträgt ca. 80 Schritt bergauf. Ich muß, da ich auf der Straße stehe, freihändig schießen. Der Bock setzt sich in Bewegung, ebenfalls hinauf zu. Etwa zwei Meter unter dem Höhenrücken verhofft er, diesmal genau auf mich. Der Wind ist auch nicht gut. Ich muß handeln. Von unten fahre ich völlig freihändig und konzentriert mit dem Zielstachel ins Blatt, nachdem ich das Diavari – des Wackelns wegen – auf 4 gestellt habe. Der Bock zeichnet auf Blattschuß, stürmt parallel mit der Höhe nach rechts, und bevor er verschwinden kann, taumelt und kollert er den schmalen Weg hinunter, der vom kleinen, flachen Seitental hinaufführt.

Die Trophäe macht mir viel Freude, obgleich dieser Bock mit regennassem Gehörn stärker aussah, als er tatsächlich ist. Aber auch dieser Bock ist ein Riese im Wildpret. Ich bringe ihn kaum in meinen „Polo“ hinein. Als er im Schloßhof von Hainfeld gestreckt wird, mache ich einige gute Aufnahmen. Er wiegt aufgebrochen 25 kg, ein echter Waldbock, typisch für Hainfeld.

Auch der Bezirksjägermeister, mein Schützenkamerad Bertl Hofmann, spricht anerkennend von der starken Rehpopulation der Eigenjagd Hainfeld. Ein einfaches, aber wahres Sprichtwort besagt: „Von nichts wird nichts“. Meistens sind es rührige Einzelpersonen, die Dauerhaftes schaffen. Sind die Fachleute noch so gebildet und die Vorschriften noch so gut, es sind immer Menschen notwendig, die an Ort und Stelle all das in die Praxis umsetzen. Das Rehwild von Hainfeld fühlt sich wohl, daher entwickelt es sich schon seit Jahrzehnten (auch in der Gehörnbildung, aber nicht nur in ihr) so gut.

Über dem herrlichen Teich von Hainfeld kreisen die Enten. Ich erinnere mich noch an die Zeit, als es diesen Teich nicht gab. Er ist ein Werk Cleo Hammer-Purgstalls, und im Laufe der Jahre ist er zu einem – absolut unentbehrlichen – Zentrum des Vogelzuges geworden.

Familienfoto eines jungen Hirsches (vor der Brunft)

Wir alle sechs in Csákberény

Die Geschichte ist unbestechlich wie die Wahrheit selbst. In ihrem ewigen Gang von der Vergangenheit in die Zukunft kümmern sie wenig Dinge. Sie ist immun gegen Macht und Ideologien, Reichtum und Armut, Freundschaften und Feindschaften, denn diese sind kurzlebig wie der Wind und zählen kaum in den Büchern der Jahrtausende. Ein Menschenleben ist kurz und im Vergleich so klein wie ein Tropfen im Ozean, wie ein Sandkorn in der Wüste, wie eine Wolke am Himmel.

Die Geschichte ist die legitime Tochter der Wahrheit, und die noch lebenden alten Leute in Csákberény wissen um die Vergangenheit, denn sie haben sie erlebt. 45 Jahre Parteipropaganda, kommunistische Lüge können ihre Erfahrung, ihr Wissen nicht beeinflussen. Diese Menschen wissen, wie es wirklich war, auch wenn sie darüber schweigen mußten. Und auch ich weiß, wie es war, und will an ihrer Stelle berichten.

Die Zeiten vor dem Krieg waren für die Menschen besser als die nachfolgenden. Ungarn war ein billiges, schuldenfreies und exportierendes Agrarland. Es gab weder Hunger, noch gab es Mangel. Sicher, in bezug auf Zivilisation und technischen Fortschritt hat sich viel geändert. Kaiser Franz Josef besaß kein Badezimmer und kein Auto. Auch im heutigen Csákberény gibt es trotz all dem „Fortschritt“ noch sehr viele „Plumps-Klos“, was 180 Jahre nach Erfindung des Wasserklosetts doch ein Skandal ist. Und die Einkommen? Der Tischlermeister Tollas Bruno, ein wahrer Meister seines Faches, hat 1990 nach 50 Jahren der selbständigen Arbeit eine Pension von 5100,– Forint im Monat, das sind etwa 61.000,– Forint im Jahr, also ca. 9000,– Schilling jährlich. Somit bekommt ein Pensionist im vom Sozialismus zerstörten Ungarn netto im Jahr etwa ein Drittel dessen, was im kapitalistischen Westen ein mittlerer Staatsbeamter als Pension *im Monat* verdient. Dagegen hilft nun keine Sonntagsrede, keine ideologische Schulung, keine Geschichtsfälschung. Und wie war es vor dem Krieg? Ein Jäger konnte sich mit einem Monatslohn eine Schrotflinte kaufen. Heute braucht er dazu 10 Monatslöhne.

Schon ein wenig „abgebrunftet“...

Die Bodenreform war in Ungarn notwendig. Mein Vater hat dies ebenso immer betont wie auch in Taten durchgesetzt. Kaiser Karl hätte – wäre er im Jahre 1921 in Ungarn an die Macht gekommen – eine radikale Reform durchgeführt. Das wissen heute alle Historiker, selbst die dem Hause Habsburg nicht wohlgesonnenen. Die unter sowjetischen Bajonetten 1945 erfolgte Totalenteignung der Grundbesitzer zugunsten ehemaliger Landarbeiter hatte bei all ihrer menschlichen Härte noch einen guten Kern. Hunderttausende – angeblich Bodenhungrige – vom Gutsbesitzer doch relativ abhängige Menschen wurden jetzt Kleinbauern. Aber man ließ ihnen ihr Land nur einige wenige Jahre lang. Dann wurden Kolchosen nach Sowjetmuster eingeführt, der Bauernstand abermals liquidiert und – nur noch viel strenger – abhängig gemacht. Niemand war mehr sein eigener Herr. Vor dem Krieg lebten immerhin etwa 40 Prozent der Bevölkerung als eigenständige Bauern in Ungarn. Sie waren stolz und fühlten sich dem Gutsbesitzer durchaus gleichwertig. Diese Menschen hatten bei der Zwangskollektivierung wahrhaft höllische Zeiten durchgemacht. Ihre Kinder aber wurden schon Kolchosenarbeiter und hatten kaum eine Vorstellung mehr vom freien Bauernleben, wo harte Arbeit ausschließlich dem eigenen Wohlstand diente.

47 Jahre sind seit dem Kriegsende vergangen. Die unblutige Revolution von 1989 der unterdrückten und belogenen Menschen führte zu freien Wahlen und brach erstmals in der Geschichte ohne Blutvergießen die Macht der Kommunisten.

Auch in Csákberény ist die Zeit nicht stehengeblieben. Meinem Vater zum Angedenken sollte am Tag des heiligen Philipp von Neri – wie bereits erwähnt – eine Gedenktafel errichtet werden. Zu diesem feierlichen Akt wurde unsere Familie eingeladen, und wir alle sechs beschlossen kurzfristig, gemeinsam (nach fast einem halben Jahrhundert) nach Csákberény zu fahren. Was dies für uns bedeutete, wird wohl jeder meiner geschätzten Leser verstehen. Mit zwei Autos fuhren wir nach Budapest, nachdem wir weder in Stuhlweißenburg noch in der näheren Umgebung von Csákberény ein freies Hotelbett gefunden hatten.

Budapest zeigt sich von seiner schönsten Seite. Erstmalig erscheint mir die Bevölkerung gut gelaunt zu sein. Seit dem letztenmal sind wieder einige fünfzackige Sterne verschwunden. Nach der langen Autofahrt durch das fast schon parkähnliche Westungarn unternehmen wir einen längeren Spaziergang am linken (Pester) Donauufer, wo auch unser Hotel steht. Wir spazieren von der Kettenbrücke bis zur Freiheitsbrücke, die als Franz-Josefsbrücke gebaut wurde und noch unverändert steht. Dazwischen die elegante, aber moderne Elisabethbrücke, benannt nach der Ehefrau Kaiser Franz Josefs, der in Ungarn auch heute verehrten Kaiserin Elisabeth.

Es ist vielleicht wenig bekannt, daß diese idealistische und feinfühlende Frau als glühende Verehrerin des ungarischen Volkes ihre gesamte Mitgift den Hinterbliebenen der Opfer des Freiheitskampfes 1848/49 (der gegen das Haus Habsburg gerichtet war) vermachte. Die Franz-Josefs-Brücke wurde mehrmals umbenannt, niemals jedoch die Elisabethbrücke – auch während der Rákosi-Diktatur nicht. Wir besichtigen die herrliche Kettenbrücke, die von den Deutschen 1944 zerstört und nach dem Krieg kunstvoll wiederaufgebaut wurde. Während sie – durch den Erneuerer Ungarns, Stefan Széchenyi, in Auftrag gegeben – gebaut wurde, floß der Verkehr noch über die sogenannte Schiffsbrücke von einem Stadtteil der Hauptstadt über die Donau in den anderen. Hier wurde unser Ururgroßvater, der kaiserliche General Franz Graf Lamberg, als er als Parlamentär über die Donau zu Kossuth eilte (in Zivil und unbewaffnet nebenbei), von Studenten ausländischer Herkunft bestialisch ermordet und sein Leichnam geschändet. Er war ein begeisterter Ungar und Freund des Ministerpräsidenten Ludwig Batthyány (den der „Rächer von 1949", General Haynau, nach einem Selbstmordversuch hinrichten ließ).

Herrlich von hier zu sehen ist die Silhouette der Burg mit dem königlichen Schloß, weiter nördlich die Krönungskirche und die Fischerbastei, südlich der Gellért-Berg mit dem St. Gerhardsdenkmal. Budapest verdient wirklich die Bezeichnung „Perle der Donau".

Und was hat diese Stadt alles in jüngster Geschichte erleiden müssen! Zuerst diente sie den Deutschen und der Pfeilkreuzler-Regierung als Festung und war von der Roten Armee fast drei Monate eingekesselt. Dabei wurde der Stadtteil Ofen (Buda) mit der Burg und den schönsten Gebäuden fast völlig zerstört. Zehntausende Menschen fanden während der Belagerung den Tod. Und dann, als im glorreichen Freiheitskampf der Ungarn 1956 Tausende sowjetische Panzer Freiheit und Menschen niederwalzten, mußten wieder viele Gebäude – diesmal vor allem in Pest – daran glauben. Modernste Stalinpanzer mit hochbrisanten Geschossen hatten den Auftrag, die Stra-

ßen entlangfahrend in die Fassaden der Häuser so lange zu schießen, bis die Gebäude zusammenbrachen. Angeblich nur dort, wo man (mit Gewehren oder Benzinflaschen) auf die Stahlungeheuer „schoß". Und da die ganze Stadt in den ersten Tagen kämpfte, waren das nicht wenige Gebäude.
Meine Schwestern schlendern über die Váci-utca und berichten, daß hier bereits westliche Ware – und westliche Preise – Einzug gehalten haben. Um 20 Uhr treffen wir uns alle im Zigeunerlokal des Hotels. Die Zigeuner sind nicht mehr die alten. Man kann nicht leugnen, daß sie gut spielen, doch kennen sie die Hälfte der Lieder nicht mehr, die noch vor dreißig Jahren jeder halbwegs gute Zigeuner selbstverständlich gekannt hat. Wir warten sehr lange auf das Essen, das leider viel zu wünschen übrig läßt. So bleiben die halbvollen Teller stehen, als die Kellner abräumen.

Wir verabschieden uns von den Musikanten: vom langhaarigen Geiger, dem blonden Klarinettisten und dem untypisch aussehenden Zimbalisten. Nur der Baßgeiger scheint ein echter Zigeuner zu sein. Dabei gibt es von ihnen so viele in Ungarn. Nach neuesten Statistiken sind es 900.000.

Relativ früh gehen wir schlafen. Im Zimmer steht ein Farbfernseher, der sechs Programme sendet, darunter auch FS 1. Aber ich schaue mir das Interview mit dem neuen Ministerpräsidenten Antall an. Welche vornehme Zurückhaltung, welche Mäßigung und Toleranz! Das neue Kabinett wird vorgestellt. Genau die Hälfte besteht aus Akademikern. Der Landwirtschaftsminister heißt Nagy Ferenc, der Außenhandelsminister Kádár, der Kulturminister Andrásfalvy, der Außenminister Jeszenszky. Unter ihnen mehrere Piaristen- und ein Benediktinerzögling. Lauter Fachleute, hochqualifizierte Männer, fast alle können Englisch oder Deutsch. Ungarns Ziele sind die „soziale Marktwirtschaft", der baldige Eintritt in die EG, der Austritt aus dem Warschauer Militärpakt, der Abzug der Sowjettruppen. Kurz schalte ich nach Österreich. Hier läuft ein amerikanischer Kriegsfilm mit vielen stahlhelmbewehrten bösen Deutschen. Die Spätnachrichten berichten, daß Kohl und de-Maisière den deutschdeutschen Staatsvertrag bereits unterschrieben haben. So deckt sich die Fernsehpropaganda mit der Realität. Man hinkt ein wenig nach, denke ich. Doch mit dem Abschalten – schon vom Bett aus – sinke ich in Morpheus' Arme. Ich werde es nötig haben.

In der Früh bin ich schon um 6 Uhr wach und versuche um 6 Uhr 45 ein Frühstück zu bekommen. Unmöglich, erst um 7 Uhr, sagt man mir. In meiner Erinnerung dauert die Fahrt von Budapest nach Csákberény anderthalb Stunden. Wir sollten daher um halb acht Uhr abfahren. Aber bis alle eingetrudelt und fertig sind, wird es 8 Uhr. Ich bin nervös. Nach so vielen Jahren möchte man wenigstens pünktlich sein. Dann aber zaubern unsere Fahrer, und wir bewältigen die Strecke in 50 Minuten. Stuhlweißenburg, Sárkeresztes, Söréd, Csákberény. Ich fotografiere die Ortstafel. Sie ist noch die alte. Die Mühle ist still und tot. Hier ist ein Getreidespeicher. Wir verfahren uns, weil uns die Ortschaft so unendlich klein und fremd vorkommt. Statt über den Heldenplatz fahren wir über den Alszeg, genau dort vorbei, wo ich partout nicht vorbeifahren wollte. Über die ehemalige Schloßstraße, neben dem ehemaligen Rosengarten, 20 Meter vom nicht mehr existierenden Schloß und an neu gebauten Häusern vorbei. Ich schaue krampfhaft nach rechts, gegen den ehemaligen Hühner- und Bienengarten, aber auch dort neue, fremde Gebäude, ein trauriger, ein wahrhaft ernüchternder Empfang. Ich blicke auf die Uhr, als wir vor der völlig eingerüsteten Kirche halten. Zehn Minuten vor 9 Uhr.

Vor der Kirche stehen schon viele Menschen. Ich will zum Pfarrer eilen, aber es ist unmöglich. Wir alle sechs Geschwister, ja sogar Schwager Harold und Nichte Gabriela, werden von Menschen umringt, die auf uns einreden. Ich erkenne lediglich Magda Müller, die Tochter von Frau Mici, die sofort in Tränen ausbricht. Das letzte Mal sah ich sie, als sie knapp 19 war, jetzt ist sie 61 und Witwe. Lachende und weinende Menschen, die uns umarmen, die uns beide Hände schütteln, stammelnde, immer wieder stockende Sätze, gute, offene, aber vom Alter gezeichnete Gesichter. Viele sind unsere Spielkameraden gewesen, unsere Altersgenossen. Ich probiere zu fotografieren, aber in der Aufregung gelingen mir nur wenige Bilder.

Wie Trauben stehen die Menschen um jeden einzelnen von uns und reden, fragen. Leider fragen sie meistens: „Ja, kennst du mich nicht mehr?" Und ich muß oft passen. Erst als sie ihre Namen nennen, kann ich die Ähnlichkeit mit dem Erinnerungsbild irgendwie in Einklang bringen. Ich habe die meisten vor 43 Jahren fotografiert, ja sogar die Bilder aufgehoben, eingeklebt. Aber was ist aus diesen Menschen geworden? Abgearbeitete, leidgeprüfte, runzelige, glatzköpfige Gestalten, die durchwegs älter aussehen, als sie sind. Endlich kämpft sich der Pfarrer zu uns vor, und mit einer halben Stunde Verspätung kann die Messe beginnen.

In der Kirche überwältigen mich dann erstmals die Erinnerungen. Die Kirche ist völlig unverändert, ihr konnten die großen Umwälzungen und Einzelschicksale nichts anhaben. Hier hat mein Vater am Tag vor der Flucht am 10. Dezember 1944 das letztemal die heilige Messe gehört und seine Familie dem Herrgott zum Schutz empfohlen, um unser aller Leben gebetet. Und nun stehen wir hier 46 Jahre später, alle seine sechs Kinder, und über unsere Wangen rinnen – ohne daß wir es merken – Tränen.

Man hat für uns die zwei ersten Bänke im Kirchenschiff auf der rechten Seite reserviert. Die erste Bank lassen wir – ostentativ – frei, so wie die Menschen sie seit 40 Jahren frei lassen. Hier knien – ich weiß es – im Geiste mit uns unser Vater und die verstorbenen Patronatsherren dieser Kirche. Onkel Rudolf, Onkel Feri Lamberg, Großmama Meran.

Eine Heimkehr in unser altes Zuhause ist nicht mehr möglich. Unser einziges verbliebenes und unverändertes Heim ist unsere alte Kirche, die – all die Gläubigen schützend – die bolschewistische Pest überstanden hat. Das Altarbild des heiligen Martin ist herrlich renoviert und aufgefrischt worden. Unverändert die schöne Kanzel mit den 10 Geboten und ebenso unverändert, noch in unserer Kindheitserinnerung lebend, all die Kreuzweg-Bilder. Ich vermisse am Altar das weiße Marmorlamm. Man sagt mir, es sei renoviert worden und noch in der Sakristei.

Die schöne alte Orgel hat man allerdings in der Zeit der Kirchenverfolgung zerstört. Wie uns die Menschen sagen, hat ein Parteimann aus den Orgelpfeifen eine Schnapsbrennerei gemacht. Hinten steht ein Harmonium. Die Klosterfrau, Betreuerin des Geistlichen Herrn, ist auch Kantorin und Organistin. Eine moderne Messe wurde uns zu Ehren einstudiert. Ich hätte lieber die vertrauten uralten Kirchenlieder meiner Jugend gehört. Die Klosterfrau trägt heute erstmalig wieder ihre Ordenstracht, die die bolschewistischen Kirchenverfolger bis vor kurzem verboten hatten.

Wie in alten Zeiten ist die Kirche voll geworden. Der Pfarrer predigt und begrüßt die heimkehrenden Söhne und Töchter der Csákberényer Kirchengemeinde, zeigt auf das alte Taufbecken, wo wir alle getauft wurden. Inzwischen hat sich die Kirche gefüllt. Wie einst ist kein Mann auf der linken Seite zu sehen. Was auffällt: Der westlichen Mode mußte die Bauerntracht weichen, und die Jugendlichen stehen nicht wie früher vor den Bänken, sondern sitzen in diesen. Vorne am Eingang zur Sakristei ist die kleine Bank für den Kirchenratsältesten verschwunden. Auf ungarisch hieß dieser „templomatya“ (Kirchenvater). Doch das Oratorium mit den Lamberggräbern und der schönen Bank blieb unangetastet. In der Mitte der Kirche steht der unvermeidliche „Volksaltar“, das Rednerpult. Die schöne Kanzel scheint auch hier überflüssig geworden zu sein. Dann ist die heilige Messe vorbei. Nach dem Schlußlied, das ich schon mit sechs Jahren hier gehört habe: „Isten hazánkért“, wendet sich der Pfarrer mit einer Rede an uns. Es ist eine rührende, ans Herz greifende Laudatio auf meinen Vater, dessen gute Taten geschildert werden und den der Pfarrer einen Heiligen nennt, der „unter uns gewandelt“ ist. Nach feierlichem Absingen des Hymnus, der ungarischen Nationalhymne, wird endlich die Marmortafel enthüllt, die an der linken Kirchenwand angebracht wurde. Ganz oben ein Kreuz, darunter in großen goldenen Buchstaben eingemeißelt: Gr. Philipp Meran dem Patronatsherrn unserer Kirche in Dankbarkeit die Csákberényer Gläubigen.

Dann hält der Präsident des Kirchenausschusses eine ebenfalls schöne Rede, worauf unsere zweite Hymne, der „Szózat“ von Vörösmarty, gesungen wird. Es ist 10 Uhr 30, als wir aus der Kirche treten. Der Platz ist voll von Menschen, auch Protestanten, die erst jetzt kommen. Wieder fangen die Begrüßungszeremonien an: „Kennen Sie mich?“ – „Aber Sie sind auch sehr alt geworden.“ (Kein Wunder!) Damals junge, bildhübsche Mädchen von 16 bis 17 Jahren sind jetzt Matronen und Großmütter. Plötzlich werden die ehemaligen Parteisekretäre vorstellig. Der frühere redet auf Feri ein, der letzte, noch einflußreiche, auf mich. Beide waren Spielkameraden von uns. Die Zeit scheint stillzustehen.

Der eine Parteisekretär war der Lieblingsministrant des früheren Pfarrers. Schon früh bestens liturgisch beschlagen, glaubte man, er würde Pfarrer werden. Sofort wird uns folgende Geschichte von ihm erzählt: Im Vorjahr sollte der 1. Mai-Aufmarsch am Russendenkmal im ehemaligen vorderen Teil des Parkes abgehalten werden. Aber niemand von der Bevölkerung kam. So holte der Sekretär kurzerhand aus der Bezirksstadt Mór ein Lastauto voller Rotarmisten, die sich um das Denkmal scharten, und er konnte seine Rede ablesen, ohne allerdings verstanden zu werden. Dann schossen die Russen in die Luft, schrien „Hurra“ und verschwanden wieder. Tag der Arbeiterbewegung im realen, schon wankenden Sozialismus . . .

Es kommt die Witwe des Försters Müller mit ihrer Tochter, die ihrem Vater sehr ähnlich sieht. Und schließlich Bruno, unser ehemaliger Tischler, der treueste der Treuen, der all die Jahre immer zu uns gehalten hat und dafür einiges einstecken mußte. Er ist 81 Jahre alt, sieht aber jünger aus und arbeitet noch: Was dieser Mann alles konnte und noch kann, von der kompliziertesten Intarsienarbeit bis zur Kopie barocker Möbel, und nun, wie ich schon sagte: 5000,– Forint im Monat. Ein Mensch der Arbeit im Arbeiterparadies. Doch Spaß beiseite. Man spürt die Furcht, man riecht sie förmlich. Das Volk, wiederholt um seine Wünsche und Träume betrogen, traut auch jetzt den Änderungen nicht ganz. So gesehen, angesichts des noch unveränderten Gemeinderates, ist diese Demonstration für uns hoch einzuschätzen. Doch manche Menschen winken verstohlen aus ihren Fenstern, trauen sich noch nicht, vor aller Welt ihre Gefühle, ihre Einstellung zu zeigen. Und man spürt auch die tiefe Angst der Parteifunktionäre. Man sagt, einem hat man die Reifen aufgeschlitzt, dem anderen den Garten verwüstet.

Es kommen zwei alte Männer auf uns zu. Der eine ist Albrecht Gyuszi, der Sohn des Wagnermeisters, der andere Bedi Tóni, der jüngere Sohn des Kutschers Antal. Mit ihnen haben wir oft Fußball gespielt, Tóni war nach 1945 ein großer Freund und Vertrauter von mir. Sie haben alle an meinen Festen teilgenommen, die ich nach dem Krieg in der ehemaligen Gendarmerie, unserem zugewiesenen Haus, abhielt. Dann der Sohn von Nándor, dem Mesner, mit dem wir 1946 am „Geburtstag des Bonzen“ teilnahmen. Eine ganze Stunde verbringen wir vor der Kirche und plaudern, alle sechs umgeben von zahlreichen Menschen. Endlich kommt die Klosterschwester und bittet uns in das Pfarrhaus zu „einer kleinen Stärkung“. Ein gemeinsames Foto wird an der Kirchenmauer gemacht.

Bild rechts: Schnepfe im langsamen Balzflug, Gemälde: Hubert Weidinger

Bild umseitig: Stimmung vor dem Abendstrich (Marcali), Ungarn 1990

H. WEIDINGER

Im Pfarrhaus erwarten uns hilfreiche Kirchendamen und der Pfarrer mit der Klosterfrau. Sofort sehe ich das Bild, das wir 1948 bei unserer letzten Flucht in die Kirche gerettet hatten, Mariens Himmelfahrt (die Kopie hing über dem Ehebett unserer Eltern). Und auch ein Bild im Goldrahmen von Anna Lamberg in älteren Jahren. Das Lenbach-Bild konnten wir ja retten. Wir besichtigen das Kämmerchen, in dem uns der frühere Dechant 1945–46 Asyl gewährte. Bevor wir uns zum Essen niederlassen, überreiche ich dem Pfarrer für die Bibliothek des Csákberényer Kirchenrates meine acht bisher erschienenen Bücher, was unbeschreibliche Freude auslöst. Wer hat schon von diesem gottverlassenen Dorf, das ohne sein Schloß total in die Vergessenheit der Geschichte versunken wäre, so viel Propaganda gemacht, wer hat das Dorf klein für klein beschrieben und seine Menschen verewigt? Jawohl, ich bin stolz auf diese Bücher, und den Csákberényern werden sie auch Freude bereiten. Die kleine, am Fuße des Vértesgebirges versteckte Gemeinde ist durch sie erst richtig bekannt geworden.

Während des sehr üppigen Essens in der Pfarre, dem wir der Aufregung wegen nur wenig zusprechen können, serviert die Tochter unseres Försters Müller. Der Pfarrer spricht dann zu uns und dankt der Familie, daß sie beim Wiederaufbau der Kirche so tatkräftig geholfen hat. Dann erzählt er ausführlich von der Tätigkeit meines Vaters, die ihm nicht nur aus den Annalen der Kirchengemeinde bekannt ist.

Ich gehe zurück in die Kirche, um das Lambergmausoleum zu fotografieren. Leider weiß ich nicht mehr, von wo der herrliche rote Marmor stammt. Das Kreuz ist aus Carrara, das weiß ich noch. Hier liegt Onkel Rudolf Lamberg, Bruder des ermordeten Generals, er war k. u. k. Kämmerer u. Oberstleutnant (geboren am 11. Februar 1802, gestorben am 5. April 1880). Neben ihm wurde hier seine Frau Therese (Thessy) geborene Hoyos-Sprinzenstein (geboren am 13. Jänner 1814, gestorben am 3. Februar 1875) bestattet. Onkel Rudolf, der Erbauer des Schlosses Csákberény, war also fünf

Bilder umseitig: Rehbrunft 1991 in Sagerbach
Oben: Zuerst mal Wind holen – Unten: Damen sind gerne leicht verschleiert

Bild links: Winter im Niederwildrevier, Gemälde: Hubert Weidinger

Jahre lang Witwer. In unserem vor der Sowjetinvasion geretteten alten Csákberényer Gästebuch stehen noch die Gäste, die bei seinem Begräbnis anwesend waren. Eingesegnet wurde er vom Stuhlweißenburger Weihbischof Venus und dem Domherrn Benedek. Eingetragen im Gästebuch sind unter vielen anderen Starhemberg, Luzenzky, Wimpffen, die Urgroßeltern Meran, Ludwigstorff, Marburg, Hoyos, Szécsen, Esterházy, Sándor, Pappenheim, Fiáth, Cziráky, Kegl usw.

Was ich selbst nicht wußte oder vergessen hatte, ist der Umstand, daß hier auch vier Kleinkinder von Rudolf und Thessy ruhen, die zwischen 1832 und 1843 verstorben sind. Sie hießen Rudolf, Julie, Edmund und der letzte wieder Rudolf. Nur Anna Lamberg ist am Leben geblieben, sie hat dieses Mausoleum errichtet, ruht aber in Österreich in der Lamberggruft. Ein ähnliches Schicksal wie jenes ereilte auch die Geschwister meiner Großmutter, die ebenfalls allein – auch als Erbin – übrigblieb. Ihre Geschwister Philipp und Angela starben mit acht und neun Jahren an der damals noch unheilbaren Diphterie.

Während ich mich in der Kirche aufhalte, assistiert von Schwester Christl, sind meine Geschwister mit den beiden Wägen abgefahren, um die schwerkranke Frau Terus zu besuchen, die eine unserer ersten Kindermädchen war. Ich spaziere mit Christl durch das Dorf hinauf zum Friedhof, denn ich weiß, daß wir einander dort treffen werden. Die Ujutca, eine von Süden nach Norden laufende, sehr lange Straße, ist fast völlig unverändert. Nur einige wenige Autos stehen dort, und es fehlen leider die früher so zahlreichen Gänse und Hühner. Wir gehen an der alten „Hangya" (einem Konsum-Geschäft in der Horthy-Zeit) vorbei und am „Kishegy", einer Art Schloßberg mitten im Dorf. Alle Leichenzüge hatten diesen Verlauf. Die Straße ist die Paradestraße des Dorfes, doch sehr vernachlässigt, voller Unkraut. Neben verlassenen, schönen, alten Häusern stehen verstreut viereckige, modernere Häuser. Man sagt, diese gehören Bonzen, Kolchosenführer, Bevorzugten. Ich sehe schöne Blumen, recht wenig Hunde, die obligaten Fichten und gut gepflegte Gemüsegärten. Die Menschen sind zum Großteil beim Essen, daher werden wir wenig aufgehalten. Und dann sind wir beim schönen Friedhof. Die zwei Stunden, die ich hier verbringe, sind die wohl rührendsten und nachdenklichsten des ganzen Tages. Fast jeder Grabstein ist einem guten Freund, einem Bekannten, einem ehemaligen Vertrauten, einem Menschen meiner Kindheit errichtet worden.

Ich entdecke die Gräber von unserem Diener Ferenc, vom Heger und Förster Müller,

Rentmeister Tükör, vom alten Pfarrer Papp Kálmán, der als Kanonikus starb. Dann die Gräber vom Kutscher Bedi, von den Pauliks, Stumpfolds, vom Winzer Bitter, vom Jäger Csákány, von den Lehrern Szabó und Fábos, das Grab des alten Beke, der meine erste Schnepfe fand, das des Oberförsters Neubacher, der Verwalter Udvardy und Halász, des Gärtners Móder, des Obstgärtners Trampler und vieler, vieler Bekannter.

Dann treffen meine Geschwister ein, und mit Feri gehe ich hinüber in den sogenannten „Alten Friedhof". Hier finden wir Gräber und gut erhaltene Kreuze und Grabsteine, die bis in die Mitte des 18. Jahrhunderts zurückreichen. Noch weiter weg, außerhalb des Friedhofes, sind die Selbstmörder begraben worden. Dabei denke ich an Ludwig Wernig, unseren aus der Steiermark stammenden Winzermeister, der unsere Csákberényer Weingärten „Hub" und „Sabanti" zu betreuen hatte und der sich an einer Lampenschnur erhängte. Nach langem Suchen finde ich seinen Grabstein. Er ist überwuchert vom Moos der Zeit, wie jene ganze Epoche, und rundum wachsen die schönsten Waldblumen. Die Grabkultur ist hier hervorragend. Man sieht wirklich sehr schöne und gepflegte, aufwendige Gräber. Bei vielen Gräbern steht auch der Name des noch lebenden Ehepartners am Stein, oft jahrzehntelang. An den verwilderten Selbstmörderfriedhof grenzt ein Akazienwald, noch in derselben Größe, wie wir ihn 1941 bei unserem ersten Trieb, der „Bubenjagd", vorfanden. Wir gehen nun durch den Wald in die Meszes-völgy, die dann weiter oben zur Kökapu-völgy wird. Ein Tal, herrlich bewachsen mit uralten Eichen, Eschen und Buchen. Hier hatten wir einst, vor mehr als 50 Jahren, eine steile Wand mit weicher Erde. Da veranstalteten wir „Mutproben", weite Sprünge in die Tiefe, wobei wir uns gut in der weichen lehmigen Erde abrollen konnten. Da steht die uralte Eiche, die – wie man mir damals sagte – noch aus der Zeit vor Maria Theresia stammen sollte. Ich fotografiere meine Schwester Lori bei diesem Baum, verwende sogar Blitzlicht dazu, und da erst erkenne ich, wie unendlich dick dieser – völlig gesunde – Baum ist.

Wir spazieren tief in den Wald hinein. Der Weg ist steinig, weniger gepflegt als zu unserer Zeit. Hier hat es große Regenfälle gegeben, denn überall liegt Schwemmsand und Schotter, dazu ist wie in alten Zeiten der Weg voll tiefer, durch große Wassermassen verursachter Gräben, die die Csákberényer „Vizmosás" nennen. Im Schwemmsand aber sehen wir zahlreiche Hochwild- und ganz frische Sauenfährten, kaum eine einzige Rehfährte.

Undurchdringlicher, herrlicher Laubwald, Kuckucksruf und Flöten der Pirole, Gurren der Turteltauben und dieser unveränderte Duft aus unseren Kindheitstagen. Ein Hauch von Unendlichkeit, ein Gruß aus der Ewigkeit, ein Trost, daß der Wald wenigstens gleich geblieben ist, so wie er vor 100, 150 und 200 Jahren war, als Franz Lamberg diese Gegend auf seinen Gemälden verewigte.

Nach einiger Zeit treffen wir uns bei den Wägen und fahren dann in die Horogvölgy hinein. Am Ende der Nyáriállás, dort wo der Weg in die Horogvölgy mündet, steht – ich traue meinen Augen kaum – die alte „Floh-Hütte“, unverändert und ähnlich baufällig und verfallen, wie sie schon zu unserer Zeit war. Hier haben wir noch im Jahr 1944 mit mehreren – jugendlichen – Gästen ein Picknick veranstaltet, als der Wald schon voller Partisanen war und die Russen die Karpaten schon überschritten hatten. Auch der Hegwald ist unverändert, ebenso das Tal bis zum Cseresnyésvölgyer Eingang. Hier traf man sich bei den Jagden, um die Stände in der Juhdöglövölgy einzunehmen. Die kleine Schutzhütte steht nicht mehr. Der Prybillschlag linker Hand und die Lange Sutte rechter Hand sind heute 50- bis 60jährige Wälder.

Durch die Horogvölgy führt jetzt ein asphaltierter öffentlicher Weg, daher dringen wir mit unseren Autos schnell vorwärts. In den dreißiger Jahren war Onkel Fritz Mayr-Melnhof der erste, der hierher mit einem Auto fuhr. Wir taten dies nie, wir hatten ja unsere Pferdewägen, und das Wild von damals lernte Motorenlärm erst im Krieg kennen, besser gesagt an dessen Ende. Die Vizmosásvölgy am Ende des Prybillschlages ist kaum zu erkennen, desgleichen die alte Reviergrenze, die Pátrácosvölgy. Die Asphaltstraße führt in einem leichten Bogen bis Pusztavám. Weiter vorne – im Sprachgebrauch der alten Zeit – schon im „Esterházyschen“, ist eine große, herrliche Schnepfendickung. Jedem von uns fallen Erinnerungen ein. So erzählt Christl von einem kapitalen Rehbock, den sie beim Reiten – anscheinend frisch geforkelt – gefunden hat. Wir finden den Eingang der Hosszú-völgy. Von hier aus ging man damals zum Jagdhaus anderthalb Stunden zu Fuß. Heute ist es von Kápolna aus mit dem Auto erreichbar und dient ausländischen Jagdgästen als Quartier. Als wir halten und die völlig unveränderte Flora untersuchen, bemerken wir, daß zu uns nicht ein einziger störender Ton, absolut kein Lärm dringt. Klar: Die nächste Bahnstrecke liegt bei Csókakö-Bodajk, die alte Bauxitbahn wurde schon lange aufgelöst, ihr Schnaufen hört man schon lange nicht.

Und dann fahren wir hinunter zu den Csákvárer Hügeln. Sie sind völlig unverändert, ebenso wie der Gránás und der Öreghegy. Von weitem sehe ich meinen alten Stand, wo ich seinerzeit die neun Hasen erlegte. Oben am höchsten Hügel steht allein und einsam ein Denkmal. Ein großes Kreuz ziert den Obelisken. Wie wir später erfahren, war es ein Russendenkmal. Den roten Stern hat man entfernt und an seine Stelle ein Kreuz eingesetzt. Im Jahr 1991 geht man noch weiter: man beschließt, das Russendenkmal im Park zu einem Denkmal für „alle gefallenen ausländischen Soldaten" umzufunktionieren, da hier viele Deutsche und einige Amerikaner fielen.

Wir sechs haben jeweils andere Ziele. Christl pflückt árvalányhaj, die charakteristische ungarische Steppenblume, die einst die Hüte unserer Kutscher zierte. Maxi geht zur „Helli-Burg", Feri beobachtet Erdziesel und Grillen. Ich schaue mir die westliche Seite der Hügelkette an, von der man hinunter zum öregtó sieht. Gerade erst habe ich das Grab von Mici Bitter aufgesucht. 1943 hat sie Tóni Trampler geheiratet, und in unserer Waschküche fand die Hochzeitssoirée statt. Ich, damals erst 16 Jahre alt, hatte für Feste keine Begeisterung und ging allein und schmollend zum öregtó, der auf deutsch „alter Teich" heißt, auf den Entenstrich. An diesem Tag erlegte ich zwei Enten und zwei Bekassinen. Mici Bitter und Tóni Trampler sind schon lange tot.

Hier lief übrigens das linke Eck der großen Csákberényer Hasenstreife aus. Diese böhmische Streife startete um 8 Uhr früh und ging bis Zámoly hinunter. Am Nachmittag nahm man dann die westliche Seite der Bauernfelder, von der Magyaralmásar Grenze an, mit Aufstellung beim Burián. Und diese Streife endete am Fuß des Csókaberges.

Ja, soweit das Auge reicht, waren überall Bauernfelder. Heute: staatlicher Großgrundbesitz, marxistische Feudalherrschaft, ohne Bauern, nur mit abhängigen Angestellten. Und das ehemals reiche Agrarland Ungarn ist der größte Schuldner Europas, zwar unter den ehemals sozialistischen Ländern das noch am besten versorgte, aber trotzdem gibt es Mängel, unfaßbare Teuerung und große Armut.

Und dann trennt sich unsere Gruppe. Feri, Anna und Maxi gehen auf Einladung von Szabó Gyuszi in dessen Weingarten, während wir anderen bei Tischler Brunó eine Jause einnehmen. Er hat noch immer die gleiche Wohnstatt wie 1945, das langgezogene Haus neben der Schule. Und hier sieht man wieder Geflügel. Die Werkstätte scheint in Betrieb zu sein. Brunó arbeitet also noch. Seine Frau Anna ist eine Steirerin. Als Kindermädchen der Harnoncourts war sie im Sommer am Brandhof, wo Brunó als Tischler alte Zirbensessel kopierte.

Im Jahre 1930 war Brunó Staatsmeister im Kugelschießen geworden. Er zeigt mir Fotos von der Preisverteilung. Chauffeur Jóska Kléber war auch dabei. Alle trugen die Levente-Mütze (Levente: Jugendorganisation unter Horthy) mit einer Adlerfeder am Kopf. Während wir bei Brunó sitzen, kommen laufend Menschen, die uns unbedingt sprechen, die uns einladen wollen. Etwa um 18 Uhr ist dann großer Abschied, der nicht ohne Tränen abgeht.

Schließlich setzen wir uns unter heftigem Winken beiderseits in Bewegung. Diesmal geht es über Csákvár, Bicske nach Budapest. In Csákvar besichtigen wir das Schloß unseres Nachbarn Moritz Esterházy, das von außen gesehen unverändert ist. Ich habe es 47 Jahre lang nicht mehr gesehen. Herrlich erhalten ist der riesige Park. Hier haben anscheinend keine Vandalen gehaust. Wahrscheinlich war es Hauptquartier eines Generals. Und Kämpfe gab es hier auch weit weniger als bei uns. In Budapest angekommen, sind wir so voller Eindrücke, daß wir die aufkommende Müdigkeit kaum fühlen. Harold und Herr Migsanig, Maxis Fahrer, sind außerordentlich beeindruckt von all dem Erlebten.

Der Tag vergeht, wie alle Tage vergehen. Wir essen zu Abend und gehen dann schlafen. Morgen werden wir um 8 Uhr nach Österreich starten. Bevor ich mich ins Bett begebe, sehe ich mir noch die Nachrichtensendung des ORF's an: Boris Jelzin ist Präsident der Russischen Teilrepublik geworden. Gorbatschow rüstet zu seinem – jetzt eher wenig versprechenden – Gipfel mit Bush. Katholische Jugend zusammen mit Jungsozialisten und Kommunisten demonstrieren gegen das Bundesheer. Waldheim wird angegriffen.

Der Eiserne Vorhang ist zwar weg, aber wie wenig wissen wir von dem, was beim unmittelbaren Nachbarn vorgeht. Was die Menschen dort wirklich bewegt, wie elend schlecht sie bei den Kommunisten verdienten, wie viele Arme es gab und gibt.

Andererseits hatte jeder seine Arbeit, die hoffentlich vorübergehende Arbeitslosigkeit kam erst mit der Marktwirtschaft.

Wie enttäuscht sind doch im Grunde diese Leute, daß der Westen so wenig für sie tut, wo sie doch ohne seine Hilfe den Kommunismus abgeschüttelt und das östliche Kolonialreich gesprengt haben.

Sie fahren begeistert in den Westen, um sich dort umzusehen. Schockiert erleben sie die wachsende Ausländerfeindlichkeit und registrieren arge Enttäuschung auch im östlichen Deutschland, das doch viel besser dasteht als alle anderen frei gewordenen Oststaaten. Sie verstehen das nicht.

Das tausendjährige Ungarn sieht sich mit Recht als einen Vorposten des Westens, für den es jahrhundertelang als Rammbock dienen und das Vordringen östlicher Eroberer abwehren durfte. In den Augen der Ungarn liegt es jetzt am westlichen Europa, ihrem Land zu helfen, damit es wieder ein freies, wohlhabendes, unabhängiges europäisches Land werde, nie mehr Kolonie des Ostens, aber auch nicht billiger Tummelplatz westlicher Spekulationen.

Hirschbrunft 1990 in Bezeréd

Die Jagd auf den Ungarhirsch ist nicht so leicht, wie sich das manche Leute vorstellen mögen. Hier gibt es keine bestätigten Hirsche. Ungarn ist das Land des wandernden Rotwildes. Weit empfindlicher auf Wetterschwankungen als der Alpenhirsch, reagiert er überraschend schnell auf den jeweiligen Wind. Ändert dieser seine Richtung, können ganze Rotwildpopulationen, auch mitten in der Brunft, ihr gewohntes Gebiet verlassen. Ein Erfolg wird vor allem dann fragwürdig, wenn man nicht nur irgendeinen Hirsch, sondern einen ganz besonderen, einen ganz alten oder einen kapitalen erbeuten möchte. Nicht nur ich, sondern auch mein Freund Hubi Rothermann ist schon nach fast einem Monat in Vasvár ohne Hirsch heimgekehrt.

Dieses Jahr hat man mir eingeredet, erst am 20. September in das Revier Bezeréd zu kommen, wo ich vor zwei Jahren – durch Zufall und auf der letzten Pirsch – meinen Lebenshirsch erlegt habe. Ich war von Anfang an skeptisch, denn die Hirsche haben bereits am 20. August zu melden angefangen und die Hochbrunft setzte in Südwestungarn schon am 6. September ein.

Die Fahrt über die Grenze ist jetzt ein Kinderspiel. Der riesige stählerne Balken ist verschwunden, verschwunden auch die Grenzsoldaten mit Maschinenpistolen, die jungen Leute sind adrett in lange Hosen gekleidet. Kein roter Stern, kein Sowjet-Wappen mehr, man hat das Gefühl, in ein befreundetes westliches Land zu fahren, was ja im Grunde – derzeit jedenfalls – auch stimmt. Mein Gewehrschein wird abgestempelt, das Gewehr nicht kontrolliert. Dafür gibt mir einer der Zöllner seine Visitkarte, denn er möchte so gerne mein Buch: „Und übrig blieb die Jagd“ erwerben. Ein anderer Zöllner bietet mir ein „Goldmedaillengeweih“ an, „sehr billig“, wie er sagt. Ich muß zwar lachen, gebe aber meiner Empörung doch Ausdruck. Denn Jäger, die aus Prestigegründen Hirschgeweihe kaufen, sind in meinen

Im Waldesdom – (aus dem gotischen Naturfenster blickend)

Augen jene Außenseiter unserer Gemeinschaft, die Schuld daran haben, daß manche Leute den „Jägern“ feindlich gegenüberstehen.

Wenige Minuten später ist die Sache erledigt, und ich fahre über Körmend, Zalaegerszeg nach Ligetfalva. Beim Jagdhaus sehe ich zu meiner Freude kein Auto, und schon kommt Oberjäger Szabó zu meiner Begrüßung die steile Treppe zum Parkplatz hinunter.

„Sie sind im richtigen Moment gekommen“, empfängt er mich. „Zwei Tage hintereinander haben wir den alten Zwanzigender gesehen, er hält sich mit einem Tier im Ostteil des Berek auf.“ Der Berek ist ein großes Schilfgebiet, von grünen Alleen durchwoben, in denen auch einige Hochstände vorhanden sind.

Während es in Graz sehr kalt war, ist es hier außergewöhnlich warm. Gegen 17 Uhr starte ich mit Józsi, dem langgewachsenen Jungjäger, zur Abendpirsch. Imre, der Oberjäger, führt einen deutschen Grafen, der aber morgen schon abreist. Wir fahren über Nagykapornak, Misefa in einem großen Bogen an der Südgrenze zur Gemeinde Pacsa nach Zalaigrice. In Pacsa liegt der Sumpf unter einer bläulichen Rauchwolke. Hier hat ein Bauer Stroh verbrannt und nicht daran gedacht, daß dies ein Torfgebiet ist. Seit Juni brennt nun der Torf unterirdisch und wäre nur durch einen riesigen, andauernden Regen zu löschen, der aber bisher ausblieb. Es herrscht Südwind, und wir riechen den Rauch. Józsi ist optimistisch, da er den Hirsch schon zweimal nacheinander hier gesehen hat. Gerade das macht mich aber nachdenklich. Zweimal hintereinander einen ungarischen Kapitalhirsch an derselben Stelle? Das ist doch sehr selten.

Am Hochstand erklärt mir Józsi, wo der Hirsch gestern seine Rivalen vertrieben hat. Schon um 18 Uhr erleben wir hier ein großes Konzert. Aber bis zur Dämmerung hören wir keinen Ton mehr. Dann allerdings sehen wir einige Tiere und zwei Beihirsche, die sich sehr sicher zu fühlen scheinen. Ein Ansprechen war uns nicht möglich. Zuhause beim Jagdhaus liegt ein Hirsch gestreckt, den der – nicht im Jagdhaus wohnende – deutsche Graf erlegt hat. Es ist der beste des Jahres, ein

„Brunftbariton“ – Sehnsucht, Eifersucht, Kraft und Mut...

knüppeldicker, uralter mit 12,09 Kilogramm und 248,71 I. P. Józsi sagt noch, in diesem Jahr wären so viele starke Hirsche im Revier wie noch nie. Der mich begrüßende Jägermeister strahlt Optimismus aus. Ich aber fühle eine kommende Wetteränderung und bleibe skeptisch.

21. September: In der Nacht wechseln Gewittersturm und Regen ab. Wir fahren mit Imre in den Berek, der leider voller Nebel ist. An diesem Morgen röhren die Hirsche gut. Rechts und links von uns hören wir sie kämpfen. Imre behauptet, die Stimme des Starken zu erkennen. Aber erst bei vollem Licht sehen wir einige Hirsche ganz in unserer Nähe. Bei Sonnenaufgang ist die Beleuchtung märchenhaft. Die sich bei unserem Hochstand tummelnden Hirsche sind lauter junge. Einer ist ein vielversprechender Vierzehnender.

Zuhause nehme ich ein frugales Frühstück zu mir, dann ruhe ich ein wenig aus. Nachmittags lese ich ein ungarisches Buch über in sowjetische Lager verschleppte Jugendliche. Alles, aber schon alles, wird hier in Wort und Bild über die Greueltaten der Bolschewisten veröffentlicht.

Am Nachmittag bin ich mit Imre wieder im Berek. Regen, der zeitweise aufhört. Wir sitzen wieder auf dem Stand, den ich bereits mit Józsi aufsuchte. Diesmal fangen die Hirsche früh ein wenig zu melden an, aber eben nur ein wenig. Ein bißchen helfen wir mit Tierruf und Hirschruf nach. Ein Vierzehnender kommt rechts aus dem Schilf und überquert die Wiese auf 100 Meter. Imre meint, er wäre ein Beihirsch des Zwanzigenders. Dann kommt hinter ihm am selben Wechsel ein junger Zehner. Vis-à-vis unter den Weiden erscheint ein weiterer, etwas jüngerer Vierzehnender, dann lange nichts, schließlich ein schon etwas stärkerer Hirsch, ebenfalls ein Vierzehnender, der am Damm zum Kanal entlangzieht, dort ein Tier treibt und ein wenig röhrt. Dort, wo der sagenhafte Hirsch angeblich seinen Einstand hat, sehen wir ein einzelnes Tier. Wir vernehmen eine Stimme. Imre steigt vom Hochstand, um das Tier besser auszumachen. Er winkt aber ab. Es ist ein alter dünnstangiger Zwölfender, der dort umherzieht, wo noch gestern um diese Zeit der Kapitale der „Pascha" war.

Er ist also weg, so wie ich es befürchtet habe und wie es in Ungarn seit jeher der „Brauch" war. Das sind keine „Abwurfstangenlieferanten", keine Wintergatterbewohner, keine bekannten, mit Namen versehenen Hirsche wie bei uns in den Alpen.

Und dazu kommt noch, daß sie außer Heu keinerlei Winterfutter bekommen. Das ist hier noch echte Jagd mit einem großen Unsicherheitsfaktor, reizvoll wie in längst vergangenen Zeiten. Heute abend beginnt der Nebel bereits bei Schußlicht. Wir verlassen den Hochstand und pirschen zu einem anderen, wo gutes Melden zu vernehmen ist. Aber hier sehen wir auch nur Graffel. Ein Zwölfender mit schöner Krone täuscht mich einen Moment lang, denn ich habe nur das Geweih, ohne anderen Vergleichspunkt, gesehen. Er hat eine Stimme wie der hier schon öfters aufgetauchte sagenhafte Sechzehnender, von dem der vorsichtige Józsi behauptet, er hätte sicher 12 kg. Bei der Übersiedlung von einem Hochstand zum anderen kommt uns auf 10 Meter ein guter Hirsch mit dickem, kurzem Geweih, sicher Sechzehnender, aber ebenso sicher ganz jung. Er bemerkt uns nicht, da wir guten Wind haben.

Baron von Mühlen ist mit Frau und befreundetem Ehepaar angekommen. Bei der ersten Pirsch erlegt der erfahrene, gute Jäger auf etwa 300 Schritt einen Abschußhirsch. Er ist Pächter eines Reviers am Präbichl zwischen Mayr-Melnhof und Croy. Wie klein ist die Welt.

22. September: In der Nacht fürchterlicher, orkanartiger Sturm und Abkühlung auf 5 Grad. Es regnet, allerdings nur sporadisch. Im ganzen Berek röhren nur zwei Hirsche, davon einer bei Schußlicht. Es ist ein alter Zwölfer. Wir sehen noch einen jungen Achter. Bei der Heimkunft große Aufregung, der Freund von Baron Mühlen hat unweit des Hauses einen kapitalen Sechzehnender gesehen. Unter Tags hellt es auf, bleibt aber kalt. Im Fernsehen verfolge ich den Davis-Cup Österreich–USA. Agassi schlägt Skoff.

Am Abend gehen wir, da der Wind auf Nord gedreht hat, zum oberen Sektor des Berek. Hier besteige ich den Stand „des alten Weibes“ (vénasszonyok lese). Zwei Hirsche trenzen nahe mit guten Stimmen. Wir versuchen alles, um sie anzulocken. Trotz des sehr schönen Abends scheint die Brunft nach dem Wettersturz vorüber zu sein.

23. September: In der Früh sehr schön und sternenklar. In der Morgendämmerung pirschen wir einen gut meldenden Hirsch erfolgreich an. Es ist aber ein mittelalter, eher schwacher Zehner mit kurzem Geweih. Dann unternehmen wir eine Riesenpirsch rund um den Kulissenwald und landen schließlich bei einem Hochstand in einer

Wasserrinne des Eszkényer Maisfeldes. Dieses Maisfeld ist etwa 200 ha groß. Hier sehen wir zwei junge Hirsche und ein Tier. Überall Riesenfährten, auch von starken Sauen. Einmal springt eine Rotte ab. Herrlicher, wolkenloser Morgen, doch ab dem ersten Schußlicht ist kein Ton mehr zu vernehmen. Der Jägermeister berichtet, daß er am Vortag im Forintos-Berek vier Hirsche wie wild melden gesehen hat, alles Beihirsche eines wieder einmal sagenhaften Urhirsches, der alle Jahre hier nach der Brunft auf ein bis zwei Tage eine kleine Pause einlegt. Dahin werden wir am Abend gehen. Unter Tags sehe ich mir den Kampf Muster gegen Chang an, den Muster souverän gewinnt. Es steht daher 1:1 im Davis-Cup.

Am Abend fahren wir erstmals nicht in den Berek, sondern zur Ortschaft Bezeréd, wo ein Auwald mit Schilf und undurchdringlichem Sumpf einen guten Einstand für Hirsche bietet. Über zwei Meter hohes Schilf, vom Hochstand aus drei wie Finger ausstrahlende, eher schmale Alleen. Wir hören zwar Geweihe schlagen, sehen das Schilf sich bewegen, aber es ertönt kein Laut, und wir können überhaupt nichts erkennen. Gegen das amerikanische Doppel haben die Österreicher Muster und Antonitsch keine Chance (2:1).

Unsere Kost ist zwar ausgezeichnet, aber viel zu üppig. Ich schlafe nicht besonders gut.

24. September: In der Früh bewölkt, wenig Wind, etwas Regen. Um 5 Uhr 30 sind wir im Berek und setzen uns sicherheitshalber auf einen gedeckten Hochstand mitten im Revier. Im Finstern melden zwei Hirsche. Bei dämmerndem Licht sehe ich drei junge Hirsche, zwei unter ihnen kämpfen eher spielerisch. Überhaupt keine Bewegung, wie sie sonst zu Ende der Brunft üblich ist. Mittags schlägt unser Thomas Muster im Davis-Cup den Weltranglisten-Vierten Agassi. Eine eher eindeutige Sache. Mindestens 12.000 Menschen schauen zu. Tagsüber Regen und Sturm. Am Abend sitzen wir am Mittelhochstand im Berek und sehen einen Achter. Gußregen! Imre versteht nichts mehr. Vor fünf Tagen haben hier 15 Hirsche gemeldet. Für mich ist die heurige Brunft zu Ende.

25. September: Eine sehr schöne Nacht. Um das Haus röhren sie gut. Zuerst fahren wir (noch vor 5 Uhr) in den Berek, um zu verhören, es meldet aber nur ein Hirsch. Wir wechseln das Terrain und pirschen in Pinkór, unweit des Jagdhauses, wo Imre

einen guten alten Achtzehnender kennt. Zwei Hirsche können wir am Wechsel abpassen, sie scheinen aber nur Beihirsche zu sein. Ein ganz passabler Zwölfer und ein Achter. Die netten Deutschen sind weg. Das Spiel Skoff–Chang, beim Stand von 2:1 für Skoff, wird wegen Regens in Wien abgebrochen.

Wieder neue Gäste: Vier Schweizer, die das erstemal nach Ungarn kommen. Darunter nur einer mit etwas Hirscherfahrung. Am Abend gehen wir mit Imre auf den Jagdhausschlag, machen einen großen Umweg, und schon ist ein Tier draußen, das abspringt. Hier haust angeblich der sagenhafte Sechzehner, dessen Stimme Imre in der vorigen Nacht gehört zu haben glaubt. Doch es kommt nichts, außer sechs Rehen, die ununterbrochen schrecken. Der eine Schweizer, ein „Hirschneuling", fehlt mit Jäger Ferenc auf 70 Schritt zweimal einen Hirsch, dann im Troll dumpfer Kugelschlag, Zeichen. Der Hirsch wird nicht gefunden. Für ein so gutes Revier einerseits traurig, daß es keine Schweißhunde besitzt, andererseits verwunderlich, daß man hierher, in das Gebiet der großen Hirsche, solch unerfahrene Jäger schickt, die Sechs-Kilo-Hirsche begehren. Der andere Schweizer aber schießt einen engen Abschußhirsch mit 5,9 kg. Die Schweizer sind sowohl in der Hirschjagd unerfahren als auch Oststaaten-neulinge. Sie kritisieren die Unsauberkeit, die hohen Preise, sparen sich einige Mahlzeiten ein.

26. September: Die Nacht ist klar und schön. Wir kommen von Süden her zum „Altweiberstand" im Nord-Berek und hören vor uns zwei Hirsche, vom Feld her immer näherkommend, melden. Beim ersten Lichtstrahl hört das Melden auf; wir hören es knistern und können nur noch schemenhaft einen der Hirsche vor uns einziehen sehen. Er reagiert nicht auf unseren Tierruf. Die Nachsuche der Schweizer ergibt nichts. Dazu kommt ein immer stärker werdender Regen. Dieser hält an bis 18 Uhr, wie auch mein Ärger über das verlorene Finale durch Skoff, der gestern noch führte, andauert. Die Resultate von Skoff–Chang sind beim Gesamtstand von 2:2 folgende: 6:3, 7:6, 4:6, 4:6, 3:6. Die Nummer 28 verliert gegen die Nummer 13 der Weltrangliste, und Österreich kann nicht nach Australien, wo es erstmals ein Davis-Cup-Finale erreicht hätte. Wir sehen am Jagdhausschlag ein Tier, das sehr spät austritt.

27. September: Früh fahren wir über die Wiese zum Nordberek. Es meldet derselbe

Hirsch wie früher. Wir pirschen ihn in Dunkelheit an, als er noch am Feld steht. Ich kann nur die Umrisse sehen und ein großes Geweih mit guter Krone. Imre behauptet, ein „ernstzunehmender“ Hirsch. Aber dann, als wir ihn mit gutem Wind umgehen wollen und am Berekrand abpassen, kommt er uns zuvor, und wir haben das Nachsehen. Dann Totenstille.

Wir unternehmen noch eine kleine Pirsch durch einen schütteren Akazienwald beim Miska-kút. Ein Hirsch springt tief schreckend ab. Dann sehen wir Tiere einziehen, warten, hinten nach kommt ein alter, aber schwacher Zwölfer. Der Wald hier heißt Badányi erdö. Das wäre ein Hirsch für die Schweizer gewesen, die heute früh leer ausgehen. Am frühen Nachmittag besucht mich das Ehepaar Attila Szöke. Die Schweizer essen auswärts. Das Wetter scheint sich zu beruhigen. Nachmittags setzen wir uns mit Imre schon frühzeitig mit gutem Wind am Kulissenwaldrand an, da wir hoffen, daß das Hochwild aus dem Riesen-Kukuruz zum Rapsfeld kommen wird. Und wir werden nicht enttäuscht. Schon um 18 Uhr erscheint ein Fuchs, verschwindet wieder, dann kommt ein Leittier mit zurückgelegten Lauschern heraus und scheint den Fuchs zu vertreiben, den wir jetzt nicht sehen, da der Raps hier 40 cm hoch ist. Hinter dem Tier erscheinen am Horizont auf 120 Schritt weitere sechs Stück Kahlwild und dahinter ein abgebrunfteter Kronenzehner mit dünnen, langen Stangen. Ein herrliches Bild gegen die rote Abendsonne.

Ich habe die Kamera dabei, traue mich aber nicht zu knipsen (wie blöd von mir), weil ich fürchte, daß auf den metallischen Lärm das Rudel abspringt. Am selben Wechsel erscheint nun ein einstangiger Zehner, dann ein junger Achter, und alle heben sich herrlich vom Abendhimmel ab. Allein für dieses Bild stand es dafür, zur Brunft nach Ungarn zu kommen.

Erst in der Dunkelheit fangen im Kulissenwald und im Kukuruz einige Hirsche zu melden an, darunter eine gute Stimme. Dieser Hirsch ist gestern, laut Imre, früh ausgezogen und heute spät eingezogen, vielleicht wäre das etwas für uns morgen früh. Zuhause angekommen, treffe ich die Schweizer dabei an, einen Hirsch „totzutrinken“, den A. (derselbe, der den anderen angeschossen hat) angeblich erlegt hat. Noch in der Nacht wird eine Nachsuche veranstaltet, aber umsonst. Man verschiebt sie auf morgen, nach der Frühpirsch. Imre sagt, daß die Entfernung über 200 Meter betrug und daß der Schütze den rechten Arm nicht auflegte. Das Wetter scheint konstant zu bleiben. Ich schlafe lang und gut.

28. September: In der Früh gehen wir mit Imre auf die andere Seite des großen Maisfeldes, südlich der Ortschaft Rádó. Noch im Halbdunkeln sehen wir – wieder am Horizont – drei jüngere Hirsche nacheinander einziehen. Der, auf den wir warten, hat uns wieder überlistet: Er war heute der erste, der einzog. Dann sitzen wir noch auf dem großen Hochstand im Kukuruz, sehen aber nichts außer zwei Rehen.

Die Nachsuche des totgetrunkenen Hirsches ergab nichts. Mir tut der Schütze ehrlich leid, und es war auch sicher ein Fehler des Jägers dabei. Man fand wenig Schweiß, wahrscheinlich ein Streifschuß, denn der Hirsch hat den Wechsel peinlich eingehalten und dann noch gesuhlt. Große Niedergeschlagenheit bei den Schweizern. Gestern erkundigten sie sich noch über das Nachtleben, heute sprechen sie nur noch vom Abfahren.

Am Abend gehen wir auf Imres Vorschlag (und gegen mein Gefühl) zum Jagdhausschlag, um den (längst abgezogenen) kapitalen Sechzehnender zu suchen. Es herrscht mildes Herbstwetter. Schon um 18 Uhr 10 kommt uns ein Hirsch auf 60 Schritt aufs Feld. Dann zieht er wieder ein. Später erscheint ein ganzes Rudel mit vier jungen Hirschen. Wir haben den ganzen Abend herrlichen Anblick. Die Schweizer haben nichts gesehen. Jäger Feri aber, der mit T. in Örvényes war, bestätigt, einen kapitalen Hirsch auf 400 Meter halbspitz wegziehen gesehen zu haben. Dicke, lange Stangen, vielendige Kronen.

29. September: Über Nacht wird es furchtbar kalt. In den Niederungen ist alles reifig. Die Schweizer reisen ab. Wir fahren zur Ortschaft Tilaj und verhören. Es meldet bereits im Graben, also im Wald, eine gute Stimme, aber wir vernehmen auch noch andere. Durch ein geniales Umgehungsmanöver gelingt es Imre, mich so zu einem Schlag zu führen, daß wir den Hirsch noch vor der Dickung im Hochwald, aber leider im Finstern, melden hören. Er hat eine gute Stimme, und wir fassen wieder Hoffnung. Endlich sehen wir seine Konturen, nicht jedoch sein Geweih. Jetzt zieht er wieder auf das Feld hinaus. Nach einigen Minuten aber meldet er wieder näher und näher, und ich richte mich. Ich stehe mit dem Rücken an einen Holzstoß gelehnt und die Büchse an meinen Bergstock gehalten. Nun erscheint ein riesiges Leittier am

Wechsel, auf höchstens 60 Meter, dahinter nacheinander sieben Tiere und zwei Kälber. „Da kommt der Hirsch", flüstert Imre. Und er kommt, langsam, das Haupt tief gesenkt, ein alter Hirsch, aber nur ein dünner Zwölfer. Doch prachtvoll und aufregend zum Ansehen, und ich gratuliere Imre zu diesem gelungenen Manöver.

Später sehen wir noch vier junge Hirsche und etwa sechs Tiere, die sich auf einem großen, verwachsenen Schlag in der Sonne wärmen. Noch bei Sonnenaufgang ist alles reifig. Unter Tags kommt Südwind auf. Am Abend gehen wir mit Imre zum letzten Pirschgang nach Körtvélyes. Da dieser Revierteil für die einheimischen Jäger nicht gesperrt ist, haben den starken Hirsch, den Feri am Vortag sah, junge Jäger in der Früh gesehen. Na, vielleicht gelingt es. In einem verlassenen und verfallenen Dorf, dessen Bewohner weggezogen oder verstorben sind, gibt es für den Fotografen viel zu tun: Herbstfarben in Gelb und Rot, Sonnenschein, bei den verfallenen Häusern wilder Wein, Trauben und spätherbstliche Blumen. Noch bei Sonnenlicht erklingt der melancholische Ruf der pannonischen Herbstzikade. Wir gehen über ein Feld, auf dem riesengroße Fährten eines einzelnen Hirsches zu sehen sind. Unter unserem Stand ist etwa meterhohes Riedgras, bis in das auf etwa 150 Meter liegende Talbett. Gegenüber aber zieht sich schräg zur Höhe ein Wildakker, links von einem wunderbaren Buchenwald, rechts von einem Schlag begrenzt. Leichter Wind läßt die Blätter der alten Bäume ihr Abendgebet singen. Da und dort fällt schon eines zu Boden. Als die Sonne versinkt, kommt Kühle auf. Es ist Herbst – wie damals vor 51 Jahren, als der Krieg begann. Auch heute denke ich an einen kommenden Weltkrieg. Wie waren wir doch euphorisch? Zusammenbruch des Kommunismus, Deutsche Einheit, Abrüstung, Freiheit, Demokratie und jetzt: die Golfkrise, in unserem Nachbarland Jugoslawien lodern die Flammen des Nationenhasses. Ein einziger Irrer oder Besessener kann, wann immer und wo immer, den Dritten Weltkrieg auslösen. Wir sitzen am Hochstand, bis es dunkel ist. Wir hören und sehen nichts.

Am nächsten Tag fahre ich nach dem Frühstück nach Hause. Wieder ist Wahltag in Ungarn, und ich will niemandem Anlaß zur „Wahlenthaltung" geben. Ich verabschiede mich von Imre. Obwohl ich nichts erbeutet habe, bin ich zufrieden. – Nirgends sehe ich Wahllokale, nirgends sehe ich wählende Menschen. Die Demokratie nach unserem Vorbild ist hier völlig unbekannt. Vielleicht wäre hier ein Persönlichkeitswahlrecht besser als dieses westlich-angelsächsische Modell. Vielleicht.

Nach der Grenze blicken mich wieder die Riesenplakate unserer Parteien an. Werbung und Reklame, lästige Propaganda. Es gibt kein Entrinnen, man muß sie anschauen, sogar in den Kurven verdecken sie die Landschaft.

Am Abend sehe ich im Fernsehen die erhebende Feier der Berliner anläßlich der unerwarteten deutschen Einheit. Als die deutsche Bundeshymne erklingt, wird sofort abgeschaltet. Aber gleichzeitig läuft ein Film über Rosa Luxemburg, wobei die „Internationale“ sehr wohl und sehr ausführlich erklingt...

Es ist gut, daß ich mich noch ärgern kann. Denn Apathie und Interessenlosigkeit sind schließlich nicht zufällig über die modernen Menschen gekommen. In diesem Sinn bin ich froh, altmodisch zu sein.

September 1991: Mein Sechzehnender von Budafa

Das Jahr 1991 hat international mehr Veränderungen gebracht als die vorangegangenen Jahre der Wende. Die baltischen Staaten sind selbständig geworden, in der Sowjetunion ist ein radikalkommunistischer Putsch zusammengebrochen, Leningrad heißt wieder St. Petersburg. Aus Ungarn und der Tschechoslowakei sind die letzten Russen abgezogen. Die Sowjetunion droht zu zerfallen. In Jugoslawien tobt ein Bürgerkrieg. Überall flammen nationalistische Kämpfe auf. Europa ist dabei zusammenzuwachsen, doch gleichzeitig brechen uralte Gegensätze wie schlecht verheilte Wunden auf, und die kleinste Provinz möchte unabhängig sein. So erhebend und unerwartet großartig die Änderungen auch sind, so ungewiß und gefährlich kann die Zukunft werden. Einerseits scheint in den ehemaligen Provinzen und Kolonien der Sowjetunion jedermann bewaffnet zu sein, andererseits haben sich die Strukturen der Diktatur fast unversehrt erhalten. Anstelle der diktatorischen und unfähigen Festung des bankrotten Marxismus treten ohne Übergang die Kapitalisten. Die Völker des Ostens sind – vorübergehend, wie man beteuert – ärmer als unter den Reformkommunisten. Es geschieht das, was wir aus dem Westen nur allzugut kennen: die Reichen werden reicher, und die Armen werden ärmer. Nur zählen die ersteren einige hundert, letztere aber etliche Millionen.

Im August war der Papst erstmalig in Ungarn. Nach Jahren der rücksichtslosen Unterdrückung lebt die Kirche Ungarns wieder auf. Als der letzte verhaßte Besatzungssoldat das Land verläßt, läuten im ganzen Land die Glocken. Überall Priester in Reverenden und Klosterfrauen in ihrer – jahrelang verbotenen – Ordenstracht. Ein Wunder ist geschehen, doch ob es hält, ob sich die Lage zum Besseren wendet, wagen die Leute noch nicht zu sagen. Doch eine Rückkehr zur Diktatur nach altem kommunistischem Muster scheint heute sogar in Rußland undenkbar. Doch es gibt andere Arten und andere Typen autoritärer Großmachtpolitik.

Am 7. September 1991 fahre ich wieder zur Hirschbrunft nach Ungarn. Ich habe mich mit meinem Freund Attila Szöke in Zalaegerszeg im Hotel Balaton verabredet. Da ich bei der Grenze weder Stau noch längeren Aufenthalt erlebe, bin ich rechtzeitig, eigentlich zu früh, in der unschönen Hauptstadt des herrlichen Komitates Zala. Ich gehe in den Dom, wo Kardinal Mindszenty viele Jahre lang Dompfarrer war. Es tut gut, hier zu meditieren. In meiner Vorstellung sehe ich den großen Bekenner auf der verwaisten Kanzel stehen, wo er als junger Priester zahlreiche Predigten gehalten hatte. Wie kurzsichtig und falsch war es doch, die Kanzeln abzuschaffen! Auch hier hat stumpfer Nivellierungsgeist über die Vernunft gesiegt. Wie viele alte Leute verstehen kein Wort von einer Predigt, die der Priester von einem nüchternen Rednerpult in ein Mikrofon verliest? Den Prediger auf der Kanzel sah jeder, und sogar Schwerhörige konnten das Gesagte von seinen Lippen gut ablesen.

Nach Entrichtung eines entsprechend hohen Obolus schlendere ich ein wenig durch die Stadt. Die Geschäfte sind zwar noch teilweise schäbig und lieblos, doch voller westlicher Waren. Es gibt sogar eine Kettner-Filiale hier. Die Menschen sehen zwar immer noch etwas mißmutig aus, doch haben ihre Augen einen neuen, ganz anderen Glanz als früher.

Mit Attila und seiner lieben Frau Trudi essen wir in einem guten Restaurant. Der Fisch ist hervorragend, nur das Eis ist für österreichische Gaumen ungenießbar – pure Chemie.

Dann fahre ich von Zalaegerszeg etwa 60 km südwestlich in eine herrliche Gegend, wo sich hügelige Waldlandschaft mit „unkommassierter“, herrlich bewachsener Feldlandschaft ablöst. Wie ein riesiger, lieblicher Park, schon sehr südlich anmutend, nach Obst und Laub riechend ... Ich passiere Botfa, Söjtör, Pusztamogyród, Bánokszentgyörgy, Borsfa und Kistolmács und lande nach längerem Fragen beim Arboretum von Budafa. Hier befindet sich ein größeres, luxuriös eingerichtetes Jadhaus, das angeblich der Familie Rubido-Zichy gehört hat und das sichtbar noch vor kurzem von kommunistischen Bonzen benützt wurde. Ich beziehe im fast leeren Haus das Zimmer Nr. 1. Dazu habe ich ein wunderschönes Badezimmer, einen Eiskasten und einen versperrbaren Schrank für Waffen und Munition. Es empfängt mich der Revierleiter Oberjäger János Horváth, ein jüngerer, blonder, sehr sympathischer Mann. Vom Haus bis zum etwas weiter weg liegenden herrlichen Buchenwald reicht ein wirklich herrschaftlich anmutender Park, hierzulande der schönen und exotischen Bäume wegen Arboretum genannt. Auf der anderen Seite der Straße ist ein Bauernhaus, das von einem edlen, aber sehr scharfen ungarischen Kuvasz bewacht wird. Hier sehe ich mit Freuden Mispeln, schon fast reif, und jene typischen ungarischen Früchte, die wie „Minibirnen" aussehen und die man Berkenye nennt.

Ich habe viel zu fotografieren. Unweit unseres Standortes ist der fast 400 Meter hohe Gurgó-hegy. Wir befinden uns mitten im ungarischen Ölgebiet von Lispe, um das im Zweiten Weltkrieg viel gekämpft wurde. János erzählt, daß noch vor gar nicht langer Zeit Staatspräsident Losonczy sowie Parteichef Grósz und Minister Németh hier gejagt haben. Es verging angeblich kein Jahr, da hier kein hoher Funktionär zur Jagd weilte. Lenti ist nicht weit, wo Marion Schuster 1970 ihren damaligen Weltrekordhirsch erlegt hat. Der Grenzübergang nach Jugoslawien heißt Letenye, das zusammen mit Murarátka und Budafapuszta zu János' Revier gehört. Auch Szent-Péterfölde ist nah, wo Erzherzog Josef jahrelang gejagt hat. (Im Jahr 1991 fällt hier der beste Hirsch des Jahres mit 15,5 kg.)

Die Brunft beginnt erst langsam, die Aussichten scheinen nicht gut zu sein, da das Wild nur ganz spät auszieht, die Hirsche nur in der Nacht melden und noch vor Schußlicht wieder einziehen. Der letzte Hirsch über 10 kg soll vor acht Jahren an der Mur bei Letenye gefallen sein, hatte allerdings 14,3 kg.

Ich schaue auf die Karte. Wir sind etwa 16 km von Nagykanizsa entfernt, und meine Fahrt hierher führte mich über Borsfa, das ganz nahe von Zalaszentbalázs liegt. Meine Leser werden sich erinnern, hier in Zalaszentbalázs hielten wir uns im Oktober 1948 mit Feri bei Freunden einige Tage auf, nachdem wir Csákberény bei Nacht und Nebel verlassen mußten. Bei Gänsebraten und Wein in einer Art Paradies, wo noch 100 Joch vom Besitz übrig waren und livrierte Kutscher Kaleschen fuhren, hier fiel mir ein, daß ich mein Maturazeugnis in Csákberény vergessen hatte. Und ich ging zurück, riskierend, daß mich die Geheimpolizei schon erwartete.

Um 17 Uhr kommt der Revierjäger Varga László, ein ruhiger, slawisch oder mongolisch aussehender Mann, wenig über 50 Jahre alt. Auch er sagt, daß es sehr schlecht um die Brunft bestellt sei. Im Gegensatz zum Vorjahr, als die Hirsche am 25. August schon gut schrien, ist heute absolut nichts los. Nun, ich überlasse alles dem Schicksal, ich weiß nur zu gut, daß man zur erfolgreichen Jagd Glück braucht. Im Vorjahr hatte ich keines und kehrte ohne Hirsch nach Hause. Auch gäbe es laut László keinen bestätigten starken Hirsch – in Ungarn nichts Neues. Im Vorjahr hielt sich aber ein älterer Kapitalhirsch längere Zeit in einer Fichtendickung von Murarátka auf. Ihn könnte man auf einem Feld oder einem Schlag abpassen, wenn er überhaupt da sei, eine gute Stimme hätte László aber gehört, und das wäre akkurat dort, wo dieser Hirsch am Anfang der Brunft des vorigen Jahres seinen Einstand gehabt hätte.

Im Haus sind drei Belgier, ein älterer Mann mit seiner Sekretärin, einer lustigen Dame, die er auf einen Hirsch eingeladen hat, ein jüngerer Mann mit Bart und eine hübsche junge Dolmetscherin aus Budapest. Im Laufe unserer Gespräche ergibt sich, daß der Ältere ein bekannter belgischer Wurftaubenschütze ist, ein Freund des früheren Weltmeisters Renard, und wir finden viele Gemeinsamkeiten und zahlreiche Gesprächsthemen. So zum Beispiel erzählt er mir, daß durch sein Revier in Belgien im Oktober Abertausende Ringeltauben nach Süden ziehen. Er hat – je nach Windrichtung – diverse Hochstände, wo er in den zwei Wochen des Zuges täglich mindestens 100 Tauben schießt. Im Vergleich dazu: Um im Jahr 60 Ringeltauben zu schießen, muß ich hier bei uns in der Oststeiermark zwanzigmal hinausgehen.

Die Belgier waren unter Tags auf Entenjagd bei nahen Teichen. Dort sind natürlich keine wilden Enten, sondern aufgezogene, was einen gewaltigen Unterschied bedeutet. Hier scheiden sich die Geister. Das eine ist Schießen, das andere ist Jagen. Das eine ist eine Art Haustier, das andere ist unberechenbares und scheues, vorsichtiges Wild. Noch schnell eine Jause, und der unvermeidliche UAZ-Geländewagen fährt vor. Der Chauffeur heißt Emil, ein Jungjäger fährt mit. Es scheint ein gut eingespieltes und zusammengewachsenes Team zu sein.

Wir fahren durch den Park, dann durch den anschließenden herrlichen Buchenwald, und die Wege sind so holprig, daß ich meine Büchse um den Hals hängen und mich mit beiden Händen anhalten muß. Der Wald ist wie ein Dom. Durch das dunkelgrüne Dach der Blätter schwindeln sich die Strahlen einer jetzt schon merklich sinkenden Sonne. Beim Vorbeifahren sehe ich eine Schmalgais, niedergetan in einer Mulde zwischen den gewaltigen Wurzelverzweigungen einer Jahrhundertbuche. Es ist feucht, und man sieht einige Suhlen, die auch gut besucht zu sein scheinen. Dann hört der Buchenwald auf, und wir bewegen uns auf einer Allee zwischen zwei Fichtendickungen, die ich hier nicht erwartet hätte. An einer Kreuzung wird der Adjunkt abgesetzt, er soll sich auf einem der Hochstände ansetzen, die in 300-Meter-Abständen entlang der Alleen stehen. Sowie der Wagen steht, hören wir plötzlich in der unteren Dickung einen Hirsch knören. Irgend etwas sagt mir, daß diese Stimme einem alten Hirsch gehört, wenn ich auch sehr gut weiß, daß man sich in dieser Hinsicht sehr täuschen kann. Der Wagen wird nach weiteren 200 Metern in einem kleinen Hohlweg abgestellt, und wir pirschen nun weit ausholend nach Osten, um bei dem herrschenden Westwind, ohne alles zu verstänkern, an unser Ziel zu gelangen. Ich trage meinen Bergstock, den Hirschruf, den Fotoapparat und neben dem Glas auch noch mein Swarowski-Spektiv mit mir und komme ganz schön ins Schwitzen.

Vor zwei Tagen war ich – nach 20 Jahren wieder einmal – in Brandhof auf einem Gams-Hochtrieb, wobei ich feststellte, daß ich noch gut bergsteigen kann. Leider zog ich den an sich nicht schlechten Stand Nr. 3 in den „Stangen“, drei Meter ober dem „Franzosenkreuz“, wo sich zwei Touristenwege kreuzen. Und während der Jagd – diesen kurzen drei Stunden – kamen gezählte 147 Touristen an mir vorbei. Einige gingen wortlos weiter, andere kritisierten die Jagd und die Jäger, wieder andere lagerten in meiner Nähe, um zu jausnen, etliche setzten sich in Erwartung eines Schauspieles in ihrer grellfarbigen Gewandung vor, neben oder hinter mich. Es war nichts zu machen.

Für jede „Demo“, jede Prozession, jedes Radrennen wird das Gelände abgesperrt. Wenn der Jagdpächter aber – einmal in vier Jahren – drei Stunden lang auf Gams jagen will (man fordert ja ständig die Dezimierung der angeblich viel zu großen Wildbestände), dann wird diese an und für sich nicht ungefährliche Tätigkeit des Schießens im felsigen Gelände gestört. Noch gut, daß ich an dem wunderschönen Herbsttag herrliche Fotos machen konnte.

Hier und heute ist es – noch (!) – anders. Man spürt, daß wir uns in einem einstigen Prominentenrevier befinden: völlige Ruhe, keine Touristen im Wald, herrliche Pürschsteige, gut gebaute Hochstände.

Lautlos pirschen wir jetzt auf dem gut gepflegten Steig talwärts. Ein einziges Mal hören wir einen Hirsch melden. Da ich das Revier und das Gelände nicht kenne, muß ich mich ganz meinem Pirschführer anvertrauen. Plötzlich wird es heller. Unter uns ist eine lange Wiese, die etwas abfällt. Auf der gegenüberliegenden Seite urwaldartiger

Mischwald, an dessen tiefster Stelle anscheinend ein Bach oder ein Graben verläuft. Dann steigt das Gelände wieder an. Wir hatten die Absicht, an dieser Stelle nur kurz zu verhören und unsere Abendpirsch demnach zu planen. Doch gerade als László zwei Meter vom Wiesenrand entfernt stehen bleibt – rechts sehe ich die Füße eines nicht niedrigen Hochstandes – erstarren wir. Mitten auf der Wiese äst ein Schmaltier in der Abendsonne, keine 30 Schritt von uns. Unmöglich, unbemerkt auf den Hochstand zu gelangen! Und es verhofft immer wieder nach links, wo wir auch ab und zu Äste knacken hören. Eine gute halbe Stunde stehen wir in eher unbequemer Lage. Ich bin froh, meinen Pirschstock dabeizuhaben. Plötzlich hören wir ganz nahe den Hirsch melden. Er kann nicht weiter als 10 Meter vom Waldrand stehen. Auch das Schlagen mit den Geweihen ist zu hören, und das ist nicht von schlechten Eltern. Plötzlich streicht ein Sperber im Tiefflug am Tier vorbei, es erschrickt und rast nach links, etwa dorthin, wo der Hirsch das letztemal gemeldet hat. Man hört prasselnde Fluchten, Geweihanschlagen, dann ist es still. Schnell erklimmen wir den Hochstand. Das Wild hat uns nicht in Wind bekommen oder sonstwie bemerkt, vielleicht läßt es sich im Laufe des Abends wieder sehen.

In aller Ruhe richte ich mich oben ein. Links ist der Waldrand auf etwa 80 Meter, links unten das Eck auf ca. 120, der untere Rand vor uns auf ca. 100, und nach rechts geht es drei-, vierhundert Meter weit, Teile der Wiese sind überriegelt, alles kann man nicht übersehen. Aber der riesige Wald bedeckt ringsum die ganze Hügelkette, abgesehen von der Fichtendickung, die hinter uns liegt. Und László sagt, daß hier im Vorjahr der Einstand des starken Hirsches – jedenfalls für einige Tage – war. Also warten wir. Am Rand sind riesige Brombeerbüsche, da und dort Pfaffenkapperl, Ebereschen, wilde Birnbäume, Schlehdorn.

Plötzlich erscheint im Sonnenlicht ein enger Achter, nicht älter als dreijährig, und äst vor uns. Leicht könnte ich ihn fotografieren, doch das Knacken der Kamera würde ihn vergrämen.

Nun meldet ganz weit im Buchenwald eine alte, griesgrämige Stimme. Einmal, zweimal, dann verstummt sie. Der junge Hirsch kümmert sich nicht darum. Plötzlich hören wir unten beim Bach, unweit eines gut sichtbaren Wechsels, einen sich suhlenden Hirsch. Ich habe Zeit nachzudenken. Diesmal bin ich entschlossen, entgegen allen

Gepflogenheiten schon am ersten Tag zu schießen, wenn – ja wenn – der passende Hirsch vor mir steht. Es ist wichtig, solches mit sich schon vorher abzuklären, denn manchmal ist das kürzeste Zaudern lang genug, um den Schuß im richtigen Moment zu versäumen. Nicht umsonst war ich schon einige Male ohne Waidmannsheil aus Ungarn zurückgekommen.

Plötzlich erscheint am selben Wechsel, wo es eingezogen ist, das Schmaltier – allein – und äst, ohne aufzublicken. Doch nicht lange. Der junge Hirsch stürmt zu ihm, treibt es ein paarmal hin und her und schließlich verschwinden beide links in der Ecke. Nach einiger Zeit kommt der Achter wieder heraus und äst gegen den Graben hinunter. Auf einmal ist rechts unten, auf etwa 200 Schritt, die Gabel eines Hirsches zu sehen, dann das ganze Geweih. Ein Eissprossenzehner steht dort und bewegt sich längere Zeit nicht.

Die Sonne ist verschwunden, und es wird merklich kühl. Ich bin dick und warm angezogen, doch László friert in seinem dünnen Leinenjankerl. Eine Kaltfront hat uns erreicht, der Wind ist frisch. Dann kommt ganz unten im Eck ein Spießer heraus und unmittelbar hinter ihm ein Sechser. Nun ist das Spiel dieser Hirsche miteinander eine lustige Unterhaltung. Der Achter und der Sechser kämpfen – zum Schein – miteinander. Der Spießer äst gierig, wissend, daß ihm nicht viel Zeit bleibt, und der Zehner schaut der ganzen Sache aus sicherer Entfernung zu. Dann erscheint am linken Wechsel ein besserer Hirsch: Zwölfer, mit langen Mittel- und Augsprossen und dunklem, geperltem Geweih. Er überquert langsam, mit dem Haupt wippend, die Wiese, schneidet sozusagen die Ecke ab und verschwindet unten beim Bach. Ein schußbarer Hirsch mit einem wunderschönen dunklen Geweih. Nun erscheint schon etwas im Schatten das Tier. Interessanterweise kümmern sich die Jünglinge jetzt nicht um dieses einzige Tier, das wir bisher gesehen haben. Und der bessere Hirsch, bereits im Dunkel des Hochwaldes verschwunden, stößt ein sehnsüchtiges und langgezogenes Auuuua . . . hervor, dann noch einmal, aber schon merklich weiter. Inzwischen ist es 19 Uhr 45 geworden. Anfang September wird es um diese Zeit schon recht dunkel.

Bild rechts: Etwas ist verdächtig, doch ich habe keinen Wind . . .

Bild umseitig: Achtung, Enten!

László hat bisher kein Wort gesprochen, nun sagt er: „Dieser Zwölfer ist ein schußbarer Hirsch. Ich habe ihn noch nie gesehen." Meine Kamera habe ich schon längst auf die Seite gelegt, rasch gebe ich mein Swarowski-Spektiv ins Futteral. Die drei Hirsche und das Tier haben ihre Häupter am Boden. Endlich tritt auch der vorsichtige Zehner heraus und äst ganz am Rande der Wiese nach rechts. Nun haben wir fünf Hirsche und nur ein Tier gesehen. Letzteres scheint noch nicht voll brunftig zu sein. Der leichte Wind hat sich jetzt ganz gelegt, und die Wiese glitzert im Abendtau. Ein Hirschkäfer umsummt den Hochstand, und in der Ferne schreit ein Käuzchen. Es ist bereits 7 Minuten vor 20 Uhr. Da erscheint lautlos wie ein Gespenst ganz unten, etwas rechts vom Eck, ein Riesenhirsch und zieht zügig gegen die äsenden Jünglinge. Schon haben sie ihn bemerkt und spritzen auseinander. Der Neuankömmling überragt sie um einen halben Meter. Ein alter Hirsch, ein kapitaler Hirsch, durchzuckt es mich, und ich sehe in beiden Kronen fünf Enden. Dann legt er das Haupt zurück und schreit einmal kurz, tief und unendlich gelangweilt. Dabei berühren die Kronen seine Keulen. Ich greife zur Büchse. Als ich anschlage, merke ich, daß die Brüstung zu hoch ist – einer der größten Fehler, die man beim Hochstandbau machen kann. Der Hirsch ist jetzt beim Tier und treibt es im Kreis herum, dann . . . plötzlich stürmt er unversehens hinunter, wo der Achter verschwunden ist, und ist nicht mehr zu sehen. Nach einer halben Minute aber erscheint er am selben Wechsel wie früher. Ich bin im Anschlag, aber der Hirsch zieht im Stich auf mich zu. Vier Minuten vor acht Uhr. Als er nun zum nervös zur Seite springenden Tier kommt und seine linke Seite zeigt, mache ich – heiser und aufgeregt, aber laut – den Tierruf. Der Hirsch steht wie ein Monument und verhofft. Mein Gott, welch ein riesiges Geweih! Der Zielstachel ist mitten am Blatt, als ich abdrücke. Mündungsfeuer. Ich sehe kein Zeichen, höre keinen Kugelschlag. Der Hirsch stürmt hinunter zum Graben. Aufatmend repetiere ich, und dann stelle ich das gesicherte Gewehr wieder in die Ecke. László hat kein Wort gesagt, sich völlig ruhig verhalten. Nun frage ich ihn, ob er eine Taschenlampe hat. Er verneint. Wir

Bild umseitig: Wintereinbruch zur Hirschbrunft im Bergrevier, Gemälde: Hubert Weidinger

Bild links: Wie eine Perlenkette – immer dem Leittier nach . . .

vereinbaren, daß er den Geländewagen holt, damit wir den Anschuß ableuchten können. Er verschwindet in der Dunkelheit des Pürschsteiges, und ich steige, alle meine Utensilien mittragend, langsam die Leiter hinunter. Leise Zweifel kommen auf. War es richtig zu schießen? Werden wir den Hirsch finden?

So spielt das Leben. Im letzten Jahr in Bezeréd sah ich auf 16 Pirschen keinen einzigen Hirsch, der über neun Kilo hatte und schußbar gewesen wäre. Und heute kommt dieser unbekannte Kapitalhirsch am ersten Tag, wenn auch im letzten Schußlicht. Endlich höre ich den UAZ und sehe die Scheinwerfer. Beim Anschuß ist kein Schweiß, ebenso dort, wo er die Randbüsche der Wiese durchbrochen hat. Was soll das heißen? Ich kann es nicht verhindern, daß László – ohne Lampe, nur mit seinem Feuerzeug, in der pechschwarzen Dunkelheit des Waldes verschwindet. Doch auf 90 Schritt einen solchen Hirsch . . . er muß einfach liegen. Und da höre ich László schon rufen. „Da liegt er!" Nun gibt es kein Halten für mich. Stolpernd und bis an die Wadeln im Morast versinkend, bin ich endlich bei ihm. Kaum Brunftwitterung – das ist mein erster Eindruck – und riesenhaft wie ein Pferd, mein zweiter. Alles andere ertasten meine Hände. Das Riesengeweih ist voller Suhlenschlamm. Der Schuß liegt mitten am Blatt, Ausschuß ist keiner vorhanden. László überreicht mir den Bruch, drückt mir – nun über das ganze Gesicht lachend – die Hand. Auch Emil und der Jungjäger gratulieren und bestaunen den Kapitalhirsch. Entblößten Hauptes halten wir ihm fünf Minuten die Totenwacht. Ich habe richtig gehandelt. Solch ein Urhirsch begegnet einem heutzutage sogar in Zala nur einmal im Leben.

Über Umwege kommt der Geländewagen in den Graben. Gemeinsam versuchen wir, den Hirsch aufzuheben und in das Auto zu schieben. Es mißlingt, obgleich die Leute viel Kraft und große Erfahrung haben. Dann fällt es Emil – reichlich spät – ein, daß im Wagen eine Funkanlage ist. Eine Viertelstunde später sind János und ein zweiter Jungjäger zur Stelle. Dann geht die Sache schnell. Es ist kurz vor 22 Uhr, als wir zu Hause ankommen. Das aufgetragene gute Abendessen schmeckt mir trotz Annuska nénis liebevoller Nötigung nicht. Zu groß war die Aufregung, die bei mir meist erst nach dem Schuß einsetzt, aber lange anhält.

Die Belgier haben einen Hirsch gefehlt. Vor Freude kann ich kaum einschlafen und bin schon um 7 Uhr wieder draußen, um auf die von der Frühpirsch heimkehrenden

Jäger zu warten. Der Hirsch liegt in der Wildkammer. Nun wird er auf der Wiese gestreckt und fotografiert und erst richtig „gustiert". Ein Hirsch, wie man ihn sich erträumt, liegt vor uns. Den Grandln nach ist er 14–15jährig; das gleiche sagen die Molaren des Unterkiefers.

Sonntag, 8. September: Maria Geburt. In einer der Nachbargemeinden besuche ich die heilige Messe. Es ist eine kleine Kirche, und der Pfarrer kommt nur an Sonn- und Feiertagen aus Nagykanizsa. Zu meiner Freude ist hier zu wenig Platz für einen „Volksaltar". Auch ist der Benediktinerpater ein Pole, der nicht ungarisch kann. Die Messe wird daher lateinisch gelesen. Zwar nicht ganz nach dem tridentinischen Ritus, schon etwas gekürzt, aber trotzdem. Plötzlich, wie eine Eingebung, fällt mir der unlängst im 85. Lebensjahr verstorbene Erzbischof Marcel Lefébvre ein. Daß er Gutes wollte, scheint mir unzweifelhaft zu sein. Unsere heilige Kirche hat ihre Tradition insofern verlassen, als daß sie Neuerungen zu schnell, zu hektisch, zu putschartig durchführen wollte. Das hat es in ihrer zweitausendjährigen Geschichte noch nicht gegeben. Was 500 Jahre nicht nur gut, sondern die Vorschrift war, kann nicht plötzlich schlecht und verboten sein. Wie viele, im Glauben nicht gefestigte Seelen wurden damit verstoßen, denn man nahm ihnen das Korsett, die überlieferte uralte Tradition. Ich kann es nicht anders ausdrücken: man opferte so manches Liebgewordene dem Zeitgeist, der wahrlich kein Freund der Kirche ist. Konzil, ja, Ökumene, ja, doch nicht nur mit jahrhundertelang erbitterten ehemaligen Feinden, auch mit den Traditionalisten. Denn Tradition ist genauso wichtig wie Fortschritt, und Lefébvre ist sicher manchen „Zeitgeistlichen" überlegen.

Die nächsten zwei Tage verbringe ich assistierend beim Auskochen und mit dem Vermessen. Ich fotografiere, fahre in der Gegend umher, und einmal am Abend habe ich schon auf einen Fuchs gestochen, ehe er sich mit einem Sprung in die meterhohe Deckung der Murauen retten konnte. Murarátka, Letenye. Auf den Damm des Inondationsgebietes kommt man nur, wenn man die ungarische Grenzstation in Richtung Niemandsland überquert, wo dann ein Feldweg auf den Damm führt.

Für jene Leser, die sich für die Daten meines Hirsches interessieren, im folgenden einiges: Gewicht: 12. 51, IP: 228. 20, Nadlerpunkte 211. 13. Die Stangenlänge: fast 120 cm, die Rosen: 27 cm.

Doch was bedeuten Punkte und Meßdaten? Er kann sich äußerlich durchaus mit meinen zwei bisher besten Hirschen messen. Das Wildpretgewicht beträgt bahnfertig (ohne Haupt und vom Knie abwärts ohne Läufe) 220 kg. Er war nicht nur nicht abgebrunftet, sondern noch richtig feist.

Überall klagt man heuer über die späte, die schlechte Brunft. Nun, erfahrungsgemäß wird sich das beim nächsten Wetterumschwung blitzartig ändern. Ein blauer Himmel schwebt über den grünen Matten des Zalaer Hirschparadieses. Spinnweben, Kornellkirschen, Hetscherln und Fiberzwetschken überall. Der Geruch von Eicheln und leicht absterbendem Laub, von reifen Birnen und saftigen Trauben wird dann und wann von einer besonders begehrten Geruchsbrise abgelöst: von echtem, unverfälschtem Brunftgeruch. Die Hirschbrunft in Ungarn hat erst begonnen.

Die Zeitungen, die ich an der Grenze kaufe, berichten von der teilweisen Entmachtung Gorbatschows, an seine Stelle – als Star westlicher Medien – ist Jelzin getreten. Tausende Tote in Kroatien, Generalstreik in Rumänien, Unruhen in Tatschikistan, Bürgerkrieg in Georgien. Der Westen beschließt, der Sowjetunion massiv zu helfen. (Sollte diese nicht vorher ihr Millionenheer abrüsten und die Milliarden kostenden Flüge ins All einstellen?) Deutschland verblutet fast an den ungeheuren Zahlungen, die die Einheit und die Wende verlangen. Die EG erweist sich als unfähig, den Krieg in Jugoslawien zu stoppen. Amerika aber blickt zum Golf, dort werden UNO-Kontrollore festgehalten. Wo ist die Euphorie des Befreiungsjahres 1989? Die Zeiten sind bewegter denn je, und die Zukunft der Welt ist in undurchsichtige, graue Wolken gehüllt.

Unsere Steiermark aber ist wieder einmal mit Großplakaten vollgepflastert. In unserer kleinen – noch heilen – Welt stehen Wahlen vor der Tür ... Im Fernsehen läuft ein kommunistischer Film über den Spanischen Bürgerkrieg. Es hat sich viel, fast alles geändert.

Auf Rothühner in Spanien

Über dem steirischen Hügelland glänzt am azurblauen Himmel die Sonne. Es ist Mitte Oktober, und die Bäume haben sich gelb, rot und braun gefärbt. Da und dort flattert ein Blatt zu Boden, spielend leicht und doch mit unumkehrbarer Endgültigkeit. Der Oktober ist seit jeher mein Lieblingsmonat. Die riesigen unnatürlichen Maistafeln sind gefallen, das Auge reicht in große Ferne. Farben, Gerüche und Töne sind nach meinem Geschmack. Und die Schnepfen sind seit zwei Wochen angekommen. Es ist im Gegensatz zum Frühjahr eine sehr gute Saison. Gestern abend habe ich wieder einen geschossen, hoch oben am Rosenkogel, in etwa 1000 Meter Höhe.

Am 25. fahre ich nach Kärnten. Bruder Max hat großzügig und mit viel persönlichem Einsatz eine zweitägige Rothühnerjagd in Spanien organisiert, in einem der besten Reviere von La Mancha. Nach Kärnten kommt man jetzt spielend leicht und rasch. Vorbei die kurvenreiche Packstraße, vorbei der Stau am Griffener Berg. Von Graz bis Völkermarkt durchgehend Autobahn. In eineinviertel Stunden bin ich an Ort und Stelle.

26. Oktober: Um 8 Uhr 30 startet unsere kleine Crossair-Turbopropmaschine in Richtung Zürich. Vorher einiger Tumult am Flugplatz Annabichl, denn zwei Charter-Maschinen starten nach Prag. Europa ist zusammengerückt. Im Flugzeug keine einzige österreichische Zeitung. Dafür Gratissekt in der Touristenklasse. Unsere Crew besteht aus einem weiblichen Flugkapitän und einer Stewardeß. Die Maschine ist fast voll, aber eher klein. Der Flug geht über den Großglockner, Innsbruck, den Allgäu nach Zürich. Ein märchenhaftes Panorama, eine himmlische Zauberwelt. Weiße, von der Sonne durchtränkte Watte-Wolken, dazwischen die Gipfel. Man fühlt sich hier oben dem Himmel nahe, und die Gedanken kreisen mehr um Grundsätzliches als um Alltägliches. Am riesenhaften Flughafen Zürich-Kloten habe ich einen längeren Aufenthalt. Das macht mir nichts aus, denn ich genieße trotz der spürbaren, knisternden Hektik die Atmosphäre dieser irgendwie in sich geschlossenen Welt. Bruder Max ist in die Stadt gefahren. Dazu benützte er den Zug, der im Souterrain des Flughafengebäudes seine Station hat. Der Lautsprecher plärrt „Herr und Frau Hürlimann

werden gebeten, sich ehestens am Schalter A 72 einzufinden". Jedesmal schreckt man auf. Ich kaufe eine Zeitung, einen Kugelschreiber, lese und löse Kreuzworträtsel. Die Kinder sind der einzige ruhende Pol in dieser gigantischen Nervenmühle. Sie langweilen sich eben und sind für jede Anrede, jedes noch so bescheidene Spielchen dankbar.

Unser Ausgang ist (Gate) A 85. Dort warte ich auf Max, der etwas vor 12 Uhr 30 eintrifft. Wir steigen in unseren Airbus. Abgeschlossene Abteile, sehr breit, vorne ein Bildschirm. Zuerst wird wie immer das Verhalten bei Gefahr erklärt, was bei Neulingen die Nervosität und den Adrenalin-Ausstoß erhöht. Dann rollen wir endlich in Startposition. Da warten zwei Maschinen, die vor uns starten werden. Endlich ist es so weit. Der Flug geht über Genf, Lyon, Toulouse, die Pyrenäen, Pamplona, Barcelona nach Madrid. In Zürich ist es bedeckt, und die Wolkendecke hält an bis zur spanischen Hauptstadt. Doch interessant ist der Flugcomputer, der am Bildschirm seine Zahlen produziert. Die Flugroute beträgt 1241 Kilometer, die Flughöhe 10.061 Meter, die Geschwindigkeit 745 km, später weniger, nur 675 km, weil wir genau gegen den Sturm fliegen, der eine Geschwindigkeit von 180 km hat. Eine dichte, wattige, zusammenhängende Wolkendecke, über die wir fliegen, vereitelt jeden Blick auf die Landschaft. Endlich die Reduzierung von Geschwindigkeit und Höhe, wir setzen zur Landung an. Sie erfolgt am Flughafen Madrid-Bajares fahrplanmäßig und sanft. Die Leute applaudieren.

Bei der Ankunft erwartet uns eine nette Sekretärin, Mari-José mit riesengroßem Bernhardiner-Hund. Sie erleichtert uns die Zollformalitäten in bezug auf unsere Jagdwaffen (Gorbatschow wird in Kürze hier erwartet). Ich habe ein wenig Schwierigkeiten mit dem nicht sehr wendigen und schweren Gepäckwagen. Ein Wagen (Audi 100) mit bärtigem Chauffeur erwartet uns. Alles wird verstaut, und wir starten gegen Süden. Zuerst nehmen wir eine Umfahrungstangente, die die Stadt im Süden umfährt, schließlich die Autobahn N. IV. nach Süden. Siedlungshäuser umgeben Madrid ebenso wie anderswo, große, viereckige Häuserblocks. Nur die baumelnde Wäsche, die Murillo-Kinder, der liegengelassene Müll lassen uns erkennen, daß wir sehr weit im Süden sind. Es ist etwa 17 Uhr, als wir Madrid verlassen. Bei uns mußte man jetzt schon beim Schnepfenstrich auf dem Platz sein. Hier ist die Sonne noch hoch. Kein Wunder, liegt ja Madrid, wenn wir die Karte ansehen, westlicher als London. Rechts oder links von der Autobahn sehe ich die Hinweistafeln und Ausfahrten für die Ortschaften Ocaña, Aranjuez, Toledo (mit seinem berühmten Alcazar des Kommandanten Moscardo), Jepez, Cabanas, Cuenca, Tembleque, Villacañas, Puerto Lapice, Villarta, Herenzia und Manzamaros. Wir tauchen ein in die La Mancha, Heimat des Don Quichotte. Überall sieht man sein Abbild in Reliefs, Statuen und Bildern. Linker Hand ein großer Christus auf einem Berg, unweit einer Kirche. Kleine Ortschaften werden überragt von riesig anmutenden Kathedralen. Alle paar Kilometer ein blecherner, schwarzer Stier. Das Gras ist verdorrt und braun, wie bei uns Ende Februar, wenn es aper wird. Man sieht absolut kein Grün, je nördlicher, desto mehr Nadelwälder, die die malerischen Hügel bedecken. Je südlicher, desto rotgefärbter wird die Erde. Ganz selten sieht man ein Rübenfeld, da und dort Tafeln mit blau-lila Blumen, die anscheinend industriell gezogen werden. Der Weingarten ist hier anders als bei uns. Er besteht aus niedrigen Büschen, sonst nichts. Keine Stangen, keine Drähte. Was ist hier mit dem Wildschaden?

Bei Manzamaros verlassen wir die Autobahn. Laut Bruder Max ist seit dem vorigen Jahr ein bedeutendes Stück fertiggebaut worden. Nun fahren wir direkt durch die malerischen Ortschaften, können die herrlichen Fassaden, uralten Portale, die typischen kleinen Eisenbalkone bewundern. Die Bevölkerung ist gutgelaunt, gut genährt, eher klein, recht viele dunkelblonde Typen darunter. Die uralten Dörfer werden nur durch sichtbar liegengelassenen Mist und häßliche Reklame verschandelt. Allem voran natürlich die übergroße Reklame von Coca-Cola, gefolgt von McDonald's und anderen Großkonzernen.

Interessant ist zu beobachten, daß als Vortrupp der westlichen Freiheit in den ehemaligen Oststaaten ebenfalls diese unnötigen Riesenplakate der Werbung erscheinen. Später folgt die Pornowelle (hier hat man ja viel aufzuholen). Schließlich sollen die Brutalo-Filme als Beweis gelten, daß man jetzt alles darf, daß man frei ist.

In der kleinen Ortschaft Villanueva de los Infantes (in der Ciudad Real) ist Endstation. Vor einem niedrigen, von außen kaum auffallenden Gebäude hält unser Wagen. Niemand öffnet die Tür. Max kennt aber Schleichwege, und endlich kommen ein uniformierter, jüngerer Bediensteter und ein älterer Hausknecht, um unser Gepäck abzuholen. Ich sagte, von außen wirkte das Gebäude unscheinbar. Innen jedoch ist es riesengroß: ebenerdige, in sich verschachtelte Komplexe, Gänge, Hallen, zahlreiche Salons, unzählige Gästezimmer. Überall hängen Hirschgeweihe, afrikanische Trophäen, präpariertes Wild vom Auerhahn bis zum Pardellux, vom Grouse bis zum Zwergtrappen, vom Schneehuhn bis zum Triel. Ein kleines Jagdmuseum. In den Salons sind Fotos des Königs zu sehen, der auf dieser Jagd alljährlicher Stammgast ist. Es handelt sich nämlich um eine der besten Rothühnerjagden Spaniens und damit der Welt.

Wir haben reichlich Zeit, uns in unseren komfortablen Einzelzimmern einzurichten. Das Abendessen wird erst um 21 Uhr 30 serviert. Im Weinkeller, wo man zum Apèritif zusammenkommt, begrüßt uns der Haus- und Jagdherr mit seiner reizenden Gemahlin und seinen Kindern. Überall tollen herzige schwarze Dackeln herum.

Der Hausherr ist ein gemütlicher, liebenswerter Mann, seine Frau lustig, temperamentvoll und schön. Man sieht es ihr bei Gott nicht an, daß sie erwachsene Söhne hat. Vor den Augen der Gäste wird der Wein für das Abendessen ausgesucht. Neben einer Batterie verschiedenster Getränke werden Appetithäppchen kredenzt, in einer so großen Menge und Vielfalt, daß ich schon satt wäre, würde ich von jedem nur ein Stück kosten. Und dann die Gäste. Prominenz, wohin man blickt. Viel beschäftigte Manager, Millionäre, kaiserliche und königliche Prinzen. Alle sind nett, liebenswürdig und locker. Mit Freuden entdecke ich unter ihnen zahlreiche Leser meiner Bücher. Ich würde lügen, sagte ich, daß mich das nicht freut.

Mit einiger Verspätung wird zum Essen gebeten. Riesige Mengen Austern, dann unübertrefflich gutes Rebhuhn, schließlich ein Karamel-Pudding. Die Tischordnung ist ungezwungen, es sind die Frauen in der Minderzahl, obgleich zwei mitjagen. Ich habe die Gelegenheit, den imposanten Gewehrkasten der Familie zu besichtigen, und gebe zu, nicht einmal annähernd etwas Ähnliches gesehen zu haben. Etwa 50 Gewehre in einem Mahagoni-Glaskasten, darunter 15 Paar Markenflinten von „Garbi" über „Purdey" bis „Holland-Holland". Da und dort einzelne, langläufige, ältere Flinten, dann Kleinkaliber von 32 über 28 bis 20. Einige nehme ich in die Hand. Sie sind durch die Bank wendig, gut équilibriert, leicht zu „führen", mit entsprechendem Hochschuß. Die meisten haben die Laufbohrung solcherart, daß der rechte Lauf enger, der linke offener schießt; ideal für getriebene Hühner also. Wie ich von einem alten Freund höre, schießen die Spanier die Hühner mit einer Virtuosität und Schnelligkeit, die atemberaubend ist. Der Gewehrkasten mit den Kinderflinten beweist mir aber, daß diese Kunst von Kindheit an geübt wird. Und Übung macht bekanntlich den Meister, Übung von Jugend an. So ist es beim Musizieren, beim Turnen, bei den Sprachen und auch beim Schießen. Für mich wäre es jetzt schon an der Zeit, nach dem doch anstrengenden Reisetag schlafen zu gehen. Dies ist hier aber unmöglich. Es wird meine Kondition morgen nicht verbessern. Etwa um 0 Uhr 15 verlasse ich auf „französisch" die angeregte, illustre, Whisky und Cognac trinkende Gesellschaft. Einige nehmen noch um Mitternacht einen Kaffee. Na, servus!

27. Oktober: Zum Frühstück erscheine ich als erster um 8 Uhr, aber weder Gäste noch Dienerschaft scheinen anwesend zu sein. Als ich es um 8.30 wieder versuche, ist mein alter Freund da, aber noch kein Frühstück. Es ist dann südländisch „karg", der kleinste „Imbiß" des Tages: Toast, roher Schinken, ein Spiegelei. Die zwei Engländer unter uns leiden sichtlich. Bei ihnen ist das Frühstück die Hauptmahlzeit.

Um 9 Uhr treffen wir uns in einem der Höfe, wo drei Geländewägen auf uns warten. Heute geht es in eines der „Gebirgsreviere". Wir fahren etwa eine halbe Stunde. Schon unterwegs sehe ich Rothühner. Wir bekommen Standkarten in die Hand, die vorgedruckt sind. Sie gehen von 5 bis 12 Schützen aus. Heute sind wir genau 12 Schützen. Ich habe die Nummer 12 gezogen. Am Versammlungsplatz „vereinnahmt" mich sofort ein Lader und ein „Secretario". Der Lader heißt Antonio und wird mich die zwei Tage begleiten. Der Secretario ist lokal „aufgebracht" und wechselt mit dem jeweiligen Revier. Antonio ist etwa 55 Jahre alt, klein, dick, sein rechtes Auge scheint blind zu sein. Er trägt eine blendend weiße Kappe, um von mir leicht und überall erkannt zu werden. Da ich mich mit der Standeinteilung überhaupt nicht auskenne und der mitgehende Jagdherr ohnehin die Nummern ansagt, folge ich brav der Kappe Antonios. Dieser hat meine zwei Webley's in ihren Doppelfutteralen und entsprechend viele Patronen aus dem Wagen mitgenommen. Der Secretario, viel jünger, dunkelblondes, strähniges Haar, schultert die Schirm-Utensilien und die beiden Blenden, die unentbehrlichen giftgrün gefärbten Schutzschilder, viereckige, auf variabel verstellbaren Stangen montierte Bleche, die Ecken aber abgerundet. Sie heißen Patalla und haben zwei wesentliche Funktionen. Sie werden einfach, aber tief, genau in Richtung des Nachbarn, in den meist sehr felsigen Boden eingepflanzt. Dafür wird viel Zeit aufgewendet. Sie schützen einerseits vor den Schroten des Nachbarn und verhindern andererseits, daß man unwillkürlich in dessen Richtung schießt. Das Wetter ist leicht bewölkt, eher kühl für die geographische Lage hier.

Ich komme auf einen Stand in die Mitte des Triebes. Mein Stand ist ein felsig-karstiges Gras- und Unkrautgelände, die Schützenlinie ist unmittelbar hinter einem Höhenrücken. Der Wind bläst mir ins Gesicht, die Sonne scheint mir entgegen, jedenfalls, wenn sie nicht von den Wolken verdeckt wird. Hinter mir fällt das Gelände in einen Graben ab, dann steigt es wie auf unserer Seite hoch. Endlich ist der aus Wichsleinwand gefertigte grüne Schutzschirm mittels dreier Eisenstangen und einer praktischen Drahtverankerung montiert. Der Lader nimmt sich einige größere Steine und setzt sich rechts von mir darauf. Mit dem Hackteil des Hammers, dessen stumpfe Seite zum Einschlagen der Eisenstangen verwendet wurde, wird der Boden in kurzer Zeit eben gemacht. Der Secretario setzt sich links hinten auf den Boden. Wir sind fertig. Auch ich, der ich wie vor einer Wurftaubenmeisterschaft von Jagdfieber geschüttelt werde.

Endlich erklingt ein schneller Doppelschuß, der Hebschuß, hier „segnal“ genannt. Er wird vom rechten Flügelschützen abgegeben. Die äußersten Stände werden „Punta“ genannt, die nächsten, gegen die Mitte zu gelegenen, „Semipunta“. An einem Tag werden fünf Triebe abgehalten, jeder Schütze kommt normalerweise einmal auf die Punta.

Kaum ist der Hebschuß verklungen, sehe ich schon oben auf der Höhe Hühner erscheinen, mit langem Stingel, wie argwöhnische Birkhähne, die anscheinend die „Lage“ sondieren. Sie laufen hin und her, verschwinden dann, schließlich erscheinen sie wieder, harren aus. Schüsse knallen, ich sehe seitlich einige fallen, vergaffe mich, und schon ist ein Einzelhuhn vor mir, das ich fast übersehen hätte. Auf den zweiten Schuß fällt es hinter mich. Anerkennende Worte von meinen Compagneros. Dann kommt eine Elster. Ich frage, ob ich schießen darf. Eifriges Nicken. Ich ziele genau, nehme den linken Lauf, und die Elster fällt weit hinten, aber mausetot ins Tal. Dann zischt der Secretario: „lievre“. Zwei Hasen kommen, sie sind kleiner als unsere und irgendwie bunter. Man schießt sie nicht, sie sind Deputate für die Jäger. Und nun kommt es dick. Ein Huhn erscheint, noch eines weiter rechts, drei kommen links. Sie bilden eine Kette, aber: jedes Huhn nimmt eine andere Richtung, kommt mit einer anderen Geschwindigkeit. Darauf war ich nicht gefaßt, und nur eines fällt, abermals nach hinten. „Arriva, arriva", erschallt der Tiro-Ruf. Und es kommen immer wieder Hühner. Einmal rechts, einmal links, weniger bei mir, doch immer komme ich zu Schuß. Wenn ich hinter den anderen Schützen nachschießen will, fehle ich meistens. Nun passe ich auf wie ein Haftelmacher, schieße entgegen, und in recht schöner Manier gelingt mir die erste Doublette. Es bleibt die einzige in diesem Trieb. Ich habe einige Hühner verschlafen, einige Male traue ich mich nicht, auf die vielen „Defilierer" zu schießen, aus Angst, über die Kuppe hinweg einen Treiber zu treffen. Trotzdem bin ich mit 18 Rothühnern vollauf zufrieden.

Sowie die Treiber auf dem Rücken erscheinen, werden die Gewehre verstaut, und das Aufklauben beginnt. Mein Antonio ist langsam, José schneller. Trotzdem bringen sie mir diesmal genau die 18 Stück, die ich auch wirklich geschossen habe. Ich zähle die Hülsen, es sind 32. Die grüne Patrone „Fass" ist butterweich, natürlich, schlechte Patronen wird man uns hier nicht anbieten. Max schießt dunkelrote Légia-Star mit 65 mm Hülsen. Die Schrotgröße beträgt 2.4. Nr. 7. Ich mache Fotos. Mein Jagdfieber ist verflogen, angeregt plaudernd gehen wir zu den näher herangefahrenen Autos. Nun wird ein größerer Weg zurückgelegt.

Im zweiten Trieb bin ich der siebente von rechts. Rechts von mir in der Talsohle der alte Meisterschütze, dann steigt nach rechts die Schützenlinie, der nächste ist Max. Vor mir Büsche und die schönen runden Eichen der Gegend. Auffallend wenig Hühner sind im Trieb. Das ist für mich ein Pech, weil ich – nach Aussage des hier schon sehr oft gewesenen kaiserlichen Prinzen – auf dem besten Stand stehe. Wie sich später herausstellt, waren Schwammerlsucher im Trieb, also auch hier! Kleine gelbliche Wiesenschwämme und sehr schöne Champignons locken natürlich zahlreiche Naturfreunde an. Auch die Vegetation ist äußerst reizvoll: herrliche Disteln mit vielfärbigen Blüten, gelbe, rosa und lila Blumen, mit Oliven reich behangene Bäume, Weideland, Büsche und Gräser, soweit das Auge reicht, dazwischen Felsen, die an die Csákvárer Hügel meiner Heimat erinnern. In diesem Trieb schieße ich 7 Hühner, darunter eine Doublette, auch zwei hohe, die weiten fehle ich nach hinten.

Nun folgt die erste Essenspause. Auf dem Kühler eines der Geländewägen wird eine Batterie von Flaschen aufgestellt, vor allem Cherry, und auf kleinen Tellern werden etwa 15 verschiedene Appetithäppchen, von kleinen Würstchen über Muscheln bis hin zu diversen Käsewürfelchen, serviert. Und die Leute essen mit Lust alles in sich hinein.

Dann kommt der dritte Trieb. Links von mir die sehr gut schießende Dame, rechts einer der Engländer. Vor mir halbrechts und halblinks je ein dicht belaubter, kleiner Baum, der mir die Sicht nimmt. Wissende, bedauernde Blicke. Auch ich weiß nicht, wie ich hier die Hühner rechtzeitig sehen soll. Die ersten kommen hoch und einzeln, die treffe ich noch halbwegs, aber dann die auseinanderpurrenden Ketten zum Schluß, schwierig, schwierig, da sie hinter mir zu Boden gehen. Auch der rechte Nachbar fehlt. Mir gelingt es kaum noch, im richtigen Moment zu schießen, keine Doublette, aber ein – zwei zerschossene Hühner, ärgerliche Fehlschüsse infolge schlechtestem Winkel, manch spektakulärer Weitschuß nach hinten. Ich fühle, daß ich in diesem Trieb ungeschickt agiert habe, wenn auch nicht direkt gepatzt. Trotzdem gratuliert mir meine linke Nachbarin – die besser schoß – na ja! Es liegen wieder 17 Hühner, doch habe ich diesmal 40 Schuß gebraucht.

Nach diesem Trieb geht es zu einem großen Zelt, das bei einem Meierhof aufgestellt ist. Giftgrüne Wichsleinwand. Livrierte Diener servieren. Die Lader und Treiber essen außerhalb des Zeltes, im sogenannten Vorzelt, ohne Seitenwände, aber überdacht. Laut Maxens immer mitgeführtem Thermometer beträgt die Mittagstemperatur 14° Celsius. Für Spanien und die Jahreszeit nicht sehr warm. Hungrige Hunde biedern sich an, ein Mann sitzt auf einem lieben Eselchen, das rechts und links zwei Tragkörbe baumeln hat, und läßt sich fotografieren. Außerordentlich gut tut mir nach dem viergängigen Essen (das über 2 Stunden dauert) der Kaffee.

Im vierten Trieb komme ich auf die Punta und muß, dort angekommen, den schnellen Doppelschuß, el segnal, abgeben. Ich stehe in einem sehr tiefen Tal, vor mir eine steil hinaufgehende, kahle, karstige Weide. Hinter mir geht es ebenso hoch hinauf. Wenn da ein Huhn kommt, ist es auf jeden Fall turmhoch. Wind ist aufgekommen. Mein Nachbar auf der Semipunta ist Bruder Max. Bei ihm fällt der Berg schon leicht ab und ist nicht so unbeschreiblich hoch wie bei mir. Da und dort knallt es schon, ich schaue einem Huhn nach, das Max kommt. Plötzlich entdecke ich hoch über mir einen pfeilschnellen kleinen Vogel, ein Huhn, doch es ist zu spät, gefehlt. Nun stehe ich in Wartestellung, wie am Skeetstand. Und tatsächlich: Hoch erscheint über dem Rücken ein kleiner Punkt, kommt direkt über mich, ich schwinge mit, und mausetot knallt das Huhn weit hinten an die Lehne.

Meine Compagneros applaudieren, auch ich freue mich über den herrlichen Schuß. Doch nicht lange. Das nächste, etwas seitlich kommende fehle ich glatt. Insgesamt erlege ich hier acht Hühner, aber ich treffe nur jedes zweite. Doch was für Hühner sind das! Ganz euphorisch gehe ich zur Sammelstelle.

Im nächsten Trieb bin ich auf der Semipunta. Der Stand ist schwer, erweist sich aber als sehr gut. Ich schieße hier recht brav und erlege 19 Hühner mit 33 Schuß. Als dieser Trieb zu Ende ist, erfahren wir die Strecke: Es sind etwas unter 800 Rothühner gefallen. Es ist bereits nach 17 Uhr, als wir zu den Autos gehen und die Sonne noch recht hoch am Himmel steht. Zu dieser Zeit muß ich beim Schnepfenstrich an bewölkten Tagen bei uns schon sehr aufmerksam sein. Ein herrlicher Sonnenuntergang zeigt, den Einheimischen zufolge, Schlechtwetter an. Die Wetterfrösche haben aber von einem Biskaja-Hoch gefaselt. An diesem Tag verlassen uns vier Schützen, doch es kommen zwei neue hinzu.

Ein herrliches Bad und etwas Schlaf erfrischen mich. Um 21 Uhr trifft man sich im Nobelkeller zum Apéritif. Die Hausfrau schafft mit ihrem Charme und ihrem Humor eine ungezwungene, lockere Stimmung. Es wird viel gelacht und geblödelt. Das Essen ist fast noch delikater als gestern. Um Mitternacht gelingt es mir, ins Bett zu sinken. In der Dunkelheit vor dem Einschlafen sehe ich anstreichende Rothühner und höre das Knallen der Gewehre. Ich schlafe gut und tief.

28. Oktober: Der Morgen zeigt sich bewölkt und düster. Am Horizont hängende Regenwolken. Vorläufig regnet es erträglich. Alles ist in Regenkluft gekleidet. Gott sei Dank habe auch ich eine mit. Aber da man mir Hitze und Sonnenschein vorausgesagt und mich vor zu warmen Sachen gewarnt hatte, habe ich nur die französischen Leinenschuhe mit. Ein alter Freund überläßt mir seine Reservegummistiefel. Sie passen gut, nur die eingebauten Einlagen stören ein wenig. Es ist empfindlich kalt, nach Maxens Thermometer hat es 9°. Ich nehme meinen leichten Pelz mit und ziehe

Angoraunterwäsche an. Von den angesagten Schützen sind vier krank oder unpäßlich. Antonio, mit einem Pullover bekleidet, ist da und begrüßt mich freundlich. Der neue Secretario ist jung und hat tiefschwarze Augen. Es regnet sich langsam ein, auch der Wind wird etwas stärker.

Im ersten Trieb habe ich den dritten Stand von rechts. Es kommen etliche Einzelvögel, und in diesem Trieb schieße ich wirklich sehr gut. 12 Vögel auf 17 Schuß! Sehr viel kommt mir nicht. Auch hier bestätigt sich, trotz sehr gewissenhafter Standeinteilung und dem Los, daß Diana den jungen Männern „holder" ist als den alten Krachern. Im zweiten Trieb bin ich der erste aufgestellte Schütze. Also Punta, jedoch ohne „segnal".

Ich stehe in der Nähe eines Gehöftes, neben mir die charmante Meisterschützin. Es kommt mir praktisch nichts. Ich schieße nur das, was sie mir überläßt, und das sind 5 Hühner. Der Trieb ist aber gut, denn es knallt unentwegt und man sieht in der Ferne die mit dem Wind ansegelnden Vögel. Herrgott, sind die aber schnell. Nach dem zweiten Trieb, während der ersten Jause, verlassen uns die beiden Engländer. Ihr Abgang ist originell und findet mittels Hubschrauber statt. Zuerst warten wir lange auf den Hubschrauber, der irgendwo hinter dem Berg seine Kreise zieht. Dann erscheint er endlich und wirbelt im Anflug unmittelbar vor dem Landen einige Weinbüsche hoch. In der Nähe ein unheimliches Gerät, besonders wenn die Rotoren laufen.

Nun beginnt es stärker zu regnen, der Wind ist kalt und wird langsam zum Sturm. Unser Zelt, obzwar gut verankert, scheint uns einige Male wegfliegen zu wollen. Das Gehen auf der aufgeweichten roten Lehmerde, besonders dort, wo man über die noch stehenden Stoppelfelder geht, ist unbeschreiblich mühselig. Ich habe so etwas noch nie erlebt. Man schleppt auf jedem Fuß drei bis vier Kilo Lehmerde mit.

Im vierten Trieb stehe ich mit meinen vor Kälte zitternden Compagneros auf einem Stoppelfeld. Trotz versuchter Planierung des Standes versinke ich fast bis zum Knöchel, kann mich mit den Füßen kaum bewegen. Doch es ist ein guter Stand, es kommen viele Hühner. Es gelingen mir zwei Doubletten nach vorne, seitlich nach hinten ist kaum etwas zu machen, weil ich mich mit den Füßen nicht entsprechend umdrehen kann. Abwechselnd lege ich meinen – auch nicht mehr trockenen – Mantel auf die Schultern von Antonio und Francisco. Es ist wirklich kaum mehr möglich zu schießen, aber ich mobilisiere alle Reserven. Orkanartiger Sturm peitscht mir den Regen ins Gesicht. Die Finger sind klamm, die Reaktion zwar schnell, aber die Bewegungen langsamer als nötig. Den anderen geht es ebenso. Zuletzt werden es hier 21 Stück, ich habe dazu 48 Patronen gebraucht. Über manche Ungeschicklichkeit ärgere ich mich, doch sind sie meistens wetterbedingt.

Der letzte Trieb ist dem vorletztem ähnlich: abermals Stand auf einem Feld, vor mir ein kahler felsiger Wiesenhang. Wieder erscheinen gleich nach dem Hebschuß die „Kundschafter" oben auf der höchsten Stelle, laufen hin und her und verschwinden wieder. Zuerst schieße ich schlecht. Dann nehme ich mich zusammen, und es gelingen mir fünf Doubletten und auch weite Schüsse nach hinten. Als der Trieb aus ist, vermögen meine Helfer kaum mehr, die Vögel aufzuklauben. Das Gehen im weichen Feld ist eine Qual. Wir sind alle bis auf die Haut durchnäßt. Die Summe des Tages liegt bei 680 Stück.

Nach einer Regeneration im gastlichen Hause von Infantes gehen wir um 19 Uhr 30 zur Abendmesse in die Kathedrale von St. Andreas. Ein schönes Erlebnis: Hintergrundmusik, Lichteffekte, südländische Andächtigkeit mit lautem Palaver und Alkoholgeruch. Dazu auch hier die Modernismen wie Händeschütteln, den Segen stehend empfangen. Alt ist nur der Klingelbeutel. Eine herrliche Orgel befindet sich vorne rechts über dem Altar, kein Verputz, schön geschnitzte Bänke, prachtvolle Luster, ein dicker, kleiner Pfarrer.

Für Max und mich ist es der zweite und letzte Tag gewesen. Die anderen jagen weiter, wenn auch morgen nur zu sechst. Es gibt einen Schützen unter uns, der in zwei Trieben nichts geschossen hat. Die Stimmung ist kameradschaftlich und fast ausgelassen. Ich schlafe herrlich.

29. Oktober: Wir nehmen bei der „Karten-Ziehung" für die Stände Abschied von den Freunden. Ich habe nette, neue Bekanntschaften geschlossen, Adressen und Telefonnummern eingesteckt. Herzlicher Abschied auch von der Hausfrau und den netten Hausleuten. Um die Mittagszeit fährt unser Auto vor, und es wird eingepackt. Am Madrider Flughafen haben wir eine kleine Odyssee vor uns, bis wir endlich mit unseren schweren Gepäckswägen bei der richtigen Zollstelle ankommen. Bei der Auskunftstelle kann niemand englisch oder französisch. Die Beamten sind sehr

freundlich, großzügig, aber schlampig. Und in diesem schönen Land soll demnächst eine Weltausstellung und eine Olympiade stattfinden? Diesmal fliegen wir mit einer DC 9. Etwa 30 Ungarn reisen mit. Junge Leute, sichtlich befriedigt von all den Eindrücken. Dann schnappt sich ein jeder von ihnen ein Buch. Ich schiele hin. Es sind Klassiker wie Jókai und Szabó Dezsö, aber auch Agatha Christie.

Der Flug gestaltet sich ab den Pyrenäen sehr turbulent. In Zürich regnet und stürmt es. Wir begeben uns zu A 52 und besteigen nach längerem Warten unsere Crossair nach Klagenfurt. Wieder haben wir einen weiblichen Flugkapitän und eine einzige Stewardeß, Gratisgetränke, keine einzige österreichische Zeitung. Wir sind besorgt, ob der Flugplatz Klagenfurt nicht im Nebel liege. Hin und her, auf und nieder wird die leichte Crossair-Turboprop-Maschine im Sturm geschaukelt. Die kleine Maschine läßt durch die offene Tür einen Blick auf Pilotin und Instrumente zu. Endlich um 21 Uhr 50 landen wir in Klagenfurt.

„Was haben wir denn da drin?“ fragt mich der Zöllner nach einer in Rekordschnelligkeit durchgeführten Gepäckübernahme, als er die Gewehrkassette erblickt. „Gewehre“, sage ich. „So klein?“ – „Für mich genügt es.“ Sein Lachen ist säuerlich, aber er läßt mich passieren. Um den Flughafen Annabichl vor sich hin träumende Stille. Zwischen Kloten und Annabichl ist der Unterschied etwa so groß wie zwischen einer spanischen Rothühnerjagd und unseren kleinen Sonntagsjagderln. Sicher, man muß auch das Kleine, das Bescheidene ehren und schätzen. Niemand kann es mir aber verübeln, wenn ich hier und jetzt behaupte, eines der größten jagdlichen Erlebnisse meines Lebens auf Niederwild in den vergangenen Tagen mitgemacht zu haben.

Bild rechts: Brunftrudel im Morgennebel, Gemälde: Hubert Weidinger

Bilder umseitig:
Oben: War da einer? – Unten: Neugier ist die Mutter der Vorsicht...

Erstmals im Dreiländereck

Es ist Mai. Ungarn ist abermals „anders“ geworden. Nach der Euphorie der erfolgreichen Revolution macht sich allenthalben Enttäuschung breit. Man kann zwar überallhin reisen, alles sagen und alles schreiben, aber der Wohlstand läßt sich nicht auf Knopfdruck hereinholen. Arbeitslosigkeit, Geldmangel, Rücksichtslosigkeit belasten die Seele und leeren den Geldbeutel. Was ein abgewirtschaftetes diktatorisches Regime verschuldet hat, nimmt man nun den frei gewählten Demokraten übel, die knapp ein Jahr lang im Amt sind. Was das bedeutet, kann man mit Worten nicht ausdrücken. Wer hätte dies noch vor drei Jahren für möglich gehalten, als die ersten Zeichen eines aufkommenden Morgenrotes den östlichen Himmel beleuchteten?

Heuer ist es das zehnte Jahr, daß ich im Mai auf Rehböcke nach Ungarn fahre. Als ich von meinem Schnepfenséjour zurückkam, fand ich einen Brief des Viszneker Jagdleiters Tóth Lajos vor, in dem dieser berichtete, daß heuer ein Kanadier kommen werde und daß es keine alten Böcke in Visznek gäbe. Sie könnten mich daher zu ihrem größten Bedauern nicht empfangen, außer es würde sich in letzter Minute ein Kapitalbock „einfinden“. Ich mußte nun andere Pläne schmieden, und dabei war mir wie so oft mein Freund Attila Szöke behilflich.

Am 30. April fahre ich daher nach Balatonfenyves, wo Attilla sein Jagdbüro hat. Dort erfahre ich, daß ich nun doch nach Visznek eingeladen werde, weil der Kanadier nur zwei Böcke schießen will.

Ich übernachte als einziger Gast in einer Villa direkt am Plattensee und fahre am 1. Mai über Budapest nach Visznek. Die große Metropole ist fast menschenleer. Keine einzige Fahne sehe ich, auch keine rot-weiß-grüne (demgegenüber ist Wien heute ein rotes Flaggenmeer) . . . In zwanzig Minuten durchquere ich die ungarische Hauptstadt, und es ist erst 11 Uhr, als ich auf der Miskolcer Autobahn lande. Daher entschließe ich

Bild umseitig: Die Gänse sind da!

Bild links: Da steht er ja!

mich, erstmalig Gödöllö zu besuchen. Mich interessiert das Schloß, in dem Kaiser Franz Joseph fast 50 Jahre glücklich war, in dem in der Zwischenkriegszeit Reichsverweser Horthy residierte.

Rechts und links der Einfahrt stehen zwei aus Stein gefertigte Häuschen für die Schildwachen, fast unbeschädigt. Dann das große Tor, der Durchgang und der Innenhof. Mein erster Eindruck: viel größer als erwartet, mein zweiter Eindruck: total verwahrlost. Darin waren die Ungarn – unverständlicherweise – im ganzen Osten führend: Sie ließen ihre Kulturgüter verrotten und verfallen. Gödöllö hat zwar ein unbeschädigt gebliebenes oder restauriertes Dach, doch die Fassade ist schon zur Hälfte zerbröselt. Einst im Schönbrunnergelb mit grün gestrichenen Jalousien und Regenrinnen, bietet es heute den Anblick eines der vielen, total demolierten ungarischen Schlösser. Der Park muß früher imposant gewesen sein, heute ist er eine sympathische Wildnis. Der berühmte Springbrunnen inmitten des flachen Beckens ist natürlich außer Betrieb. Einzig der schmale Mitteltrakt, das Stiegenhaus unter der Kuppel und der Haupteingang werden derzeit restauriert. Immerhin, es wird am Schloß gearbeitet. Wie mir der Hauswart sagt, waren vor einiger Zeit die Familie Erzherzog Ottos sowie die Schwiegertochter Admiral Horthys hier und besichtigten alles.

In einer Raststätte auf der M 3 esse ich zu Mittag und bin um 14 Uhr 30 in Visznek, aber weder Tóth Lajos noch mein Herbergsvater Horváth Józsi sind zu Hause – erstmals übrigens –, denn dieser erste Mai wird heuer nicht zu Festsitzungen, sondern zu einem Tontaubenschießen genützt. Später erfahre ich, daß der Jäger Lojsi mit dem Geländewagen den Kanadier herumführt und ich daher heute zu Hause bleiben muß. Macht nichts, ich weiß die Zeit zu nützen. Vormittags spiele ich mit der Dackelhündin „Csöpi“ und dem Kater „Marci“ und entdecke, daß die Störche ihr Nest heuer auf dem riesigen Wasserbehälter gebaut haben.

Bis Mittag hat der Kanadier noch immer nichts geschossen, daher fahren Lajos und ich mit dem Wartburg von Józsi ins Revier.

Mir fällt auf, daß die Rehe den roten Personenwagen weit besser aushalten als den UAZ-Geländewagen. Wir sehen überall Rehe, sicher 70 Stück, darunter etwa 25 Böcke, die wir gut mit dem Swarovsky-Spektiv in Augenschein nehmen.

Endlich gibt es in diesem Revier wieder vielversprechende junge Böcke. Einen sehr dicken und auch geperlten schätzen wir auf fünf Jahre und lassen ihn stehen, er könnte noch stärker werden. Er ist für nächstes Jahr vorgesehen. In einer Lacke, mitten auf einem angebauten Kukuruzfeld, tümmeln sich eine Menge Strandläufer, auch Uferschnepfen sind am langen Kanal zu sehen und recht viele Enten. Dann fahren wir vom Méhesdomb über die Füleser Tafel nach Ludas und versuchen bei der altbewährten Pulykástanya, den dort schon so oft verpaßten „dunklen Bock" zu sehen. Aber gerade hier befindet sich ein noch nicht blühendes Rapsfeld, in dem ein Reh nicht zu sehen wäre. Ansonsten sind heuer die Saaten – dank des langen Nachwinters – auffallend niedrig.

Rechts von uns verläuft die Reviergrenze. Oberhalb der Bahnlinie Budapest–Miskolc ist das Revier Gyöngyös. In diesem Revier fiel 1990 der landesbeste Rehbock, wie 1988 im an Visznek angrenzenden Revier Tarnaméra jener mit 212.64 Punkten und 816 Gramm.

Eben wollen wir eine riesige Lacke rechts umfahren, als zwei Rehe hochwerden und in Richtung Grenze, d. h. Bahndamm flüchten. Von hinten imponiert mir der der Gais nachflüchtende Bock nicht sehr, aber Lajos, der ihn anscheinend kennt, ist wie elektrisiert. Gegen den Himmel sichtbar, verhofft er zu uns, und ich sehe nur, daß er von vorne wenig zeigt, auch auffallend niedrig ist. Aber Lajos schwört, daß er sehr dicke Stangen hat. Wir fahren überriegelt mit dem Wagen bis zur Höhe, dann verlasse ich das Auto und pirsche mit Lajos entlang der Akazienreihe in guter Deckung in Richtung Norden, um von dort den Bock eventuell zu sehen.

Unterwegs werden weitere Rehe hoch, aber – Gott sei Dank – flüchten sie in die andere Richtung, dem großen Rapsfeld zu. Am höchsten Punkt angekommen, stelle ich mich hinter die dickste Akazie und suche mit dem Glas alles ab. Nichts ist zu sehen. Wir setzen uns an und warten. Vielleicht haben sich die Rehe in den Grenzgraben geflüchtet oder irgendwo niedergetan, wo wir nicht hinsehen können?

Das Viszneker Revier ist an sich völlig flach, nur hier im nördlichsten Teil – im Ludaser Revier – gibt es kleine unbedeutende Erhöhungen, von den Einheimischen „Berge" genannt.

Plötzlich sehe ich in der Akazienreihe, die etwa 50 Meter vom Bahndamm entfernt ist, in der Abendsonne hell erleuchtet ein Reh stehen. „Er ist es", flüstert Lajos. Etwa 350 Meter von hier; also zu weit. Doch es kommt anders, als ich es erwartete. Von Westen her nähert sich ein langer Lastenzug. Er hat Panzer und Artillerie geladen, offensichtlich nach Osten abziehende Russen. Der Zug ist lang, der Triebwagen brummt und schnauft. Das ist dem Bock, der seinen Einstand ja nicht dort hat, zu viel. Er setzt sich in Bewegung, geradewegs in unsere Richtung, nicht schnell, aber zügig. Als der Zug endlich die Ludaser Station passiert hat und überall die Bahnschranken hochgehen und die Autos starten, ist der Bock auf 100 Meter. Noch immer imponiert er mir nicht. Lajos fleht mich nun an: „Ich bitte dich, schieße diesen Bock, er ist wirklich stark". Nun denn. Der Bock ist jetzt auf 70 Schritt und hat etwas bemerkt. Wie aus Erz gegossen, verhofft er so frei, daß nur die Läufe im Weizen stehen. Den Rücken gegen den Akazienbaum gelehnt, die Ellenbogen auf das Knie aufgestützt, ziele ich sehr ruhig. Und als das Fadenkreuz am Blatt ist, bricht der Schuß. Todesflucht – auf 50 Schritt überschlägt er sich.

Józsi kommt mit dem Wagen. Wir gehen zu dritt zum Bock. Nun, ich muß Lajos recht geben: Es ist ein alter Bock mit kapitalen Rosen und geperlten, dicken Stangen, riesig langen Kampfsprossen, aber nur 20 cm hoch. Ich freue mich wahnsinnig. Das Gewicht beträgt mit der kleinen Hirnschale trocken 480 Gramm. Die Hirnschale ist voller tiefer vernarbter Stiche. Ja, dieser sicher sieben bis achtjährige Bock muß hier in der Gegend einen noch stärkeren Rivalen haben.

Als wir den Bock abends beim Jäger Ignác abgeben, kommt Lojzi mit einem Bock des Kanadiers, den sie beim Györki-tetö erlegt haben.

Das Fernsehen überträgt am nächsten Tag die Überführung der sterblichen Überreste von Kardinal Mindszenty von Mariazell bis zur Grenze. Endlich wird dieser große Kardinal, der einzige, der sich in der Ära Stalins traute, dem Kommunismus zu trotzen, auch in seinem Heimatland anerkannt und geehrt. Morgen wird dann die Direktübertragung aus Esztergom etwa drei Stunden dauern. Als der schwarze Wagen mit dem Sarg an der Grenze ankommt, weinen die Leute. Reden werden gehalten, und die Sendung schließt mit der ungarischen Nationalhymne, gespielt von einer Kapelle der ungarischen Grenztruppen. Der rote Stern ist gefallen...

Der 3. Mai vergeht mit Besuchen, Assistieren beim Auskochen, Fernsehen und Lesen. Dazwischen fotografiere ich und spiele mit den zahmen Tieren.

Am Abend des 4. Mai kommt Attila Szöke mit seiner Frau, und wir besprechen unser weiteres Programm. Sie übernachten ebenfalls im Jagdhaus, und wir verabreden den Start nach Szeged mit zwei Autos für 9 Uhr morgens.

Gemeinsam frühstücken wir auf der Terrasse, um dann eiligst aufzubrechen. Diesmal habe ich die Freude, die ungarische Tiefebene von Norden nach Süden zu durchqueren. Unser Weg führt uns über Szolnok Tiszaföldvár, Cegléd, Szentes, Hódmezövásárhely nach Szeged. Knapp vor der Stadt essen wir in einem Fischrestaurant. Dann suchen wir lange eine Tankstelle mit bleifreiem Benzin. Schließlich landen wir im Hotel Hungária, in dem mit dem Manager der Jagdgesellschaft um 14 Uhr das Treffen stattfinden soll.

Szeged gefällt mir auf Anhieb. Ich nehme mir vor, an irgendeinem Tag diese Stadt genau zu besichtigen.

14 Uhr: Die Tochter des Ehepaares Szöke kommt mit ihrem Verlobten. Pünktlich erscheint Dr. Gábor Szendrey, der zum baldigen Aufbruch drängt.

Etwa 15 km von der Stadt, unweit des Außenbezirkes Szöreg, biegen wir nach rechts in einen lockeren Wald ein, wo sich neben einem Teich und einigen Garagen und Scheunen ein kleines Jagdhaus befindet. Es ist wie die meisten ungarischen Jagdhäuser. Vier Gästezimmer, Küche, großer Saal. Als Hausfrau begrüßt uns eine aus Siebenbürgen stammende Köchin, „Erzsike néni", Jahrgang 1923, die seit Jahren in Szeged wohnt. Mein Zimmer liegt angenehm ruhig. Vorläufig bin ich noch ganz allein. Um 17 Uhr kommt Dr. Szendrey zurück, und mit dem rumänischen Geländewagen fahren wir in den Revierteil Kübekháza, der zu Szöreg gehört.

Die Wintergerste und der Weizen lassen hier im Süden meist zwei Drittel eines stehenden Rehes frei und ungedeckt sichtbar werden. Überall kleinere Wälder, Remisen und riesige Tafeln, absolut brettelebenes „Nagyalföld" (Große Tiefebene). Man sieht viele Hasen, massenhaft Fasane, ein einziges Mal sehe ich Rebhühner. Revierjäger ist Jóska, ein sehr junger Mann mit blonden Haaren und einem minikleinen Hut tschechischer Provenienz. Er ist schon einige Jahre lang im Dienste der Jagdgenossenschaft. Als man ihn mir vorstellte, dachte ich, eine Frau stünde vor mir. Aber Jóska versteht sein Métier.

Es kommen viele Rehe in Anblick, für die bekannten Viszneker Verhältnisse eher zutraulich. Man könnte einige vom Auto aus fotografieren. Unser Ziel ist ein unsicherer und unsteter alter Kapitalbock, der angeblich vor jedem Fahrzeug bereits außer Schußweite flüchtet. Bei einer Waldecke, an deren Rand wir entlanggefahren sind, läßt Jóska halten und pirscht vorsichtig vor. Nach längerem Suchen entdeckt er den alten Bock, der auf etwa 350 Meter vom Waldrand im Bett döst. Man sieht einen Teil des Hauptes und das Gehörn. Auf meinen Vorschlag hin pirsche ich jetzt mit Jóska ungesehen und mit halbem Wind im Bogen durch den Akazienwald, um weiter südlich an dessen östlichen Rand vorzuschleichen und den Bock von dort genau anzusprechen. Vorerst sehen wir nichts. Der Nordwestwind stört uns hier nicht. Plötzlich entdecke ich das Haupt des Bockes. Er dürfte auf 300 Meter sein. Ich pirsche aus dem Wäldchen zum Fahrweg vor, überquere diesen und bin nun bei der äußersten Baumreihe. Jóska kommt mir nach. Der Bock hat nichts gemerkt. Nun nehme ich das Spektiv und lege es so auf zwei Astgabeln, daß es völlig unbeweglich ist. Ein bißchen verschlägt es mir schon die Sprache. Jóska lächelt. Der Bock ist nicht hoch, aber seine Stangen sind knüppeldick. Links normaler Sechser mit kurzen Enden, rechts eine Kampfsprosse von mindestens 12 Zentimetern. Auf dieser Seite hat er eine Art zweiten Rosenstock. Urig und steinalt nach meinem Dafürhalten.

Eine Stunde verbringe ich bei dieser Baumreihe. Alle störenden Äste sind abgeschnitten. Ich mache Zielübungen und stelle fest, daß ich mit meiner 30-06 wie von einem Schraubstock aus auf diese Entfernung schießen könnte, wenn, ja wenn der Bock hoch käme. Aber er wird nicht hoch. Es ist eine ähnliche Situation wie im Vorjahr auf den „Pantoffelbock“ in Visznek. Ich warte eine weitere halbe Stunde. Jóska ist inzwischen zu Szendrey zurück, um die weitere Vorgangsweise zu besprechen. Inzwischen nähert sich dem Bock von rechts äsend eine Gais. Ich bemerke, daß diese aber Jóska wahrgenommen hat und jetzt beide in seine Richtung verhoffen. Doch als dieser zu mir kommt, beruhigt sich der Bock wieder und döst wieder ein.

Jóska hat ausgemacht, daß der Geländewagen ganz langsam um die Ecke biegen soll, vielleicht wird er dann hoch und verhofft noch in Schußnähe. Gesagt, getan. Ich konzentriere mich auf den Bock, höre das Anlassen des Motors, das Knirschen von Kies in der Kurve. Das Haupt ist plötzlich verschwunden. Der schlaue Alte hat – wie so oft – Tauchstation bezogen. Doch sowie der Wagen sich nähert, wird er plötzlich hoch und flüchtet sofort. Ich verfolge ihn durch das Zielfernrohr. Knapp vor der Gais verhofft er für einen Moment, doch ich komme nicht zusammen. Dann wird ein junger Bock vor ihm hoch, und nun geschieht folgendes: Der junge Bock flüchtet in Richtung Wald, also uns entgegen. Der Alte mit seinem langen Mörderende ist weithin gefürchtet. Er verfolgt den jungen Bock, der sich nähert. Dann läßt er ab und wendet sofort. Der Geländewagen steht schon längst im Schatten des Waldes. Die Sonne in unserem Rücken ist tief gesunken. Etwa 30 Schritt vor der Gais – die bis dahin regungslos verharrt hat – verhofft nun der Bock und äugt zurück zum jungen, der schon fast den Wald erreicht hat. Ich ziele ruhig etwa 10 cm über den nicht ganz breit stehenden Wildkörper. Kugelschlag! Wankende Todesflucht und schon ist er zusammengebrochen. Mein Gott, war das aufregend.

Wir stehen beisammen, besprechen alles und freuen uns. Gemessene 315 Schritte zähle ich bis zum längst verendeten Bock. Der Einschuß Mitte Leib, Ausschuß hinter dem Blatt, jedoch kaum größer. Aber die Trophäe! Dachrosen, die Stangen darüber so dick, daß man nicht durchsehen kann, ein uralter, zurückgesetzter, aber immer noch kapitaler Bock.

Wir fahren heim, und wie es hier üblich ist, wird der Bock vor dem Jagdhaus bei einem prasselnden Feuer gestreckt. Das anschließende Essen ist hervorragend. Der beste Gurkensalat, den ich je aß, zweierlei Braten mit Nockerln und schließlich frische Erdbeeren. Wie ich erfahre, war dieser Bock nicht weit vom Dreiländereck entfernt.

Unsere nächste Pirsch führt uns nach Tiszasziget an die damals noch jugoslawische Grenze. Diesmal ist es der Jäger Tibor, der mich führt. Wir passieren zwei Dörfer und einen Meierhof, dann defilieren wir der Grenze entlang. Da und dort Wachttürme. Die ungarischen, längst nicht mehr besetzten, in der vom Burgenland bekannten Manier gebauten stehen etwas näher beisammen als die jugoslawischen, die ebenso hoch, aber anders gebaut sind. Dann biegen wir nach rechts – von der Grenze weg – ab und nähern uns einem größeren Wald. Tibor behauptet, daß „sein“ Kapitalbock jenseits des Waldes auf Klee auszuziehen pflegt. Bei Tag ist er jedoch im Wald.

Rechtzeitig bleiben wir stehen, steigen aus und pirschen vorsichtig zur Waldecke vor. Auf etwa 100 Schritt äst ein Reh. Es ist ein Bock. Doch der Vergleich mit einer näher äsenden Gais zeigt uns, daß er im Wildpret nicht besonders stark ist. Als er nach längerer Zeit aus dem sehr hohen Klee aufwirft, bleibt mir der Mund offen. Zwischen seinen Lauschern sehe ich ein dunkles, hohes und bis hinauf sehr starkes Gehörn. „Er ist es“, zischt Tibor. Während ich die Büchse hebe, um an einem vorsorglich mitgenommenen Pirschstock anzulegen, wird der Bock unruhig und zieht langsam, aber stetig parallel zum Wald weg von mir. Endlich verhofft er. Er steht halbspitz von hinten, das Haupt uns zu gewandt. Der Klee ist so hoch, daß ich unter der Rückenlinie nur etwa 5 Finger breit Ungedecktes sehe. Ich ziele auf die Körpermitte und lasse fliegen. Der Bock zeichnet. Ich höre keinen Kugelschlag, aber der nasse Klee spritzt. Dann ist der Bock im Klee verschwunden, wahrscheinlich gestürzt. Ich habe kein sehr gutes Gefühl, denn vor kurzem muß es hier geregnet haben, und ich befürchte, daß die Kugel ein wenig zu tief in den nassen Klee gefahren ist. Und ich weiß aus manch schmerzvoller Erfahrung, daß nasses Getreide – auch Klee und Gras – wie eine Betonwand wirken kann. Wir lassen dem Bock eine halbe Stunde Zeit, dann schleichen wir uns langsam näher. Ich habe mein Diavari auf 3 x gestellt, um im Notfall auch in der Flucht schießen zu können. Plötzlich sehe ich auf etwa 60 Schritt das Riesengeweih herausragen. Pfui Teufel, er lebt noch. Das habe ich nicht erwartet. Und die Grenze, sagt Tibor, ist hier auf etwa 200 Meter. Wir warten noch eine halbe Stunde, während der ich das Gehörn ständig im Glas habe. Manchmal sieht es so aus, als fiele das Haupt seitlich um. Wir merken jedoch, daß der Bock mit den Lauschern auf jedes Geräusch reagiert. Ich beschließe, den Bock anzugehen und entweder auf den Träger zu schießen oder den Fangschuß sonstwie anzubringen. Mittels Handzeichen geben wir dem Fahrer des Geländewagens die Anweisung loszufahren. Sofort äugt der Bock dorthin, und ich kann ihn unbemerkt bis auf zwanzig Schritt anpirschen. An einen Fangschuß auf den unsichtbaren Träger ist nicht zu denken. Der Klee ist so dicht und hoch, daß ich auch nicht unter das sichtbare Haupt – auf den imaginären Wildkörper, von dem ich nicht weiß, wie er liegt – zu schießen wage. Dann springt er

Oben: Bei Sonnenaufgang ziehen die Schoofe dem See entgegen
Unten: Wildgänse unmittelbar vor dem Einfallen

Bild umseitig: Getriebene Rothühner in Spanien, Zeichnung: Gyula von Nagy

völlig unvorhergesehen auf und flüchtet wie ein Gesunder schräg von mir weg gegen den Wald. Ich habe ihn aber im Zielfernrohr, und auf meinen Schuß fällt er im Feuer, während die Kugel vor dem Bock eine dampfende Schneise in den Klee reißt. Hoffentlich sitzt die Kugel gut, hoffentlich habe ich nicht dieses Riesengehörn verletzt. Aber das Geschoß hat ganze Arbeit geleistet. Es ist am Schlegel eingedrungen und hat fast den ganzen Körper durchschlagen.

Der Bock ist verendet, als wir zu ihm treten. Mein erster Blick gilt dem Gehörn, der zweite dem ersten Schuß. Er sitzt waidwund und hat das Gescheide so zerrissen, daß ein Teil heraushängt. Anscheinend wurde die Kugel beim Ausstreifen am oberen Teil des nassen Kleefeldes irgendwie abgelenkt und zerlegt. Ich bin beschämt, diesem Kapitalbock durch mein zu tiefes Zielen solch unnötiges Leiden bereitet zu haben. Einige Zentimeter höher, und er wäre im Feuer verendet.

Das Geweih ist 26 cm hoch, hat fast schaufelartig dicke, regelmäßig schöne Stangen, eine gute Perlung.

Als wir dieselbe Route zurückfahren, stehen plötzlich zehn Soldaten in Tarnanzügen vor uns und halten uns dort auf, wo unser Feldweg den Grenzweg erreicht. Es sind lustige, lockere, ungarische Grenzsoldaten, die sich nach unserem Waidmannsheil erkundigen, nachdem sie die Jäger erkannt haben. Sie bewachen nicht die rumänische, sondern die jugolawische Grenze. In Jugoslawien herrscht Chaos. In Rumänien schützt die Grenze noch der alte Grenzschutz.

Wenn dieser Bock das normale, ihm gebührende Gewicht aufweist, dürfte er mein Zweitbester, ansonsten mein Dritt- oder Viertbester sein. So wie er da vor uns liegt, schätzen wir ihn mit der kleinen Hirnschale auf 550 oder 570 Gramm. Doch ich mache mir Gedanken, denn das Gehörn wirkt irgendwie zu dunkel, als wäre es brandig. Ein alter, ja sehr alter Bock ist er allemal, das beweist mein viel erprobter rechter Zeigefinger, als ich seinen Unterkiefer abtaste. Mittlerweile wurde der erste Bock

Bild umseitig: „Straßenrendezvous“

Bilder links:
Oben: Wusch, Du hast aber starke Stangen! – Unten: Freund Hase stört mich nicht

ausgekocht. Sein spezifisches Gewicht ist nicht groß, nur 455 Gramm mit der kleinen Hirschale. – Damit man mich ja versteht: Es ist mir nicht so wichtig, welches Gewicht, welche Masse und wieviel Punkte meine Böcke haben. Viele meiner Leser möchten es aber genau wissen.

Am nächsten Tag unternehme ich mit Dr. Szendrey eine Besichtigungstour durch die wunderbare Stadt Szeged. (Unterdessen wird mein gestriger Kapitalbock ausgekocht). Der Eindruck, den diese zur Grenzstadt gewordene alte Siedlung an der Theiß auf mich macht, ist überwältigend. Herrliche Gebäude und Kirchen, wunderbare Plätze und Parks, die berühmte Freilichtbühne am Dom, wo u. a. Madáchs „Tragödie des Menschen“ aufgeführt wird, beeindrucken. Ich besichtige das Komitatsmuseum, das herrliche Ratshaus, das Bischöfliche Palais mit den vielen Statuetten berühmter Ungarn, den herrlichen Dom mit den höchsten Türmen Ungarns, die etwas auswärts liegende Mathias-Kirche, den prachtvollen Bau der Synagoge, das Denkmal der Dreier-Husaren und den Széchenyi-Platz. Hier wird gerade ein Russendenkmal entfernt, das heißt mit dem Caterpillar weggeschoben. Ähnliches sollte man sich im freien Österreich vorstellen!

Ich fotografiere und staune. Heute ist Szeged die viertgrößte Stadt Ungarns mit ca. 150.000 Einwohnern. Jahrhundertelang galt sie als die zweitgrößte Stadt des Landes, als sie noch keine Grenzstadt im Dreiländereck war, sondern mitten im Großreich, das das Karpatenbecken ausfüllte, lag. Ich fotografiere die Denkmäler von Deák, Vásárhelyi Tisza und Széchenyi, Kossuth und Rákóczy, besuche Geschäfte, die mit westlichen Waren voll sind, kaufe Filme, und zum Essen sind wir – etwas verspätet – wieder im Jagdhaus. Ein Griff und mein Verdacht bestätigt sich: Der Kapitalbock ist „federleicht“.

Das Wetter hat sich verschlechtert. Das Radio meldet europaweit eine von Westen sich nähernde Tiefdruck-Front. Hier erscheint als Vorläufer eine Art Pußta-Orkan. Die watteartigen Blüten der blühenden Pappeln bedecken großflächig die Wiesen und werden immer wieder wie Schneeflocken aufgewirbelt. Im Teich quaken die Ochsenfrösche. Lange habe ich keine gesehen. Sie sind scheu, und es gelingt mir lediglich, einen günstig zu fotografieren.

Die Nachmittagspirsch führt uns in den Revierteil Kiszólyom zum Sándormajor. Da es bereits geregnet hat, müssen wir Umwege machen, denn nicht jeder Feldweg ist befahrbar. Wir lassen uns Zeit und beobachten die Rehe. Davon gibt es hier wirklich sehr viele. Rechts und links der Straßen und Wege stehen sie, verhoffen auf 200, 100 und 50 Meter. Das spricht ohne Zweifel für den Jagdbetrieb.

Unweit der rumänischen Grenze passieren wir riesige Zwiebel- und Knoblauchplantagen. Makó, die Heimat des Zwiebels, ist ja nicht sehr weit. Ich lasse mir sagen, daß die Zwiebel maschinell, die Knoblauchfelder aber händisch bearbeitet werden.

Wir beobachten einige recht starke, aber anscheinend junge Böcke. Das eine oder andere Reh hat schon verfärbt. Heute führt uns der Nestor der Revierjäger, ein etwa fünfzigjähriger Mann, der für diesen Revierteil zuständig ist. Sympathisch, schweigsam und sachkundig, wir verstehen uns sofort. Am Volant des „ARO“ sitzt Dr. Szendrey, der keine Pirsch ausläßt, und im Fond Jani, der Jagdleiter.

Nachdem wir die letzte Zwiebelplantage passiert haben und an einer Remise vorbeigefahren sind, die leider voller Müll war, erklärt uns der Revierjäger, daß wir nun keine Siedlung, sondern nur mehr die rumänische Grenze vor uns haben. Dazwischen liegt aber eine sehr große, langgezogene Luzernentafel, der Einstand des Bockes, den wir suchen. Die Luzerne ist sehr hoch, nach Ansicht von Jani steht sie unmittelbar vor der ersten Mahd, und dann pflegt der Bock hinüber nach Rumänien zu übersiedeln.

Blauschwarze Regenwolken hängen über der Theiß. Der Sturm ist so heftig, daß die Wolkenfetzen wie eilige Riesenvögel über uns hinwegfegen. Dann fängt es zu regnen an. Wir bleiben stehen, und der Wind bläst fast unseren Geländewagen um. Weit im Westen sehe ich einen Wagen nach dem anderen wegfahren, die Zwiebelarbeiter suchen vor dem Wetter das Weite. Und nun blitzt und donnert es irgendwo bei Szeged. Die dunkle Wolke rast über uns nach Osten, und im Westen scheint schon wieder da und dort der blaue Himmel durch.

„Dort steht er“, ruft mir Feri zu, „in jenem Sprung von sieben Rehen.“ Ich beschaue mir die Rehe zuerst mit freiem Auge und erkenne auch so zwei Böcke unter ihnen, wovon der eine ein hohes, weithin leuchtendes Gehörn trägt. „Nicht dieser ist es“, belehrt mich Feri, „der andere mit dem dunklen Gehörn.“ Der Unscheinbare ist also der alte Kapitalbock, das zeigt mir nun mein untrügliches Spektiv. Er hat weit auseinanderstehende Rosenstöcke, eher hohe, starke und ungeperlte Stangen, zweifellos ein alter Bock. Doch wieso duldet er den jungen Blender bei sich? Auch bei Rehen gibt es unduldsame und tolerante Charaktere. Er gehört also zur letzteren Spezie. Ich besehe mir auch den anderen. Sein Gehörn ist sicher um zwei Finger höher, hat lange spitze Enden, seine Krone leuchtet hell in ihrer Nässe, während der Alte das Gegenteil eines Blenders ist.

Nach einem kräftigen Guß hat der Regen nun ein wenig nachgelassen, doch der Sturm tobt mit unverminderter Stärke. Die Rehe ziehen langsam nach rechts. Dabei wird der alte Bock immer so in die Mitte genommen, daß er von einer der Gaisen gedeckt ist. Entfernung etwa 300 Meter. Der Wagen wankt im Sturm. Die Rehe entfernen sich langsam und ein wenig unruhig. Wir beraten, was zu machen wäre. Anfahren oder angehen kann man den Bock bei diesem Westwind nicht. Wenn die Rehe die Richtung halten, können sie leicht nach Rumänien hinüberflüchten. Es wäre also gut, am Rand der Luzerne nach Süden zu fahren. Ich würde dann aussteigen und bis zu einem Vermessungshügel vorpirschen, wo ich durch Büsche ein wenig gedeckt wäre, die jene „Insel“ im Feld umgeben. Während ich aussteige und schnell in halb gebückter Haltung vorlaufe, wendet der ARO und fährt wieder die selbe Strecke nach Norden.

Endlich bin ich an Ort und Stelle, jedoch bis über die Knie waschelnaß. Nun hocke ich mich hinter einen kleinen Betonsockel und halte Ausschau. Die Rehe sind auf etwa 250 Schritt vor mir und bis auf vier Finger unter der Rückenlinie von der hohen, nassen Luzerne verdeckt. Sie rotten sich zusammen und verhoffen nach Westen gegen den Geländewagen. Dieser bleibt jetzt stehen, und die Rehe setzen sich in Bewegung. Nicht zu mir, sondern genau gegen Osten, der Grenze zu. Ich habe meinen nassen Hut auf den Sockel gelegt, drücke den Lauf an die aufragende Holzstange und visiere hinüber. Jetzt ist der Alte völlig frei. Doch als ich schießen will, setzt er sich in Bewegung. Diesmal irritiert ihn der junge Bock, und dieser flüchtet diesmal in meine Richtung. Der Alte verfolgt ihn nur zwanzig Schritte lang, dann wendet er sich den Gaisen zu. Kurz bevor sich das Rudel – das diesem „Stamperer“ interessiert zugesehen hat – in Bewegung setzt, verhofft der Bock nochmals, und zwar zum jungen Bock, der bewegungslos verharrt. Das Fadenkreuz steht hochblatt, als ich endlich fliegen lasse.

Heller Kugelschlag, Zeichen, Flucht. Dann überschlägt sich der Bock und ist nicht mehr sichtbar.

Das alles hatte sich bei Sturm und Regen abgespielt. Das Fernrohr hatte ich vorher abgedeckt. Die Rehe flüchten jetzt auf einmal nach Norden, und als der ARO wendet und zu mir kommt, verhoffen sie wieder auf einem halben Kilometer. Der junge Blender ist nun „Alleinherrscher".

Und wieder bin ich etwas wehmütig. Bald finden wir den Bock. Der Schuß hat beide Blätter durchschlagen und die Kammer aufgerissen. Das Geweih erinnert mich an einen Kapitalbock Großvaters, seinen zweitbesten, der in der Csákberényer Halle an der Nordwand hing. Der Art und Farbe nach dürfte er schwer sein. Er ist wie seine Vorgänger ein alter, bereits zurückgesetzter Patriarch. Den hiesigen Jägern kann man nur ein großes Kompliment machen.

Der nächste Tag vergeht mit Fotografieren, Auskochen und Vermessen. Der letzte Bock von der rumänischen Grenze ist schwer, um achtzig Gramm schwerer als der Bock von Tiszasziget.

Während ich zum Abschied rüste, kommen zwei neue Gäste an. Es sind Franzosen, der eine aus dem Elsaß, der andere aus der Bretagne. Sie haben von Budapest, wo sie am Flugplatz vom Jagdvermittler abgeholt wurden, einen Dolmetscher mitgebracht. Sie sind angenehm überrascht, mit mir französisch sprechen zu können.

Dr. Szendrey zeigt mir auf der Karte den kürzesten Weg zur Brücke in Dunaföldvár und begleitet mich freundlicherweise bis zur richtigen Ausfahrtsstraße. Ich passiere Kiskörös, den Geburtsort von Petöfi, und gelange bei mäßigem Verkehr zur einzigen Donaubrücke weit und breit, auf der außerdem noch die Bahn fährt. Bei Simontornya biege ich nach rechts und gelange dann bei Siófok auf die Süduferstraße des Balaton.

Noch am selben Tag werden die Trophäen in Keszthely vermessen. Die Böcke von Szöreg ergeben folgende Punktezahl: Der Abnorme von Kübekháza hat 124,74 Punkte, der Kapitale von Tiszasziget 137,92, der Letzte vom Sándormajor 130,06. Dabei muß bemerkt werden, daß der riesige Bock mit der höchsten Punktezahl nur 435 Gramm (mit kleiner Hirnschale) wiegt. Jeder von uns hätte ihm 120 Gramm mehr „gegeben". Hingegen hat der letzte Bock 515 Gramm mit der kleinen Hirnschale. Diese Daten schreibe ich für jene Leser nieder, die sich ein Bild von den alten Kapitalböcken im heutigen Ungarn machen wollen.

Das neue Jagdgesetz schwebt wie ein Damokles-Schwert über der ungarischen und ausländischen Jägerschaft. Wer weiß, was uns die Zukunft bringen wird? Die von mir erlegten kapitalen Feldböcke haben in ihrem Leben kein Kraftfutter gesehen. In diesem Musterrevier – und nicht alle ungarischen Revier sind solche – hat man sie einfach alt werden lassen. Es sind Ernteböcke, wie sie im Buche stehen. Würde man sich dazu entschließen, drei Jahre lang in ganz Ungarn nur Abschußböcke zu schießen, der weltberühmte Rehwildstand könnte sich wieder erholen und jenen Stand erreichen, den er in den sechziger Jahren hatte.

Man muß es dem gestürzten Partei-Regime gerechterweise schon zugestehen, daß es durch Gesetze, Reviergrößen, Fachleute und geeignete Maßnahmen, vor allem aber durch richtige Selektion die Qualität der Wildbestände und somit auch der Trophäen ganz ohne Spezialfütterung auf ein Niveau gebracht hat, wie es vorher nicht existierte.

Das heutige Ungarn hat andere Sorgen und macht derzeit sehr schwere Jahre seiner Entwicklung durch. Ist die Talsohle aber erreicht, wird es – Frieden vorausgesetzt – stetig bergauf gehen. Denn die Freiheit war bisher immer Garant für Lebensqualität und Wohlstand.

An der Grenze dauert mein Aufenthalt an beiden Posten gezählte zwei Minuten. Auch das ist ein Zeichen kommender, besserer Zeiten.

Abschied von Eggenberg

Nicht wenigen meiner Leser ist es aufgefallen, daß ich in meinen Büchern selten oder nur in Andeutungen über mein eigentliches Lebenswerk, das im Eggenberger Schloß befindliche Jagdmuseum, geschrieben habe. Nun, ich war der Auffassung, daß ein der Öffentlichkeit zugängliches, von Fachleuten wie von Laien, von Jägern wie von Nichtjägern besuchtes Institut für sich selbst sprechen sollte. Ich hielt eine besondere Propagierung von meiner Seite für überflüssig, ja sogar für unangebracht, habe es auch immer abgelehnt, die enorm vielen Besucher auf der anderen Seite auf meine Bücher aufmerksam zu machen. Heute, wo ich in den Ruhestand getreten bin und nach 42 Jahren plötzlich bemerke, daß anscheinend Selbstverständliches fraglich geworden ist, werde ich einige Worte über „mein" Jagdmuseum sagen.

In diesen 42 Jahren hat sich unendlich viel verändert. Ich möchte nicht in den Fehler mancher Alter verfallen, die da sagen, die Zeiten würden immer schlechter, alles ginge abwärts, denn das stimmt einfach nicht. Wenn ich den Zeitgeist – oder das, was man dafür hält – auch niemals ohne Kritik und Bedingung akzeptiert habe, so sind meine Augen nicht verschlossen, wenn er einmal auch Gutes mit sich bringt.

Ende 1948 kam ich als zweiundzwanzigjähriger Flüchtling, nach dreijährigem Kampf um eine „Wiederfußfassung" in Ungarn, voller wertvoller Erfahrungen als eine im eigentlichen Sinn „gescheiterte" Existenz in die Steiermark. Es war umsonst gewesen, um die Scholle zu kämpfen, allein gegen die Windmühlen des Stalinismus, geopfert vom Westen, bedauert von Freunden und Verwandten. Wir mußten froh, am Leben geblieben und der Diktatur entronnen zu sein. Mein Vater in Stainz hatte damals einen netten Arzt, mit dem wir gut befreundet waren. Er hieß Dr. Franz und ordinierte im weststeirischen Gams. Dieser wiederum hatte einen Freund, den Mittelschulprofessor Dr. Wilhelm Hoffer, der ein Jagdmuseum aufzubauen plante. Geld verdienen mußten wir alle, denn Vater konnte uns mit seinem Minimal-Gehalt nicht erhalten, und so griff ich sofort zu, als Professor Hoffer einen Assistenten suchte. Ich bekam die Bezeichnung „Hilfskraft", ein Monatsgehalt von 250,– öS für 48 Arbeitsstunden in der Woche, mit zweiwöchigem Urlaubsanspruch.

Das Schloß Eggenberg stand leer und grau, wie es der Krieg „stehengelassen“ hatte und wie es diverse Besatzungssoldaten ausgeplündert hatten. Es gab noch kein Museum, nur ein Büro war vorhanden, und dieses war in der Wohnung von Prof. Hoffer in der Technikerstraße 5. Hier residierte seit 1946 auch die ebenfalls von Hoffer ins Leben gerufene steirische Jagdzeitschrift „Der Anblick“. Wir begannen damit, eine Privatsammlung uralter Tierpräparate und von russischen Stiefeln behandelte Bücher, ebenfalls aus Hofferschem Besitz von Stift Rein, wohin sie verlagert waren, nach Eggenberg zu bringen, wo wir ein Präparatorium und einen Depotraum zugeteilt bekamen. Nebenbei betätigte ich mich schriftstellerisch, schrieb für den Anblick Artikel, wobei viele von ihnen von meinem Chef angeregt bzw. in Auftrag gegeben wurden.

Während des Jahres 1949 bauten wir die 25. Steirische Jagdausstellung im gesamten Schloß Eggenberg auf. Der Erfolg dieser Ausstellung, deren Initiator Hoffer, deren Ideenspender Franz Mayr-Melnhof und deren Organisator Hans Herberstein waren, bewies den damaligen Gottöbrigsten, wie geeignet Schloß Eggenberg für ein Jagdmuseum war.

Nach der Ausstellung war das Schloß – geräumt von allen seinen Leihgaben – bis auf einige damals provisorisch gebauter Dioramen abermals leer wie ehedem. Der Kulturchef des Landes war Landesrat Dr. Illig. Ihm ist es zu verdanken, daß Schloß Eggenberg in Landesbesitz kam. Voller Idealismus drängte er mitten in der Hunger- und Wiederaufbauzeit, für den Ankauf eines Schlosses Geld aufzubringen. Illig war autoritär und initiativ, Hoffer war alles eher als subaltern und taktisch eher ungeschickt, und so kamen diese beiden bedeutenden Personen nie richtig zusammen. Sie konnten – wie man so schön sagt – nicht miteinander. Im Jahr 1951 starb Prof. Hoffer plötzlich. Er hatte sich nie geschont und in all seiner hektischen Tätigkeit im wahrsten Sinn des Wortes verbraucht. Die Idee und der Plan des Jagdmuseums hingen nun ebenso wie meine Zukunft in der Luft. Ich hatte Dr. Illig nur einmal im Joanneum anläßlich der Gedenkmesse gesehen und mich ihm vorgestellt. Ich war der Ansicht, er

Oben: Spätwinterspiele – Unten: Halbbrüder tun sich sichts

hätte mich längst vergessen. Nun griff ich zur Feder, die immer meine größte Stärke war. Ich schrieb dem Landesrat, die von Prof. Hoffer konzipierte Idee eines Steirischen Jagdmuseums doch aufzugreifen, und bot an, mit all meiner Kraft dabei behilflich zu sein.

Die Antwort kam postwendend. Ich wurde zu Dr. Illig ins Landhaus gerufen. Da gab es keine Bürokratie oder die „Einhaltung des Dienstweges". Er fragte mich, ob ich in der Lage wäre, innerhalb von zwei Jahren mindestens zehn Räume des Schlosses – als Grundstein des Jagdmuseums – einzurichten. Ich bejahte. Heute muß ich sagen, ohne Vorstellung, wie und ob dies gelingen könne. Doch die Glücksgöttin begegnet einem nur selten im Leben. Wenn man den Saum ihres Gewandes nicht ergreift, kommt sie nie wieder. Ich ergriff.

Ich reiste durch das Land, um zu sammeln. Illig unterstützte mich, wie immer, persönlich und unbürokratisch. Oft nahm er mich in seinem Dienstauto mit, einem schwarzen Opel-Mittelklassewagen mit der Nummer G 5. Wir kauften die Lamberg-sammlung, ich bekam als Leihgabe die Hamilton-Bilder, sodann die Kottulinsky- und die Hohenlohesammlung. Die leeren Zimmer füllten sich allmählich. Die Jung-Ilsenheimschen Dioramen wurden nun vom Künstler selbst erneuert und haltbarer aufgestellt. Eine Jagd-Kunst-Sektion wurde geschaffen.

Im Mai 1952 wurde ich – überraschend – durch Dekret zum Leiter des Jagdmuseums ernannt. Damals war ich noch keine 26 und verdiente 1100,– öS. Meine einzigen Mitarbeiter waren ein betagter Präparator, ein Arbeiter und eine Reinigungsfrau. Die Eröffnung des Steirischen Jagdmuseums fand in Anwesenheit zahlreicher Prominenz im Juni 1953 statt. Illig verließ uns leider. Der große Protektor wurde Handelsminister im Kabinett Raab. Die Eröffnung nahm er aber noch persönlich vor. Wir sahen ihn nie wieder. Als er, nach drei Jahren zurückgetreten, in die Steiermark zurückkehrte, fand er seine früheren Posten besetzt. Er kaufte die Ruine der Burg Schlaining im Burgenland und, da Sammeln und Schlösser seine Hobbys waren, restaurierte er sie zum Großteil und richtete sie ein. Er war Beweis dafür, zu welchen Leistungen ein engagierter, begeisterter Mensch fähig ist. Und mich lehrte sein Abgang, wie kleinlich die Bürokratie sein kann und wie blind die Politik manchmal ist. Für mich war Dr. Illig ohne Zweifel einer der tatkräftigsten und bedeutendsten steirischen Politiker der Nachkriegszeit. Wir schienen wirklich von allen guten Geistern verlassen zu sein, auf einen solchen Menschen zu verzichten.

Mein Museum wuchs sich damals zum weitaus bestbesuchten der Steiermark aus. Doch dieser Umstand wurde weder durch mehr Personal noch durch höhere Subventionen ins Kalkül gezogen. Jetzt hatte ich, als Ergänzung des Jagdmuseums, noch einen Wildpark – mit gleichem Personal und Mitteln – zu betreuen. Die Subventionen waren zwar damals nominell und effektiv weit höher als heute, aber man berücksichtigte in keiner Weise, daß wir als einziges Museum der Steiermark völlig aus dem Nichts geschaffen wurden und nicht schon etwa seit 1811 – dem Gründungsjahr des Joanneums – existierten, daher anfangs mehr Mittel benötigten als andere Museen.

Bald hatte ich 15 Räume eingerichtet. Die Besucherzahl war ausgesprochen hoch. Auch das Ausland wurde auf das Jagdmuseum aufmerksam. 1963 wurde ich als ordentliches Mitglied des Internationalen Jagdrates unter die 15 Mitglieder des CIC gewählt. Durch die internationalen Kontakte profitierten sowohl ich als auch „mein Museum". Der Schweizer Dr. René La Roche ermöglichte uns als Präsident der Kommission für Jagdkunst und Jagdmuseen fast alljährlich ausgedehnte Museumsbesuche in ganz Europa. 1953 waren in Europa fünf eingerichtete Jagdmuseen, heute sind es an die vierzig. Ich hatte die Möglichkeit, fast alle zu besichtigen. Aber auch bei uns holten sich zahlreiche Initiatoren ihre Anregungen. Und ich hielt dies für ganz normal, wenn sie, dank einer größeren Summe an Subventionen, uns nicht nur kopierten, sondern einiges besser machten als wir. Man muß bedenken, daß die Zeit nicht stillstand. Etwa von der Mitte der siebziger Jahre an änderte sich die Einstellung der Jagd gegenüber langsam, wenn auch im Ausland mehr als im „konservativen" Österreich.

Ich habe fast alle Waffen-, Natur- und Jagdmuseen Europas gesehen. Es gab althergebrachte, nach modernen museologischen Gesichtspunkten eindeutig überholte Museen darunter, nur sehr wenige hatten Geld und Möglichkeit zu einer totalen Modernisierung. Es kam die Zeit, wo wir mit den neu auftauchenden Problemen und

Themata, die in direktem Zusammenhang mit der Jagd stehen, museal schritthalten mußten. Fragen der Umwelt, des Verkehrs, der Biotopverbesserung, der Ökologie, des Vogelschutzes, der Waldschäden, der Öffnung des Waldes tauchten in ihrer Komplexität auf.

Der Präparator ging 1958 in Pension, doch es kam kein Ersatz. In den siebziger und achtziger Jahren hatte ich für Museum und Tierpark zusammen nur zwei Mitarbeiter zur Verfügung. Aus welchen Gründen auch immer, konnten weder die personellen noch finanziellen Schwierigkeiten – trotz Bemühungen verständnisvoller Vorgesetzter – behoben werden, ja sie wuchsen geradezu ins Unglaubliche. Trotzdem wirkten wir weiter, als ob wir ein „voll besetztes" Museum wären.

Ausländische Kollegen setzten natürlich einen großen Mitarbeiterstab voraus, denn wir bekamen zahlreiche Briefe, adressiert an: den „Bibliothekar", den „Zoologen", den „Waffentechniker", den „Kunsthistoriker" des Museums. Wir ließen sie alle im Glauben, ein „wohlbesetztes" Museum zu sein. Inzwischen war das Jagdmuseum auf 24 Räume angewachsen. 1983 gelang es, eine bedeutende Falknereisammlung zu erwerben.

Fast alle meine Kollegen in Europa besuchten mich im Laufe der Jahre. In den Räumlichkeiten des Museums fanden sogar einige Tagungen der CIC-Jagdmuseumskommission statt. Nach dem Tode René La-Roches übernahmen die Deutschen, Hoesch und Graf Erbach, die Führung der Kommission. Mit der Steirischen Landesjägerschaft hatten wir die ganzen Jahre hindurch die beste Zusammenarbeit. Alle Landesjägermeister engagierten sich für dieses Museum, das ja auch zum Sprachrohr der Jägerschaft in ihrer immer wichtiger werdenden Öffentlichkeitsarbeit wurde. Hervorragend war unsere Zusammenarbeit mit dem Naturschutzbund, der in der Steiermark unter Leitung von Dr. Kurt Fossel immer wieder die absolute Notwendigkeit der Jagd unterstrich.

Unser Jagdmuseum war und ist eines der ganz wenigen Jagdmuseen, in denen kein Trophäenkult gepflegt wird. Wir wollten keine protzige Schau durch diverse Ursachen übernatürlich stark gewordener Geweihe und Gehörne zuwege bringen. Dabei haben wir immer die Freude des Jägers beim Jagen ehrlich unterstrichen. Diese Ehrlichkeit kam besonders bei Pädagogen und Kindern sowie Jugendlichen gut an. Bei den

Schulen waren wir die ganzen Jahre hindurch der absolute „Spitzenreiter“. Seit der Eröffnung, also seit 1953, lagen Gästebücher mit der Bitte, die Meinung über das Museum ehrlich zu äußern, auf. Nach langjährigem Lob über unser wirklich einmaliges Abnormitätenzimmer wurden vor etwa zehn Jahren erstmalig Stimmen laut, die „solche Häßlichkeiten“ nicht sehen wollten. Erst als wir es dem kritisch und unkonventionell urteilenden, umweltbewußt gewordenen Publikum glaubhaft erklärten, daß ein Großteil der Abnormitäten auf diverse Umweltschäden zurückzuführen sind, verstummten solche Kritiken ganz.

Natürlich gab es immer wieder Probleme mit dem Platz. Illig plante ursprünglich, den größten Teil des Schlosses Eggenberg dem Jagdmuseum zu widmen. Später kamen aber – aus verständlichem Raummangel aller Grazer Museen – zwei Abteilungen des Joanneums in das Schloß. Es fehlten nicht nur Depoträume, sondern auch die Möglichkeit, reine Studiensammlungen aufzustellen. Ich war daher indirekt gezwungen, die mir zur Verfügung stehenden Räume, so weit es tragbar erschien, mit Exponaten „anzufüllen“. Hätte ich es nicht getan und die Präsentation etwas gefälliger und moderner in fast leeren Räumen auf einzelne Objekte beschränkt, wäre sicherlich die Frage aufgetaucht, ob das Jagdmuseum bei so wenig Material nicht Räume abgeben könne.

Manche glauben irrtümlich, daß bei Infragestellung oder Einschränkung der Jagd auch die Notwendigkeit eines Jagdmuseums schwindet. Das Gegenteil ist der Fall. Bald wird man das Waidwerk, das einen so wesentlichen Teil der Menschheitsgeschichte darstellte, vielleicht nur mehr in Museen „nachempfinden“ können.

Es gibt gewachsene Schloßmuseen und solche, deren Objekte man zusammengetragen, deren Gestaltung (z. B. Dioramenbau) man nach Plan durchgeführt hat. Unser Jagdmuseum ist zwar in einem Schloß untergebracht, doch waren dort 1951 nur die nackten Wände vorhanden. Nach dem Zweiten Weltkrieg dachte man zuallererst an den Wiederaufbau, schuf man sich einen gewissen Wohlstand, rackerte sich dabei fast zu Tode, legte auf die Kindererziehung kaum Wert und vernachlässigte die (damals noch) unversehrte Natur. Heute leben wir im Wohlstand, haben wesentlich mehr Freizeit, messen der Pädagogik größte Bedeutung bei und fördern erfreulicherweise ein umfassendes Natur- und Umweltbewußtsein. Trotzdem gibt es Stadtkinder, die manche Wildarten noch nie gesehen haben. Daher ist der Wildpark Eggenberg für diese Kinder die ideale Ergänzung zum Museumsbesuch. Hier kann der Besucher frei in einem 18 ha großen Park lebendes Wild erleben.

Im Jahr 1957 besuchte mich der Direktor des Berliner Tiergartens, Dr. Lutz Heck, und drückte seine Skepsis bezüglich der Zukunft unseres Rehwildes aus. Er erklärte, daß man Rehwild in Tierparks oder Gehegen auf Dauer nicht halten könne. Uns aber ist dies bis heute gelungen, obzwar die Bedingungen nicht immer optimal waren. Jahrelang fuhren zu abendlichen Empfängen eine Menge Autos durch den Park und hinderten das Wild dabei, an Stellen zu äsen, denen es des Publikums wegen bei Tag auswich. Dann und wann wurde auch bei solchen Anlässen Wild angefahren oder überfahren. Große Veranstaltungen im Park stören und schrecken das Wild.

In einem unserer Gästebücher steht ein Satz, den ein ungarischer Experte anläßlich einer eingehenden Studienreise geschrieben hat: „Für mich ist dies das schönste Jagdmuseum der Welt. Es gibt reichere, modernere und es gibt größere. Aber keines wurde mit so viel Liebe gestaltet. Ein Besessener muß es geschaffen haben (Megszállott). Und er hat Wege beschritten, die anderen verbaut (versperrt) waren."

Über diese lobenden Worte habe ich mich sehr gefreut. Nicht ich habe über mein Werk zu urteilen, sondern das Publikum, aber vor allem die internationalen Fachexperten, speziell der Jagdmuseologie. Obzwar das Urteil des Publikums – durch Besucherzahlen belegt – nicht schlecht ausfällt, sieht der selbstkritische Gestalter noch immer vor seinem geistigem Auge all das, was er mit mehr Geld (und mehr Personal) hätte schaffen bzw. anschaffen können. Zufrieden ist man nie, vor allem nicht, wenn es um unrealisierbare Pläne geht.

Während ich hier in Eggenberg 42 Jahre meines Lebens in ungestörter Aufbauarbeit habe verbringen können, rasten Zeit und Zeitgeist weiter. Es waren schöne Jahre. Jeden Tag freute ich mich, meinen Arbeitsplatz betreten zu dürfen. Wer kann das schon von sich behaupten? Das Jagdmuseum ist mein Werk. Abschied nehmen von den schönsten Jahren des Lebens ist niemals leicht. „Dire adieu c'est mourir un peu" sagt der Franzose (Abschied nehmen ist ein bißchen sterben). Ich habe es etwas leichter als andere, denn im Abschiednehmen bin ich seit früher Jugend geübt. Csákberény, das alte Familienheim, wurde – ohne Reste zu hinterlassen – zerstört.

Schloß Eggenberg aber, in dem das von mir geschaffene Jagdmuseum sich befindet, steht und floriert. Wenn ich an die gehenden und kommenden Verantwortlichen, an meinen – noch nicht bekannten – Nachfolger und die Öffentlichkeit einen einzigen Wunsch richten darf, so lautet dieser: Laßt das Jagdmuseum in Eggenberg!

Wie von Anfang an geplant, sollte unser Jagdmuseum, das dem Publikum ans Herz gewachsen ist und im Jagdland Steiermark das Waidwerk repräsentiert, weiterhin dadurch gewürdigt werden, daß es im Prunkschloß der Landeshauptstadt verbleibt. Dies wäre nach zweiundvierzig Arbeitsjahren mein Vermächtnis.

Bildquellenverzeichnis

Die in Klammern angegeben Zahlen zeigen die Anzahl der Abbildungen, die jeder Fotograf zu diesem Buch beigesteuert hat.

Helmut Ctuerak (14), Hugo Czimmeck (6), Heinz Eisl (5), Gustav Koller (16), Franz Matula (11), Philipp Meran (30), Albert Rastl (4), Hans Reinhard (3).

Der Verlag bedankt sich für die Abdruckgenehmigung der Zeichnungen von Gyula v. Nagy, der Gemälde von Franz Lamberg und von Jagdmaler Hubert Weidinger.

Diesen Capital Hirsch von ungeraden 14 Enden, hat H. R. G. v. Lamberg, auf seiner Herschaft Csákberény, Ganther Revir, auf der so genannten Fleischhacker Hut-weide, selbst geschossen. Am 26te Sept. 1840.